2~3岁

叛逆期，

妈妈要懂的心理学

岳贤伦 —— 著

哈尔滨出版社
HARBIN PUBLISHING HOUSE

图书在版编目（CIP）数据

2~3岁叛逆期，妈妈要懂的心理学／岳贤伦著.—
哈尔滨：哈尔滨出版社，2012.4（2021.11重印）
ISBN 978-7-5484-0870-3

Ⅰ．①2… Ⅱ．①岳… Ⅲ．①幼儿—儿童心理学②家
庭教育：儿童教育 Ⅳ．①B844.12②G78

中国版本图书馆CIP数据核字（2011）第271558号

书　　名：2~3岁叛逆期，妈妈要懂的心理学
2~3 SUI PANNI QI, MAMA YAO DONG DE XINLIXUE

作　　者：岳贤伦 著
责任编辑：尉晓敏　李维娜
特约编辑：李异鸣　杨　肖
责任审校：李　战
封面设计：沈加坤

出版发行：哈尔滨出版社（Harbin Publishing House）
社　　址：哈尔滨市香坊区泰山路82-9号　　邮编：150090
经　　销：全国新华书店
印　　刷：天津文林印务有限公司
网　　址：www.hrbcbs.com
E-mail：hrbcbs@yeah.net
编辑版权热线：（0451）87900272　87900273
销售热线：（0451）87900202　87900203

开　　本：787mm×1092mm　　　1/16　　印张：19　　字数：365千字
版　　次：2012年4月第1版
印　　次：2021年11月第2次印刷
书　　号：ISBN 978-7-5484-0870-3
定　　价：46.00元

孩子的叛逆期是一个令家长感到头疼、头晕、手足无措的时期，也是孩子成长、成才的关键时期，它就像人生的十字路口，选择对了，成就孩子一生；选择错了，贻误孩子一生。所以，每一位家长都要重视孩子叛逆期的教育。

那么，什么是叛逆期呢？简而言之，叛逆期，就是指孩子在不同的成长阶段心理上的逆反期。在这一时期，孩子大多表现出与大人们想象不一致的逆反现象。比如，你要求他这样，他非要那样；你希望他往东，他非要向西；你越是怕他说脏话，他越说得开心……总之，他就是处处要与你对着干，处处要让你着急上火。

现代教育理论认为，孩子的叛逆期发端于婴儿期，萌芽于儿童期，高涨于少年期。孩子的一生共有三个叛逆期，三个叛逆期分别为：人生第一个叛逆期（宝宝叛逆期）在2~3岁，人生第二个叛逆期（儿童叛逆期）在7~8岁，人生第三个叛逆期（青春叛逆期）在12~18岁。这三个叛逆期分别有不同的特点，反映了三个阶段孩子的个性发展及心理变化，也对孩子的成长分别起着不同的作用。

我们这本书主要来讲述孩子的第一个叛逆期，即宝宝叛逆期。很多家长或许会感到纳闷，两三岁的宝宝怎么会叛逆呢？其实这个问题并不奇怪，很多家长都遇到过这种现象。比如，孩子偶然从大人那里学会了一两句脏话，一有机会，他就会迫不及待地说出这些脏话来，而且你越不让他说，他越要说，并且边说边"咯咯"地笑，这其实就是宝宝的一种逆反行为。还有一种情况就是，你越不让他摸脏东西，他越摸得起劲儿，并且乐在其中，这也是一种叛逆行为。当然，你越不让他哭闹，他越哭闹的现象就更常见了，这是宝宝最典型的逆反行为，只不过家长习以为常罢了。那么，宝宝时期的孩子为什么会叛逆呢？原来，两三岁的宝宝也有朦朦胧胧的独立意识，这是孩子独立意识的萌芽，然而此时的宝宝没有辨别是非的能力，有的只是想要"独立"的冲动和探索未知的欲望，他们会用自己独特的方式来接触和了解这个世界，表达自己的情感，这种特殊的行为方式便成为了大人们眼中的叛逆。

对于这一时期宝宝的叛逆行为，要恰当地引导，从宝宝的角度来理解和宽容他的所作所为，与他共同游戏、娱乐，在潜移默化中改变他的不良行为，引导他向正确的方向发展。在这一阶段，特别提醒家长的是，针对孩子的逆反行为，一定不要盲目地打骂，因为这会扼杀孩子宝贵的探索天性。

本书主要从叛逆期孩子的生活习惯、不良个性、心灵成长、固有潜能、伙伴交往、娱乐活动六大方面来分析阐述，结合心理学知识帮助家长剖析问题的根源，总结解决问题的方式、方法，以期为家长提供一本宝宝叛逆期的家教经典。

目录↘
Contents

227 第五章
循循善诱，让孩子快乐融入交际圈

265 第六章
大胆放手，让孩子越玩越聪明

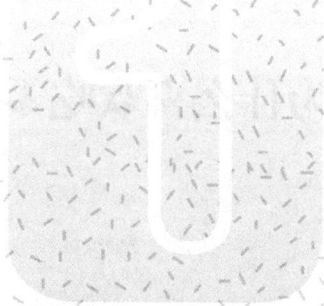

第一章

耐心培养，让孩子3岁以前养成好习惯

孩子为什么喜欢吃零食

叛逆期案例

莉莉今年2岁多了，她特别喜欢吃零食。方便面、薯片、蛋黄派等都是莉莉的最爱，可是妈妈做的香喷喷的饭菜她却不喜欢吃。

一天中午，一家人在一起吃饭。妈妈夹了一些菜放在莉莉的饭碗里，然而，莉莉只是看了看，就跑开了。妈妈问她："莉莉，你不好好吃饭又要去干什么？"莉莉回头告诉妈妈："我要吃肠。"说着，莉莉已经拉开了放火腿肠的抽屉，伸出小手拿出了一根，又跑到妈妈面前，要求把肠衣剥开。妈妈知道莉莉一吃火腿肠肯定吃不了几口饭菜了，于是对她摆摆手，说："不行，现在该吃饭了，莉莉乖，我们不吃火腿肠了，来，吃口菜。"见妈妈不让吃火腿肠，莉莉眉头一皱，就开始大哭大闹，甚至连一口饭菜都不吃了。无奈，妈妈又一次败下阵来，只好将肠衣剥开，将火腿肠放进了莉莉的嘴里。这下，莉莉眉开眼笑，不再哭了。

妈妈知道经常吃这些零食对莉莉的身体不好，但她担心莉莉哭闹不吃饭会更加影响她的健康。所以，妈妈很矛盾，不知道应该怎么办才好。

妈妈要懂的心理学：吃零食是孩子的生理需求，但不能让它替代主食

孩子爱吃零食是正常的，甚至可以说，吃零食是孩子的生理需求。再加上零食花样多、口感好，与一日三餐的主食不一样，更能激起孩子的食欲，带给孩子新鲜的感觉。因此，绝大多数的孩子都爱吃零食。顾名思义，零食就是正餐以外的食物。对于主食而言，它起着辅助的作用，能为孩子提供、补充少量的蛋白质、维生素和微量元素。处于发育期的孩子，胃容量比较小，并且活泼好动，吃一餐不足以维持到下一餐。而吃一些零食可以补充不足的热量和营养，保持身体活动所需的能量。所以，爸爸妈妈不必谈零食而色变，一概拒绝孩子吃零食。

然而，零食只是孩子获取营养的一条次要渠道，并不能够取代主食。在对待孩子吃零食这个问题上，妈妈不能对其持全盘否定的态度，也不能让零食喧宾夺主，完全替代主食。可是，孩子这一阶段的心理就是"我喜欢吃什么就多多地吃"。在这一阶段，孩子没有丝毫的健康观念，有的只是对零食的贪欲，并且要求得不到满足就会大哭大闹，因此家长不得不满足其对零食的要求。就这样，有不少孩子因为吃了太多的零食而吃不下主食，长此以往，容易引起营养不良，影响孩子的身体健康以及生长发育。对于1~3岁的孩子来说，父母仍然是主要的食物供给者。所以，在这个时期一定要让孩子养成良好的吃零食习惯，不要等孩子长大以后再来禁止，因为那时就更难管制了。在孩子要吃零食时，妈妈应该在量上加以限制，在品种上进行选择。有心的妈妈不妨在上午的时候让孩子吃少许热量高的零食，比如，一块巧克力或者蛋糕，两三块饼干等；下午要让孩子多喝一些白开水，吃几种水果；晚饭过后，就不要再给孩子任何零食吃了，睡前可以让孩子喝一杯牛奶。

零食不一定不好，只要妈妈多用点心思，讲究方法，让孩子养成良好的饮食观念和习惯，零食也可以吃得很健康！

叛逆期方法指导

方法一：掌握度，不让孩子大量吃零食

零食可以吃，但是不能一味地让孩子吃，要把握一个度。由于年龄小，孩子没有足够的自制力，常常会不由自主地吃下大量的零食，很多孩子还喜欢边玩边吃，嘴巴一直不停。如果父母限制孩子吃，孩子还会大哭大闹，很多家长对此束手无策。对此，妈妈要避免将零食放在孩子能够接触得到的地方让他自由取用，这样既减少了孩子拿到零食却吃不上时的逆反行为，也能有效地控制孩子的零食量。

辉辉可喜欢吃零食了，以至于还不到3岁的他已经成为了一个不折不扣的小胖子。聪明的辉辉知道妈妈每次买回来的零食都会放在厨房的一个柜子里，他只要打开柜子的门，就能轻而易举地拿到美味的零食。

妈妈知道经常不加限制地吃零食对辉辉的身体是没有好处的，于是，妈妈改变了放零食的位置，使辉辉自己接触不到零食，也不在家里存放那么多的零食了。拿不到零食，当辉辉嘴馋的时候，他就会闹着让妈妈去买。看着辉辉渴望的眼神和馋乎乎的样子，妈妈实在不忍心拒绝。可将零食买回来了吧，辉辉就又会无节制地吃。有一次，辉辉玩完了玩具就嚷嚷着要吃饼干。妈妈看了一下表，再过半个小时就要吃午饭了，这时候如果让辉辉吃零食的话，那么待会儿他肯定又要不吃饭了。于是，妈妈只给了辉辉一块饼干。不一会儿，辉辉就吃完了，他还要吃。妈妈灵机一动，想出了一个好方法，她拿着一个小闹钟，对辉辉说："儿子，咱们马上就要吃午饭了，等到这个最短的针指向'3'的时候，妈妈才会给你饼干吃。"辉辉自然很不乐意，尽管又哭又闹，但是妈妈坚持到了时间才给他零食吃，没有办法，辉辉只好作罢。

从那以后，妈妈就和辉辉商量好：只有最短的针指向"10"和"3"的时候，才有一定的零食吃。每当辉辉想要吃零食的时候，他就会瞧瞧表，看时针走到哪儿了。

案例中的妈妈让孩子养成了在固定的时间吃零食的习惯，使孩子快乐地期待吃零食时间的来临，这样就不会影响孩子吃正餐的食欲了。

营养学专家提醒，应该将零食也纳入孩子的饮食计划，吃零食的时间最好设在正餐前二至三小时，且供给量不要太多。这样的饮食结构，才能让孩子有好的胃口，使零食起到给孩子补充营养和能量的有效作用。

方法二：只为孩子选择既解馋又有营养的零食

吃零食，可以说是孩子的最爱，父母的无奈。2~3岁的孩子根本不知道吃过多零食对身体的危害，也无法抵挡得住零食的诱惑，因此常常为了零食而大哭大闹。而市面上所卖的零食大部分都是高盐、高糖、油炸、膨化之类，里面含有香料和其他添加剂，虽然香味浓郁，对肠胃的刺激性却很大，营养也基本没有。这些不健康的零食吃多了，肯定会对孩子的健康发育造成不利的影响。

欣欣简直就是一个小馋猫，她吃零食的速度非常快，经常是10分钟一包干脆面，2分钟一块巧克力，15分钟一个冰激凌……看着欣欣津津有味地吃着这些零食不吃饭，妈妈的脑袋都发涨。

有一次，妈妈在网络上看到有的专家将零食分为可经常食用、适当食用、限制食用三个等级。于是，妈妈立即行动，根据专家的说法，将欣欣喜欢吃的棉花糖、薯片、巧克力派等列入了"限制食用"的范围，将这些零食统统收了起来，尽量让欣欣少吃，甚至不让她吃。像牛肉片、果脯、巧克力等是"适当食用"，每周只能让欣欣吃一到两次来解馋。而牛奶、葡萄干、面包等是能够"经常食用"的零食，可以让欣欣每天都吃。

在妈妈的严格管制下，欣欣养成了良好的吃零食习惯，不仅身体越来越好，也不再像以前那么胖，苗条了许多呢。

选择一些较为营养的食物作为孩子的零食，孩子不仅可以尝到想吃的甜味，也能摄取到维生素、纤维素等营养物质，还能减少孩子因吃零食而产生的哭闹、不听话等行为。另外，父母不要给孩子吃难以消化的零食，也要注意孩子的安全，像体积小的花生、糖果、果冻等，一定要在监护下才能吃，以免发生窒息引起意外。

方法三：不能将零食当做奖励孩子的工具，虽然那非常有效

父母千万不要将零食当成奖励品，作为安慰或讨好孩子的手段，让孩子养成以吃零食为"交换条件"的坏习惯。长此以往，孩子就会形成一种错觉，认为奖励的东西都是好东西，在心理上产生一种错误认识：这些零食是可以经常吃的，并且很好吃。这种情况下，如果孩子想吃的时候吃不到这些零食，他就会大哭大闹，产生强烈的反叛心理。

2岁多的晓森是个十分淘气的孩子，为了让他乖乖地，妈妈经常用一些零食来使他不再捣乱或者停止哭闹。

一天上午，晓森将玩具、图书等东西扔得到处都是，妈妈收拾都收拾不过来。这可怎么办呢？妈妈只好故技重演，拿出几块糖来制止他随便乱扔东西的行为。晓森特别高兴，一把抓过糖，爬到沙发上吃了起来。晓森终于安静了，妈妈抓紧时间收拾已经凌乱不堪的房间。过了

一会儿，晓森吃完了糖，他又开始无理取闹，将沙发上的抱枕扔在地板上之后，就撕茶几上的杂志玩。妈妈看到后很头疼，就又拿出了一块蛋糕让晓森吃。晓森看着面前的蛋糕摇摇头，说："我要吃鸡腿。"妈妈知道晓森说的是昨天给他买的楼下小摊位卖的炸鸡腿，油性很大，妈妈不想再让他吃。可是看晓森的架势，假如不给他吃，他就会继续大闹客厅。无奈，妈妈只好下楼给他买。

就这样，如今的晓森特别会和妈妈"讨价还价"，每次妈妈要求他怎样去做时，他一定会趁机得到自己想吃的零食不可，得不到就大哭大闹。

美国一项研究表明，假如父母喜欢用零食奖励孩子，那么孩子的零食消耗量会比不鼓励吃零食的孩子多出3倍。所以，父母在给孩子吃零食的同时必须遵守原则，不要动不动就用零食来让孩子听话，正如上面例子中的晓森，由于妈妈经常用零食来奖励他，导致他得不到想吃的零食时就大哭大闹，反而会激起他的反叛行为。

孩子偏食、挑食如何纠正

叛逆期案例

林林今年3岁了，妈妈感觉他现在变得特别挑食了。他自己喜欢吃什么就吃什么，不喜欢吃的都不怎么吃。林林非常爱吃肉，不喜欢吃蔬菜。每次吃饭时都能听见他嚷嚷："怎么又是芹菜，我不吃了！""我不吃豆芽，太难吃了。"

有一天，奶奶包了猪肉白菜的包子，给林林送过来让他尝尝。只见林林拿起一个包子，从中间将皮剥开，露出里面的馅，然后专挑猪肉吃，一口白菜都不吃。妈妈看到了，提醒他："林林，你怎么只吃肉不吃白菜呢？多吃蔬菜不容易生病。"说着，妈妈拿起小勺子准备将白菜送进林林的嘴里。林林却摇摇头："不要，我不吃白菜，不好吃。"妈妈继续劝他："乖，听话，把嘴张开，妈妈喂喂。""不要，不要，坏妈妈。"说完，林林扔下手中的包子快速地跑开了。

奶奶见状，拿着一个包子追上去，对林林说："宝贝，来，奶奶给你挑里面的肉。"妈妈无可奈何地摇了摇头，皱起眉头对奶奶说："妈，别惯着林林了，吃点白菜容易消化吸收，总是吃肉他会营养不均衡。现在，他已经养成了偏食、挑食的坏习惯，以后就不好改了。"

奶奶却不以为然："小孩子嘛，想吃什么就让他吃什么呗。他爸小时候和他一样，也是爱吃肉，这样身体才能长得壮实呢。"说完，奶奶就继续给林林挑肉吃。妈妈对此无可奈何。

妈妈要懂的心理学：孩子挑食，缘于口味的不断发展，妈妈不必强行改变

如今，偏食、挑食是很多孩子共有的毛病，如果不及时矫正，不仅会导致孩子摄取营养不足，严重影响他的生长发育，还会使他养成任性、执拗的坏习惯。有些孩子吃饭挑食，任凭妈妈怎么劝都无济于事，对此她们深感头痛不已。

孩子怎么就这么不听话呢？还不如1岁大的时候呢，给什么吃什么，拿起奶瓶就"吱、吱"地喝个没完。的确如此，孩子1岁大的时候，吃喝一般不这么挑剔，给什么吃什么。但是，随着孩子的成长，味觉不断发展，也有了一定的自我意识，什么合他的口味，什么不合他的口味，他比妈妈都要清楚。当食物不合他的口味时，他就会通过不断发展的语言和动作表现出来以示"抗议"，以期妈妈做出改变，顺应他的要求。其实这正是幼儿成长过程中的正常心理表现，妈妈不必强行改变孩子，只要注意避免孩子养成挑食的习惯就可以了。有的父母经常动用武力喂食，这样的话，孩子就会认为吃饭是件很可怕的事情，势必会产生强烈的反抗行为。

因此，在这里需要特别强调一下，想让孩子不偏食、不挑食，千万不可以用逼迫的方法，一定要抓住孩子的心理进行潜移默化地诱导，逐渐让孩子养成良好的饮食习惯。大多数孩子心里的想法就是：我喜欢吃什么就吃什么，什么好吃我才吃什么。如此一来，对于爱吃的东西，孩子就会忍不住多多地吃，那些不爱吃的东西

呢，可能一点儿也不吃，而家长却急于改变这种状况，因此吃饭时家长和孩子之间的战争常常不断。

其实，问题的根源在于，孩子注重口味，家长注重营养均衡。分别站在对方的角度，谁都没有错，那么错误的是什么呢？是家长的教育方式和方法。

那么，究竟如何纠正孩子偏食、挑食的坏习惯呢？首先，父母要以身作则，改变自己不良的饮食习惯，为孩子做不偏食、不挑食的好榜样。其次，从小就每日定时吃饭，鼓励孩子品尝多种多样的食物，避免形成偏食、挑食习惯。再次，孩子不喜欢吃的饭菜，可以先让他试着吃一点儿，慢慢适应，但不要强迫。

除此之外，父母也要合理安排孩子吃零食的时间，控制吃零食的量，千万不要利用零食或者快餐来引诱孩子进食，这样做只能适得其反，因为孩子一旦知道不吃饭还有零食吃，那么他吃饭时挑三拣四也就不足为奇了。

叛逆期方法指导：

方法一：改善烹调技术，不喜欢吃的食物也美味

许多孩子偏食、挑食是由于某些食物难吃而令他难以下咽。针对这种情况，妈妈要改善烹调技术，同样的食材变换不同的做法，使食物的色、香、味俱全。这样，只要食物美味，孩子就会吃得津津有味，而母子间关于偏食、挑食的战争也会少很多。

3岁的悦悦是个嘴特别习的孩子，她咸的不吃，辣的不吃，稍微有点特别味道的也不吃。然而，妈妈是很聪明的，她总是花心思改变食物的做法，每天都能让悦悦吃到可口、营养丰富的饭菜。

悦悦嫌鱼腥味太重，总是拒绝吃鱼，妈妈在网络上搜索了一些资

料，知道了加柠檬或者姜片能够很好地去掉鱼腥味，这下，悦悦也爱吃鱼了。有一段时间，悦悦一口鸡蛋都不吃，妈妈就把生鸡蛋打散和面粉拌在一起，做成鸡蛋面条或者煎成鸡蛋饼，悦悦吃得可带劲了；由于胡萝卜有股特殊的味道，悦悦不喜欢吃，妈妈就将胡萝卜剁碎与肉馅搅拌均匀，包成水饺、馄饨或者珍珠丸子，这样，悦悦就没办法将胡萝卜挑出来了；黄瓜的味道不受悦悦的青睐，妈妈就将黄瓜和玉米一起放进榨汁机里，做成香喷喷的玉米浓汤；悦悦受不了地三鲜里的辣椒，妈妈每次做这道菜时，都会彻底地把青椒内部清理干净，再用水泡过才下锅炒……

通过这些方法，悦悦所吃的饭菜总是既营养又丰盛，母女之间也没有因挑食的问题而起过争执，这完全归功于妈妈育女有方。

饭菜的温度、外观和味道都会直接影响孩子对它的食欲，而强烈的好奇心往往可以促使孩子尝尝新的食物。因此，妈妈在做饭菜时要变换品种以及烹饪方法，注重菜肴搭配。这样一来，孩子偏食、挑食的问题就容易解决了。

方法二：循循善诱，让孩子吃下他不喜欢吃的食物

日常生活中，父母千万不要在孩子面前谈论某种食物不好吃或者有什么特殊味道之类的话，不然，孩子就会在潜意识里认为那种食物很难吃，因而不吃。所以，父母应该循循善诱，多给孩子讲一讲这类食物含有哪些营养物质，对身体有什么好处等等，让孩子在不知不觉中吃下他不喜欢的食物。

峻峻和大多数孩子一样，总是挑食，自己不想吃的东西就不吃。对此，妈妈总能想出办法来"搞定"他。

峻峻不喜欢吃韭菜，每次看到韭菜就会皱起小眉头。有一次，峻峻

在外面和小朋友们一起玩，回来后直说肚子饿了，妈妈就将刚做好的韭菜鸡蛋端给他吃。峻峻夹起韭菜就着米饭便狼吞虎咽地吃了起来。妈妈没想到平时峻峻最不爱吃的韭菜这会儿居然吃得这么有滋有味，于是暗自思忖，得出这么一个结论：饥不择食。之后每次吃饭时，妈妈就会先将峻峻不喜欢吃的菜放到桌子上，这时候峻峻的肚子饿，任何食物都能吃得下，即使是不太喜欢吃的东西也会觉得味道不错。时间长了，峻峻就慢慢地适应了各种食物的味道。

爷爷嫌羊肉有膻味，从来不吃。每次吃羊肉时，爷爷就会说："羊肉太膻了，我闻见那个味就想吐。"听了几次之后，再吃羊肉时，峻峻也嚷嚷着羊肉膻。

一天中午，妈妈准备了火锅，其中有涮羊肉。峻峻看到后就不吃了，妈妈问他原因，他说有味很难闻，也不好吃。妈妈告诉峻峻："羊肉很好吃，况且这火锅里面放了些啤酒，羊肉的膻味就被啤酒给吸掉了。"尽管妈妈这样说，但峻峻就是不吃。

从那以后，只要吃羊肉，妈妈就会边吃边称赞："哇，这羊肉太好吃了，我们都喜欢吃。"然后，妈妈再让峻峻尝一尝。几次过后，峻峻不再排斥羊肉，也能吃一些了。

另外，妈妈也必须注意不要在无意中纵容孩子挑食，千万不要在每次吃东西之前问孩子："你喜欢吃这个吗？""你喜欢吃什么呀？"这些问题很容易给孩子挑食的机会。在孩子不吃某些东西时，妈妈也不要担心他挨饿而立刻为他准备别的食物，避免孩子挑食的行为得逞。

方法三：为吃饭增添趣味性，让吃饭变成一件有趣的事情

为了吸引孩子的兴趣，父母可以在食物上做点装饰，比如，将炒饭加入青

菜、番茄酱等使颜色稍微有些变化；将食材做成漂亮可爱又能用手抓着吃的形状等。只要父母多花些心思，就可以带给孩子新奇有趣的感受，这样，他就不会再偏食、挑食了。

2~3岁的孩子喜欢模仿，父母做什么时他也想尝试一下。所以，妈妈不妨让孩子参与做饭的过程，带他一起去市场买菜，并请他帮忙提回家。吃水果时，也要让孩子动手清洗。妈妈做饭时，可以让他帮忙拿作料、调味品等。孩子会因为自己动手参与了制作食物的过程而欣喜不已，从而更加喜欢吃那些食物。

还有，孩子很喜欢得到别人的夸奖，父母可以在偏食、挑食的孩子面前大力称赞一番不挑食的孩子，促使孩子因羡慕而积极地效仿。需要注意的是，在树立效仿的榜样时一定要关注孩子的情绪，避免产生嫉妒心理。例如，小明不喜欢吃生菜，而他的表妹小芳喜欢吃生菜。父母就可以在就餐吃生菜的时候说："你妹妹小芳真是个好孩子，爱吃生菜，又健康又聪明。我相信明明也会像妹妹一样，喜欢吃生菜的。"这样的说法既使小明有了效仿的榜样，又不会让他的心理遭受打击。

孩子不好好吃饭怎么办

叛逆期案例

雅雅今年2岁了，她长得非常瘦小，原因就在于她经常不好好吃饭，要么对饭菜挑挑拣拣，要么边玩边吃，有时候甚至根本就不吃。

这天中午，要吃饭了，可雅雅仍然抱着皮球看电视，任凭妈妈怎么喊她吃饭，她都充耳不闻。没有办法的情况下，妈妈只好把雅雅抱到餐桌前，让她坐在小凳子上。可是，雅雅一下子又站了起来，把球扔了出去，然后跑着捡球。妈妈皱起了眉头，将饭菜盛在雅雅专用的小碗里，然后端着饭菜追雅雅："来，宝贝，吃一口。"雅雅呢，却毫不领情，一边扭头跑，一边嘴里抗议："我不要，不吃，不吃！"雅雅躲到哪儿，妈妈就追到哪儿，母女大战经常这样上演。终于，雅雅被妈妈逮到了，她才会不情愿地吃上几口。刚开始吃的时候，雅雅还老老实实地往肚子里咽，后来就不行了，总是用舌头将妈妈喂到嘴里的饭菜顶出去。半个多小时过去了，妈妈端着的小碗里仍然剩着很多的饭菜。妈妈无可奈何地叹了一口气，将饭菜收了起来。下午两点多，雅雅饿了，放在茶几上的零食成了她的美味佳肴，不需要人追着喂，雅雅就拿着那些零食津津有味地吃了起来。

为雅雅不好好吃饭这件事情，妈妈可头疼了，很担心雅雅会因此而营养不良，影响身体发育。可是，妈妈不知道怎样才能让雅雅把饭菜给咽下去，从而让她的身体不再瘦小。

妈妈要懂的心理学：孩子容易把吃饭当玩游戏，妈妈要将计就计

日常生活中，孩子吃饭时不专心，一顿饭下来没吃几口的现象特别多，无论妈妈用什么样的方法威胁利诱，但是孩子仍然一口饭菜也不肯吃，时不时还要点小脾气。对此，妈妈看在眼里，既生气又心疼，担心孩子营养不良。

孩子为什么总是不好好吃饭呢？根据2~3岁孩子的年龄和心理特点，主要原因有以下两条：其一，孩子不肯在吃饭的时间里乖乖地吃饭，与孩子肚子不饿有直接关系。"肚子饿了，便想吃饭"，这是每个人与生俱来的本能，假如孩子根本就不饿，你再怎么劝他，他都不会好好吃饭。因为这个阶段的孩子根本就不明白食物对身体的重要性，不饿他就不吃，不会像大人们那样即便不怎么饿，但是在吃饭时间也会象征性地吃上一些。针对这种情况，妈妈完全可以通过限制孩子的零食量，严格控制就餐时间等方式来进行调整。即使孩子耍赖，妈妈也要坚持，只有这样，孩子才会慢慢养成良好的就餐习惯。其二，这个年龄段的孩子容易把吃饭当做一种游戏，只要不是明显感觉到饿，就会表现出吃不吃都无所谓。在孩子的确饿了，或者心情好的时候，就玩一下吃饭的游戏，吃几口饭菜，而一旦他不想玩这个游戏了，就会出现边吃边玩、边吃边看电视等一系列不老实的行为。因此，许多孩子"不好好吃饭"的原因多数是想通过与妈妈的对抗行为来达到游戏的目的，他同样会把这种对抗当做一个游戏。针对这种情况，妈妈要将计就计，充分利用孩子的游戏心理，把吃饭这种行为转化为一种游戏，让孩子在游戏中快

快乐乐地把饭吃下去。

另外，妈妈要学会调整吃饭时的气氛，切记不要在吃饭时训斥孩子。应该谈论一些与食物有关的有趣的话题，无论吃什么都表现出吃得很香、很满足的样子，勾起孩子的食欲。如此一来，便会潜移默化地影响孩子对食物的态度，使孩子逐渐好好吃饭。

叛逆期方法指导：

方法一：借机让孩子学会自己吃饭

2~3岁的孩子吃饭不老实，还有很大一部分原因是由于他产生了独立进食的要求，想学习着自己吃饭。而父母呢，对此却浑然不知，坚持一口一口地对孩子进行"填鸭"，遭遇孩子的抗拒后就抱怨孩子不好好吃饭。其实，这也是孩子学习自己吃饭的大好时机，父母一定不要错过这个机会，让孩子学会自己吃饭。

小胜快2岁了，妈妈发现，他现在越来越不老实，每当喂他吃饭的时候，他都会抢夺自己手里的勺子或者碗。假如不给他，他就把头扭来扭去不肯吃饭。

每当这时，妈妈就会把勺子递给小胜，在一旁帮他扶着碗，避免他把碗弄倒，饭菜洒在桌子上。害怕小胜会不小心把碗摔坏，妈妈还特意为他买了一只不锈钢的碗，这样无论发生任何意外小胜都不会把碗摔烂了。当然，小胜也经常会弄脏衣服、桌子以及地板，妈妈就给他穿上一件小围裙，餐桌上铺了桌布，地板一擦就干净。最令妈妈担心的就是光靠小胜自己会吃不饱，所以，只要他一放下勺子，妈妈就会一口一口地喂他，让他吃饱吃好。在小胜拿起勺子几分钟之后，他就累了不再愿意自己吃了，妈妈就不再勉强他继续了，不然会令小胜挑食、拒食。

在小胜有了自己学习吃饭的自由后，他在吃饭的时候就更加配合妈妈了，总能开心地将饭菜很快消灭干净。

因此，在孩子着急地把手伸出来抓勺或者碗时，妈妈不要认为孩子来抢这些东西是在捣乱，那真是太冤枉他了，他只不过是想学习自己吃饭而已。妈妈一定要意识到这一点，让"不听话"的孩子慢慢学会"自己的事情自己做"，慢慢学会主动面对生活。

方法二：不能让孩子边吃边玩，要逐渐培养他的好习惯

许多孩子不好好吃饭，主要是养成了边吃边玩的不良习惯。造成这种情况的原因有很多，很大程度上是由于父母没有科学地喂养孩子，没有为孩子建立有节奏、有规律的饮食习惯；有些父母过分迁就孩子，孩子想怎么样就怎么样；还有些父母没有对孩子进行良好的餐桌礼仪教育。如此一来，孩子就容易在父母眼中变得"叛逆""不听话"，所以，在孩子吃饭时，一定要让他正儿八经地吃，逐渐养成好习惯。

3岁的萍萍和大多数孩子一样，将吃饭当成游戏，总是不好好地吃。然而，妈妈很聪明，总会有"搞定"萍萍的小妙招。

一天中午，妈妈将饭菜做好，该吃饭了，萍萍却仍然玩她的积木。妈妈对萍萍说："宝贝，要吃饭了，咱们把积木收起来吧。""不嘛，我还要再玩一会儿。"萍萍头也不抬很不乐意地说。"那好吧，再玩5分钟，5分钟之后必须过来吃饭。"妈妈给萍萍下达完"命令"，就去准备桌椅碗筷了。

5分钟过去了，萍萍还没有放下手中的积木。妈妈端了一只小碗，走到萍萍面前，看着她说："嗯，这蛋羹好香啊，哪个小朋友想吃香喷

喷的蛋羹了？如果没有人吃，我就要吃光了。"萍萍立刻将积木扔在了地上，快步跑过来说："我的，我的，我要吃蛋羹。"妈妈将碗放在餐桌上，拿来一只小软勺递给萍萍，让她自己吃。可是，吃了还没一半，萍萍又开始不老实了，围着桌子跑来跑去。妈妈知道萍萍喜欢学着别人的样子做事情，也喜欢听别人夸奖她。于是，妈妈说："哟，爸爸坐在凳子上开始吃饭了，真好，我还没坐下呢，我应该向爸爸学习。"说着，妈妈坐在了凳子上，接着故意问："还有哪个小朋友没有乖乖地坐下来吃饭呢？"萍萍看到爸爸妈妈都端正地坐在凳子上，也模仿着坐了下来。

就这样，在妈妈循序渐进的引导下，萍萍逐渐养成了乖乖吃饭的好习惯。

在吃饭时，妈妈要尽量地排除可能引发孩子玩的因素，比如，将看电视与吃饭的时间错开，当然这也需要父母以身作则。另外，所有的家庭成员也都应遵守餐桌上的规矩和礼仪，让孩子感受到吃饭不仅是在用餐，而且是在愉快地享受用餐时光。这样一来，孩子慢慢地就不会再叛逆，而会好好地吃饭了。

方法三：不娇惯溺爱，必要时可以对孩子进行适当的惩罚

许多孩子叛逆，不好好吃饭，大多是由于长辈们的娇惯和溺爱。所以，想要让孩子老老实实地吃饭，父母首先要改变自己的教育方式和方法，对于孩子的叛逆行为，一定要加以纠正，绝不能盲目地妥协。必要时，完全可以进行适当的惩罚，以免孩子变本加厉地叛逆。

今年刚满3岁的聪聪是家里的独生子，大家都十分宠爱他。然而，正因为如此，聪聪吃饭时总是不好好吃，自己会用勺子、筷子却非要让

妈妈喂着吃。有时候妈妈不喂他，他就会又哭又闹，并且以不吃饭来威胁妈妈。

一天晚饭时，聪聪又闹着让妈妈喂。妈妈让他自己吃，聪聪就不高兴了，跑到客厅里去玩，任凭妈妈喊了好几次，他就是不到饭桌旁吃饭。要是以前，妈妈肯定端着碗过去喂聪聪了，可是，这次妈妈决定下"狠心"治一治他。妈妈告诉聪聪："你再不过来自己吃饭就没有饭菜了，再饿我也不管你。"聪聪假装没听见，仍然玩自己的。

大人们吃完了，妈妈就把饭菜直接收走，连零食也藏起来了。爸爸心疼聪聪，对妈妈说："劝劝他让他吃点吧，那么小，别饿坏了。""没事，小孩子饿上一顿也没有关系。"妈妈坚持着。到晚上快要睡觉的时候，聪聪饿极了，自己找东西吃，可是什么都找不着。直到饿得哭了起来，妈妈也没有管他。

第二天，聪聪就老老实实地自己吃饭了。

很明显，聪聪就是因为妈妈平常太娇惯他了，才变得那么不听话。所以，当孩子与大人对着干时，大人们一定不能妥协，不然就会前功尽弃。另外，也一定要和家里的其他人都讲好，大家行动一致，没有一个人和孩子站在一边，他的对抗行为才会收敛。

孩子都不喜欢洗脸刷牙

叛逆期案例

早晨7点半，筱筱起床后，妈妈让她洗脸刷牙。

筱筱很不乐意洗脸刷牙，每当这个时候，她都会磨磨蹭蹭地，要么玩水，要么随便擦抹两下，敷衍了事。由于大早晨要赶着去幼儿园，妈妈总会强制执行，一边催促着"快点、快点"，一边迫不及待替筱筱做了一部分。尽管这样，筱筱仍然是想着法儿地消极抵抗，一会儿说水凉，一会儿说妈妈的手重，把她弄疼了。

妈妈将用清水漱口和洗脸的工作留给筱筱自己完成，并且紧急制定出了全新的规则："从现在开始，你洗脸刷牙时要再磨磨蹭蹭的，晚上取消看动画片的资格！听明白了没有！""哦。"筱筱很不情愿地答应了一声，开始动作了。可是，心里的不情愿使她仍然时不时地玩水。

妈妈只好追加条例："快要迟到了，我现在开始数数，数到'十'如果你还没洗完的话，晚上就不能看电视了，一，二……"这下，规矩具体而紧迫了，筱筱只好加快了速度，也不再磨蹭，赶紧洗漱完毕，吃过早饭，和妈妈一起去了幼儿园。

为了让筱筱乖乖地洗脸刷牙，妈妈每天晚上睡前都会特意做出相应的"铺垫"："宝贝，你愿意现在刷牙，还是愿意明天早晨刷牙？""不要现在，明天早晨吧。""那好吧，等明天早晨刷牙，可是说话一定要算数哦。"

尽管晚上已经说好了，可是第二天早晨妈妈和筱筱仍然会上演"洗脸刷牙"战争。对此妈妈很苦恼，不知道应该怎样办才好。

妈妈要懂的心理学：小孩子一般不喜欢洗脸刷牙，妈妈要善于诱导

一般而言，孩子对洗脸刷牙都不太感兴趣，所以每次做这些事情时都像打仗一样，不能安安静静、顺顺利利地将脸洗好，把牙刷好，牙刷拿在手里转来转去就是不愿意放到嘴里。妈妈总会想尽一切办法，不是拿玩具哄，就是用零食诱，即使这样孩子也不会乖乖地洗脸刷牙，软硬兼施之后最终勉强地完成了，却弄得大人孩子都筋疲力尽，心情也不好。相信这是许多妈妈每天都会遇到的难缠事，非常头疼却又束手无策，不知道用什么样的好办法才能让孩子爱上洗脸刷牙。

对此，妈妈首先应该了解一下孩子不喜欢洗脸刷牙的原因，然后再区别对待，排除影响孩子洗脸刷牙的外因。比如，洗脸水过热或过凉，大人用力太重，孩子曾经呛过水，牙刷太硬引起疼痛，牙膏有特殊的气味等等。这就需要妈妈仔细观察与分析，解决掉各种有可能导致孩子身心受损的各种原因。

当然，日常生活中，家长还要注意运用正确的方式方法，让孩子自愿地洗脸刷牙，而不是在孩子不情愿时，强迫他去做。当孩子对洗脸刷牙有恐惧心理时，可以加点娱乐项目，唱唱洗脸、刷牙的儿歌，比一比谁做得更好。另外，"爱美之心，人皆有之"，孩子也不例外，假如孩子不想洗脸刷牙了，可以适当地提醒他：脸上脏了，别人不喜欢；牙齿黄黄的，样子就会变得很丑。假如孩子做得

好，就要经常表扬他。有些孩子不爱洗脸刷牙，是由于家长把这些事情看得过于紧张，一看到孩子洗脸姿势不正确，刷牙不按时等，就会恼怒地冲孩子发脾气，这样反而会给孩子造成不必要的压力。其实，孩子到了一定的年龄，有些精细动作自然就心领神会。因此，父母应该顺其自然地让孩子明白，洗脸刷牙是每个人每天都要做的事情，用不着害怕。

下面有几种方法可以用来培养孩子洗脸刷牙的好习惯，减少孩子的抵触行为，您不妨借鉴参考一下。

叛逆期方法指导：

方法一：给孩子买他喜欢的洗漱用具，让他对洗脸刷牙产生兴趣

对于不喜欢洗脸刷牙的孩子，妈妈没有必要强迫着他去做。可以用一些方法，让孩子对这些不喜欢的事情产生兴趣。比如可以给孩子买他喜欢的洗漱用具，最好是带他去超市，让他自己挑选喜欢的。如此一来，孩子就会对洗脸刷牙产生兴趣，少一些抵触行为。

铭铭今年两岁多了，每天早晨妈妈给他洗脸时，他都不情愿，躲躲闪闪地不愿意洗。而每当妈妈刷牙时，他在旁边看着都会表现出一副很好奇的样子，甚至有时会模仿妈妈刷牙。

针对这种情况，妈妈赋予了铭铭选择牙刷和牙膏的权利，为了让他从一开始就喜欢上刷牙，妈妈带铭铭一起去商店，买回了他喜欢的具有奥特曼造型的牙刷和带有松鼠图案的漱口杯，以及蓝色的儿童专用牙膏。想到铭铭不爱洗脸，妈妈特意给他买了一条绣着可爱小熊的毛巾。并且将所有的东西放在卫生间铭铭够得着的地方，便于他随时取用。

刚开始时还好，每当妈妈刷牙时，铭铭都会凑热闹，拿着牙刷自

己刷几下。可是时间长了，铭铭就厌倦了，不再想着刷牙了。卫生间里有一个兔子形状的塑料制品，妈妈就会对铭铭说："你看，可爱的小兔子的脸和牙齿多白呀，你想不想和它一样白呢？"铭铭马上看了看小兔子。妈妈继续说："小兔子的脸和牙齿那么白，就是因为它喜欢洗脸刷牙。你看看你的脸像小花猫一样，牙也黄黄的，没有小兔子的漂亮，你快点洗脸刷牙吧。"

听了妈妈这些"刺激性"的话，铭铭洗脸刷牙的次数明显增多了，也总会主动做这些事情了，因为他喜欢和小兔子比，看谁的脸和牙白。

假如孩子本身对洗脸刷牙没有产生兴趣，妈妈可以开发周边可能造成他感兴趣的东西，让孩子爱上洗脸刷牙。在要求孩子洗脸刷牙时，最好不要问他是否同意洗脸刷牙，而是提醒他，他的脸和牙不干净，需要清洗和洗刷一下。

方法二：告诉孩子为什么要洗脸刷牙，让他明白洗脸刷牙的重要性

洗脸刷牙是一个人最基本的生活技能，也是孩子健康成长的必要步骤。洗脸和刷牙是一天里最早的一件"工作"，并且关系到每个人的"脸面"，自然十分地重要。但是偏偏有许多孩子不爱洗脸，甚至对洗脸感到厌烦和恐惧。这时，妈妈可以告诉孩子为什么要洗脸刷牙，让他知道洗脸刷牙的重要性。

寒寒今年3岁多了，已经上幼儿园了，可以说，她是一个比较乖巧听话的孩子，唯独每天早晨起床后洗脸刷牙这件事做得不够好，每次妈妈都要和她"斗争"很久。

对于洗脸，妈妈总是强迫性地让寒寒洗，而寒寒呢，一会儿说水烫，一会儿说水进到她的嘴里了，躲躲闪闪地不肯洗。为了改变寒寒对待洗脸的态度，妈妈在洗完脸后就会表现出非常舒服的样子，并且让她

用手摸一下洗过的脸，这使她知道洗脸可以让人变得更加干净漂亮。就这样，寒寒渐渐地对洗脸产生了期待，不再拒绝洗脸了。

有一次，妈妈在书上看到了一个故事，插图是一个卡通小孩子让医生给他检查牙齿，有的牙齿是白白的，有的牙齿却很黄还被虫给吃了。妈妈就将书拿给寒寒看，并且对她说："宝贝，妈妈知道你不喜欢刷牙，可是呢，刷牙是为了保护你的牙齿。不刷牙的话牙齿就会长牙虫，就像这幅画上小孩子的牙齿一样，被牙虫咬了一个大窟窿，不得不让医生治疗。"寒寒听后，露出了担忧的表情。

从那以后，每到刷牙时间妈妈就会喊："该刷牙了，不然牙齿会被虫子吃掉的。"这时，寒寒就会很顺从地去卫生间刷牙。

需要注意的是，一周岁半前孩子的动作还不熟练，妈妈可以代为洗脸刷牙。两周岁以后，就应该放手让孩子学习自己洗脸刷牙，避免他对大人产生依赖性。

方法三：把枯燥的洗漱任务变得趣味一些，激发孩子的积极性

让孩子洗脸刷牙时，没有必要非得板板正正、规规矩矩地，可以不拘一格，孩子喜欢怎么样洗脸刷牙就由他去做。很多时候，孩子不爱洗脸刷牙，是因为做这些事情太枯燥无聊了，这时，妈妈可以利用一些小方法，将洗脸刷牙变得有趣味一些，如此一来，肯定能增加孩子的积极性。

彬彬今年3岁了，以前都是妈妈帮他洗脸刷牙，现在这些事情妈妈让他自己做，本就不乐意的他更加反抗了，每天早晨都会因为这件事而闹得很不愉快。为此，妈妈想出了两个小妙招，来督促彬彬洗脸刷牙。

彬彬喜欢游戏，也喜欢和别人比，妈妈就让家里的大人们轮流和彬彬比赛洗脸。大家都商量好，比赛的时候，不能让彬彬全赢，在他做得好

的时候，就会故意输给他。可是，一旦彬彬在比赛的过程当中出现了错误，就会告诉他哪里错了，并且这个错误就是导致他输的原因。只要彬彬的错误改正了，大人就会减慢速度，让他认识到改正错误的重要性。

对于刷牙，彬彬的态度总是不端正，一般情况下，他自己刷得根本就不全面，然后却说刷好了。每次妈妈都会检查，刷得不好，妈妈就会帮他进行补刷。这时，彬彬也会反抗，妈妈就跟他说："我们要把每颗牙齿都刷得笑哈哈的，让我来看看，哪颗牙齿没有哈哈大笑啊？"彬彬就会很配合地张开嘴让妈妈补刷，时不时地还会问："哪颗牙齿还在哇哇大哭啊？"

渐渐地，洗脸刷牙就成了彬彬的一种习惯，成为了像每天吃饭喝水一样的事情了，他也便坚持了下来。

案例中的妈妈组织家里的大人们轮番和彬彬进行洗脸拉锯战，既可以为他做出正确洗脸的示范，又可以促进他加快速度，改正拖沓的坏习惯。刷牙时将牙齿拟人化，使彬彬不喜欢的刷牙变得趣味十足，他肯定会爱上刷牙的。

孩子晚睡晚起受大人的影响

叛逆期案例

晓智今年两岁多了，每天晚上让他入睡都非常困难，经常12点以后才去睡觉。由于晓智睡得晚，直接影响了爸爸妈妈的休息，所以，爸爸妈妈想尽各种办法让他早点睡觉，可总是不遂人愿。

为了让晓智早点睡觉，每天早晨妈妈7点钟就喊他起床。虽然起得早，可晓智晚睡的习惯仍然没有任何改变，连续好几天都是晚上12点才睡觉。妈妈问晓智为什么不睡觉，他说不困，或者很困了但就是睡不着，想玩玩具和游戏。一天晚上，妈妈和晓智商量好睡前把灯关掉了，但晓智要求妈妈抱着他睡才行。终于，晓智自己躺下来了，可还是睡不着，过了一会儿就又开灯，找出自己的小汽车乐此不疲地玩了起来。

妈妈工作了一天，很累，想要睡觉，可担心晓智一个人玩会不安全，就让他去睡觉。结果，晓智很不乐意，一点都不配合妈妈，非要再多玩一会儿才行。妈妈想要让晓智马上上床睡觉，便帮着他把玩具收好，晓智不高兴了，又哭又闹。无奈，妈妈只好放弃，任由他玩去，自己去卫生间洗澡了。妈妈洗完澡出来后，晓智仍然没有想要睡觉的意思，居然又想坐小推车。妈妈实在困极了，哪儿还有精力给他推车玩，就没再理他，晓智便大哭了起来，妈妈只好抱着又哄，最后，晓智闹腾地累了，才沉沉地睡去。

唉！晓智每天都这样，到了睡觉的时间，可就是不睡，总是睡得特别晚，为此，妈妈真的十分苦恼，想了许多办法但无济于事。应该如何调整晓智的作息才好呢？

妈妈要懂的心理学：孩子不愿意睡觉，是因为没有养成良好的睡眠习惯

到了该睡觉的时间，孩子却仍然很兴奋，不想去睡觉。妈妈在一旁左哄右骗，孩子依旧玩这玩那，就是不能安安静静地去睡，着实令许多妈妈心情很烦，没有耐心再和孩子耗下去。

然而，妈妈应该认识到，到了应该睡觉的时候孩子不肯睡一定是有原因的。比如他想接着玩儿或者想要听故事，或者他想接着看喜欢的动画片，当然也可能是受外部不良环境的影响，比如太吵、太闹、太热（冷）等原因。但是，一个主要的原因，就是孩子没有养成良好的睡眠习惯，或者说孩子没有形成一个良好的生物钟。有关这一点，妈妈应当从逐步帮助孩子养成良好的睡眠习惯做起。

为了让孩子养成良好的睡眠习惯，最关键的就是为孩子创造良好的睡眠环境。比如，室温适宜，光线不能太亮，盖的被子等尽量要轻、软、干燥一些。晚上别让孩子玩得过于兴奋，更不要过分逗弄他；不让他看刺激性的电视节目，不给他讲情节过于曲折或者紧张的故事，也不要让他玩新的玩具等。当然，父母也要注意，不要在孩子该睡觉的时候还做影响他睡眠的其他事情。在入睡前半个小时左右应该让孩子安静下来，妈妈可以再三地告诉他："宝贝，该去睡觉了！"当然，注

意睡前一定要让孩子排尿，以免孩子因为憋尿而翻来覆去睡不着。

这里需要特别提醒妈妈注意的是，当孩子由于各种原因不想睡觉时，妈妈一定不要采取恐吓和打骂的方式解决，因为这不仅容易引起孩子更强烈的逆反心理，而且容易给孩子身心造成伤害。

叛逆期方法指导：

方法一：规定明确的睡觉时间，帮助孩子养成良好的睡眠习惯

对于越让他睡他却越不去睡的孩子来说，一定要帮他养成规律的生活作息习惯，不仅饮食要有规律，睡眠也同样要有一定的规律。每天应该在一个固定的时间哄孩子睡觉，一到这个时间，就让他躺到床上，即使孩子表示不困也要照做。时间规定得越明确，孩子就越容易按时去睡觉。

影影今年已经3岁了，在上幼儿园小班。每天晚上，影影都会玩这玩那，折腾到很晚才去睡觉。为此，妈妈决定让她在9点钟的时候就上床睡觉，并且还"规定"全家人一到9点钟就把电视、电脑关掉，按时熄灯睡觉。

可是，影影却很少主动遵守，每次都是妈妈催促了好几遍，她才很不情愿地走进卧室，把鞋脱掉上床，当然有时还会为此哭闹。为了让影影心情舒畅地准时去睡觉，妈妈还特意用彩纸做了一个大大的纸闹钟，表盘上分别用不同颜色的水笔标上了游戏、吃饭、睡觉以及听故事的时间，这样一来，指针就会告诉影影现在到了做什么事情的时间了。晚上，妈妈就把纸闹钟放在真闹钟的旁边，将指针指向睡觉的时间，当两个钟的时间一样时，妈妈就会告诉影影："睡觉的时间到了，该上床睡

觉了。"影影看到这个鲜艳漂亮的时钟之后觉得很有趣，她经常趴在时钟的面前看看这个时间应该去做什么事情了。

在妈妈的坚持下，一段时间以后，影影的睡眠时间终于有了规律，到了该睡觉的时间，她差不多也就困了。

妈妈千万要记住，一旦给孩子规定好上床睡觉的时间就不要随便做出更改了，即使有时候家里的某位大人刚好从外面回来或者有亲朋好友来做客，也不能允许孩子多待一会儿。另外，对于睡觉的具体时间，一定要给孩子讲清楚，这样他才会明白什么时候应该去睡觉了。

方法二：减少孩子白天的睡眠，增加他的运动量

假如孩子白天睡觉睡得多，到了晚上他肯定特别精神。如果属于这种情况，白天就应该让孩子多在室外玩，增加他的运动量，减少他白天睡眠的时间。这样，到了晚上孩子自然就会早睡的。

鹏鹏现在两岁半了，他精力旺盛，特别好动，每天晚上总要玩到很晚，一般都要到十一二点才去睡觉。妈妈带着他，真有点儿吃不消。

为了让鹏鹏晚上早睡会儿，每天早晨妈妈都不让他睡懒觉，六七点钟就把他喊醒，让他吃点早饭喝点水之后就带他出去，到空气清新的地方玩。像小区的空地上，附近的公园里，都是妈妈和鹏鹏经常去的地方。妈妈也经常带鹏鹏去亲子乐园，那里有许多小朋友，鹏鹏和大家玩得很开心。当然，中午的午睡是必须的，但妈妈严格控制鹏鹏午睡的时间，不再像以前那样任由他自然醒来，一般从12点半到下午2点钟左右就是鹏鹏中午的休息时间。

只要白天玩够了，玩累了，到了晚上鹏鹏基本上不会超过9点钟就

能上床去睡觉了。

现实生活中有许多孩子像案例中的鹏鹏一样，似乎有使不完的力气。妈妈完全可以用减少白天的睡眠，增加白天的运动量的方法来促使孩子晚上早点去睡。只要坚持一段时间，相信完全可以将孩子的生物钟调整过来，孩子自然不会再有很晚都不去睡觉的行为了。

方法三：固定的睡前准备活动，让孩子意识到真的该睡觉了

一些临睡前固定的准备活动，能够培养孩子睡觉的情绪，达到催眠的作用，可以逐步让孩子了解和掌握睡觉前的常规事情，以此作为一种信号，暗示他即将入睡了。长此以往，孩子做了这些活动就能意识到真的该睡觉了，这有助于他尽快放弃不想睡觉的心理而进入预睡眠状态。

莹莹这个小姑娘像个夜猫子一样，每天晚上都特别兴奋，很晚才睡。许多时候，妈妈把她哄上床，她也总是在床上翻来翻去地睡不着。为此，妈妈头疼了好一阵，不过，现在好了，妈妈有一个绝招，能让莹莹有规律地睡觉。

方法是这样的，每天晚上吃过晚饭，妈妈就带莹莹出去散散步或者在家里做一些小小的游戏，目的就是消耗掉莹莹的部分精力。到了9点左右，妈妈一定会把电视关掉，把大灯也关掉，只留下几盏微弱的小灯。放一些舒缓、轻柔的音乐作为催眠曲，然后让莹莹喝一杯牛奶，再让她刷牙、洗澡。之后就哄莹莹上床去睡，这时候再给她讲个童话故事。故事刚开始，莹莹会好奇地问这问那，慢慢地，她自己也会觉得累了，一打哈欠或者闭上眼睛就不再问这问那了。而妈妈这时会轻轻地拍打着她的背，让她安心地入睡。

就这样，妈妈每天晚上睡觉前都会带着莹莹做这些事情，真是非常管用，现在每天晚上一到9点半左右，莹莹就一定要去睡觉。

需要注意的是，剧烈的游戏和打闹会影响孩子入睡，所以，妈妈要提前半小时让孩子进行一些安静的活动，这样他才能慢慢地放松下来，进入睡眠状态。

不讲卫生是因为没有卫生观念

叛逆期案例

　　妈妈从湘湘出生后不久，就非常注重孩子的卫生，比如经常给她换洗衣服，经常给她洗澡等，一直到湘湘3岁左右都这样。妈妈以为，已经从小帮湘湘养成了良好的卫生习惯，哪料现在她偏偏就不爱洗手，不爱洗澡，不爱洗脸，不爱刷牙……每次妈妈让她做这些事情时，她都磨磨蹭蹭，唧唧唧唧地。

　　每天玩的时候，湘湘都会把手弄得很脏，并且不爱洗。有时候被妈妈"逼迫"着去洗手了，还得追进卫生间问她有没有用洗手液或者香皂。即使这样，湘湘也是随便冲冲就完事，手上的脏东西可能还没洗干净。妈妈看到后就会很生气，对她说："你洗的不是我的手吧？是你自己的呀！你怎么能这样对待自己的手呢？"

　　还有，让湘湘刷牙是最令妈妈发愁的一件事情，在一年当中，湘湘的牙刷总是丢好几次，妈妈问她时，她说给扔了，问她扔哪儿了，她也记不起来了。妈妈问她为什么要扔，她说不喜欢刷牙。这令妈妈很生气，不喜欢刷牙就不喜欢呗，还非得把牙刷给扔了，这孩子真是越大越不听话了。

即使妈妈给她新买了牙刷，她也不乐意自己刷，总是象征性地抹几下就完事。每当湘湘刷完牙，妈妈都要让她张开嘴闻一闻有没有牙膏味。当然，大多数情况下，妈妈都会在一旁监督着她刷牙，有时还得帮助她刷。不然，她不是刷不好，就是事后又把牙刷给扔了。

妈妈要懂的心理学：小孩子没有卫生观念，妈妈要耐心引导和培养

许多孩子一玩起来就会把手上、身上、衣服上弄得很脏，并且毫不在乎，妈妈要费好大的力气才能让他去洗个澡。一些父母为此非常着急，一是担心孩子如此不讲究卫生会生出什么毛病来；二是担心如此下去，孩子会愈演愈烈，以至于形成不爱讲卫生的坏习惯。

一般的小孩子都不喜欢洗脸刷牙，这主要是因为他们没有卫生和健康的观念，另外也没有养成良好的卫生习惯。针对这种情况，妈妈一定要向其讲述一些卫生观念，引导孩子慢慢养成良好的卫生习惯。

教导孩子讲究卫生，一定要基于孩子的理解水平。假如只是一味地逼迫孩子去洗手、洗脸、洗澡等，是很难帮他培养讲究卫生的好习惯的。对于那些不爱洗手、不爱剪指甲、有指甲垢的孩子，有条件的话，妈妈可以找一台显微镜，弄一点指甲垢放在玻璃片上，加上一滴水，放在显微镜下，让孩子看一看手上的细菌在水中流动的情况。这样直观的观察能使孩子获得深刻的印象，让孩子知道手指甲里藏了那么多的细菌，吃东西时一起吃进肚子里，肯定会给身体带来很多的疾病。如此一来，孩子就会勤于洗手，注意讲究卫生了。

培养孩子良好的个人卫生习惯，一定要确保孩子的心情愉快，比如，在给孩子擦鼻涕时，动作要轻柔一些，不要把孩子弄疼了，以免引起他的反感。在孩子稍

大一些的时候，就要为他准备一条小手绢，教他勤擦鼻涕。孩子不愿意洗脸，妈妈不要有畏难和烦躁的情绪，那样会直接影响孩子的心情，时间一长，孩子会把洗脸看得和吃药、打针一样，自然更加抗拒。

孩子总是以父母为榜样的，因此要想让孩子讲究卫生，父母首先应该以身作则，并且时常要注意引导和监督孩子的行为。只有持之以恒，让孩子养成了好习惯，孩子才不会在讲卫生这些事情上和妈妈对着干。

叛逆期方法指导：

方法一：讲道理，让孩子明白讲究卫生的重要性

讲究卫生是孩子在涉世之初就应该养成的好习惯，一个健康的孩子一定讲卫生，而那些爱生病的孩子，可能在卫生习惯上存在着一些不当之处。由此可见，好的卫生习惯不仅关系到孩子的生活问题，更是关系到孩子的健康问题。所以，一定要让孩子明白讲究卫生的重要性，教会孩子正确的方法，并且鼓励孩子继续保持下去。

翰翰的妈妈特别注意培养儿子的卫生习惯，她总是对翰翰说："宝贝，你一定要做个讲卫生、爱干净的好孩子，这样别人才会喜欢你。首先，要从饭前便后洗手做起哦。"

翰翰忍不住问妈妈："饭前便后为什么要洗手？"

妈妈告诉他："因为双手每天会碰到课本、书包、玩具等各种各样的东西，就会沾染上很多细菌。如果在吃饭前不把手洗干净，吃饭时把细菌和脏物一起吃进肚子里就会生病或长出虫子来。等吃坏了肚子，或有了虫子，就要去医院打针、吃药了。这就说明了'饭前不洗手，病菌

易入口'的道理。"翰翰听后似懂非懂地点了点头。

于是，妈妈教会翰翰洗手时把袖子挽起来，用香皂将手心、手背都洗干净。每次翰翰洗手时，妈妈都会为他准备好肥皂及毛巾，放在翰翰容易拿到的地方。

每天早晨起床后，翰翰都会自己洗脸、洗手。尤其是吃饭前，再也不用妈妈提醒，翰翰就会主动去洗手、打香皂，最后把手擦干。现在，翰翰在妈妈的监督下已经完全养成了良好的卫生习惯。

假如一个孩子总是不讲究卫生，那真是太糟糕了。习惯是从小养成的，好习惯如此，坏习惯亦如此。因此，妈妈必须从小就培养孩子良好的卫生习惯，可以给孩子制定具体的卫生规则，也可以将这些规则以标语的形式张贴在墙壁上。当发现孩子不能自觉遵守时则立即给予强化，直至形成习惯。

方法二：认识后果，让孩子知道不讲卫生的危害性

孩子不讲究卫生，每次让他把"花猫脸"洗干净或者给他洗脏乎乎的小脚丫时，他都会进行反抗或者找借口跑掉。孩子的这些行为，表明他根本没有认识到不讲卫生的后果。妈妈要告知孩子，让他知道自己不讲卫生的后果是什么，当孩子认识到事情的危害性之后，就会自觉地讲究个人卫生了。

萌萌这个小丫头，既爱美又爱面子。可是呢，她就是不喜欢讲卫生，让她把脸洗干净或者把手洗干净真是一件非常困难的事情。

每次洗澡时，萌萌倒是很乐意，因为她喜欢在水里面玩。妈妈每次帮萌萌洗澡时，她都会喊疼，不让妈妈搓。可是让她自己洗吧，她就会磨磨蹭蹭，只要能在水里多待会儿，她肯定不会早点出来。尽管洗得很慢，但仍然不能保证"质量"，萌萌在水中的玩耍丝毫不能达到清除

身上脏东西的目的。所以，在萌萌洗澡时妈妈必须陪在她的身边，帮助她洗才行。进入夏天了，妈妈命令萌萌必须一天洗一次，她却不照做，说："我就不洗，就不洗，我不是个脏宝宝！"萌萌觉得洗澡会耽误她玩小汽车和看动画片。

妈妈告诉萌萌："天气那么热，一天不知道要出多少汗，如果不洗澡，身上的气味肯定特别难闻，爸爸妈妈就不喜欢了。而且呢，不洗澡身体就会发痒，你自己会很不舒服的哦。"

萌萌眨巴眨巴眼，似乎"明白"了什么。这下，妈妈再让萌萌洗澡时，她不再狡辩了，总能认认真真地去洗。

孩子不讲究卫生，和父母的养育方式有很大的关系。假如父母对孩子的照顾过于周到，孩子在父母身边的时候能够做到干净整洁，而一旦跑到外面去玩，必然会搞得污手垢面。假如父母本身就不讲卫生，孩子必然上行下效，受其影响，也干净不到哪儿去。因此，父母应当以身作则，不仅要给孩子以良好的照顾，而且还要培养孩子讲卫生的好习惯。孩子做得好就给予奖励，做不好就予以"处罚"，时间一长，良好的卫生习惯自然就养成了。

方法三：从细节做起，让孩子养成良好的卫生习惯

要让孩子做到真正讲卫生，就必须让他学会注重各种细节，做到防微杜渐才行。所以，在孩子把讲卫生的一些小事情忽略掉时，妈妈就要随时提醒，让他从小处做起，逐渐养成良好的卫生习惯。

承承今年刚满3岁，妈妈让他每天早晨都要刷牙，可小小的他总是嫌太麻烦。夏天的时候还能保持勤洗头、洗澡，可一到冬天承承就不乐意洗了。另外，承承一直认为剪头发和指甲会很痛，每当妈妈帮他剪指

甲时，他都会推三阻四，和妈妈玩"捉迷藏"。承承每次在外面玩回来之后，衣服上、身上都会脏兮兮的，他认为衣服弄脏了没有关系，反正妈妈会洗的……

为了让承承讲卫生，妈妈花了大量的时间，费了不少的精力，坚持让他饭前、便后、外出回家都要做到及时洗手。承承感冒了，咽喉有痰时，妈妈会教育他不能随地乱吐，并在他的口袋里备上足够的纸巾，让他将痰吐在纸上，然后丢在垃圾箱里。修剪指甲时，无论承承怎样抗拒，妈妈都会认真地给他剪，剪完后还会将手和剪刀清洗干净。承承的玩具、书包、衣服，妈妈同样会帮他洗刷得干干净净，并且要求他注意保持整洁。从两岁开始，妈妈就让承承在饭后用温开水漱口，开始学刷牙之后，就坚持让他早晚各刷一次。

妈妈告诉承承，只要每天做到这些小事情，就能把自己收拾得干干净净，既有利于健康，又漂漂亮亮的，招人喜爱。这下，承承只要做了讲卫生的事，他就会很有自信心。如果哪点做得不好，他自己都觉得不好意思。

让孩子主动、自愿地讲究卫生就要看妈妈的智慧了，只要妈妈有耐心、有方法，从微不足道的小事情做起，以实际行动来感染和影响孩子，那么孩子就会对讲卫生慢慢地产生兴趣，最终养成良好的卫生习惯。

多数孩子对吃药有抵触情绪

叛逆期案例

玮玮现在两岁零4个月了，最近一段时间由于晚上老蹬被子，结果感冒了，咳嗽得很厉害。玮玮怕疼坚决不打针，那就在医生的建议下吃药吧，可妈妈喂药给她，她也不吃，硬灌给她，她就大哭了起来，把药都给吐了。

以前玮玮生病时吃药还挺配合，而且现在的儿童药也做得很人性化，都是甜甜的。可是随着玮玮年龄的增长，味觉的发展，现在她连甜的药也不吃了。妈妈一手抱着玮玮，一手拿着小勺子，盛了一点药，送到她的嘴边。玮玮的头一下子扭到了另一边，妈妈又试了一次，还是没有把药喂进她的嘴里。妈妈只好对玮玮说："宝贝儿，来，把药喝了吧，喝了药，病才会好，病好了你就不难受了。"然而，玮玮根本不听，仍然反抗着不要吃药。看着玮玮难受的样子，妈妈很心疼，但怎么样都不能让她把药吃掉。

妈妈又买了梨和冰糖回来，熬了一碗梨汤，想着可以给玮玮去咳。但她还是不怎么喝，由于感冒，胃口也不好，连饭也不怎么吃，妈妈十分着急，这样下去，病什么时候才能好呢？

妈妈要懂的心理学：孩子对"药"有抵触情绪，妈妈要帮助他缓解紧张情绪

别说孩子害怕吃药，就连大人也不爱吃药。可是，生病了之后又不得不吃药。但在对吃药治病的理解方面，孩子和大人的心态完全不同，孩子根本不明白，从吃药到病好，得需要一个过程，而且药确实有一点点苦味，即便是加了甜味成分也是如此。所以孩子对吃药有一种抵触情绪，一旦药到嘴边就会紧张起来。因此，要让孩子乖乖吃药，妈妈可要有充足的耐性才可以。给孩子喂药，一定要讲究方法，"准备阶段"要想办法分散他的注意力，尽量不要让他看见，以免让孩子预感到要吃苦药了而发憷。比如，可以先给孩子一些甜头尝，然后趁其不备，将盛好药的勺子喂进他的嘴里。需要注意的是，不能让勺子里的药水顺着孩子的舌头往里灌，因为这样很容易呛着孩子，并且药水完全倒在舌面上，孩子很快就能尝到了苦味，他会一下子把药都喷出来。可以将药水从孩子的嘴角倒入舌边，稍停一下，等他把药咽下后再把勺子撤出来。

心理学上有一个爱抚效应，即父母微笑着摸摸孩子的脸蛋，抱抱孩子的肩膀，让孩子感受到父母的呵护和关爱，孩子内心就会产生安全感。特别是在孩子遇到困难和挫折时，这些细微的举动，能让孩子感受到爱的温暖，既能帮助孩子减轻心理压力，又容易使孩子接受父母的建议。具体在孩子生病了让他吃药这件事情上，妈妈可以温柔地抚摸着孩子的头和脸，注视着他的眼睛，对他说："宝贝，吃了药你就会发现感觉好多了，额头不会发烧了，小脸儿也会变得红润。"听到这样的话，孩子在心理上就能够得到安慰，尽管事实上的效果并非这么直接和明显。为什么会出现这种情况呢？心理学家研究表明，爱抚产生的感觉，能够使人神经系统中的化学物质发生变化，从而起到缓解紧张、改善情绪、增加自信的效果。所有的父母都很爱自己的孩子，所以，不要吝啬自己的爱抚，尤其是当孩子生病的时候，一定要多一些耐心。

叛逆期方法指导：

方法一：用专业的喂药方法，让孩子吃下药

对于生病了要吃药这件事情，许多孩子总是不合妈妈的心意，不好好吃药。这种情况下，有的妈妈就会捏孩子的鼻子，按孩子的胳膊，或者硬往孩子嘴里灌药，甚至气急了还会打上孩子两巴掌，弄得孩子大哭大叫。好不容易让孩子把药吃了下去，而孩子一哭闹又吐了出来，结果适得其反。导致这种事情发生的原因就在于，妈妈不懂得孩子的心理，喂药不够"专业"。我们来看一下朗朗的妈妈是怎样诱导他吃药的。

以前的时候，想让朗朗吃点药，费上半天劲也不一定能做得到。有一次，妈妈在书上看到了一个小妙招，在给朗朗吃冲剂的时候就用上了。

朗朗感冒了，医生开了一些感冒颗粒给他冲服。回家后，妈妈就拿出一根果丹皮，将它对半切短，然后让朗朗伸出舌头，将这半张果丹皮摊在他的舌头上，再把冲好的药液用勺子送到他的嘴里。由于果丹皮又酸又甜地包裹着舌头，朗朗几乎没尝到任何药味，药液就已经顺着果丹皮流进喉咙了。再加上朗朗十分喜欢吃果丹皮，等喝完药，他就会把果丹皮当零食吃掉。

有时候，对于有微苦味道的药，妈妈还想办法把药物颗粒冲进果汁里让朗朗服用。妈妈事先会有意地让朗朗少喝些水，等到他口渴了的时候，再把药物冲进淡淡的果汁里，一般情况下朗朗都会痛痛快快地把混了药物的果汁喝下去。自然，用这种方法，朗朗很少有抵触情绪，当然更不会大哭大闹了。

有时候，父母绞尽脑汁、挖空心思用尽了各种办法，孩子依然是"不吃不吃，就是不吃！"的强硬态度。这时，妈妈可以来点"威逼利诱"，可以直接告诉他，如果不吃药只好选择打针，否则病情会加重。或者，给孩子一点精神或物质奖励："把药吃了妈妈一会儿多给你讲个故事。""吃了药病好以后妈妈就带你去游乐园玩。"不过，利诱之后，妈妈一定要记得兑现自己的承诺。

方法二：趣味吸引，帮助孩子克服心理障碍

对于孩子而言，吃药相当于一件苦差事。但孩子都有喜欢做游戏的心理，因此妈妈可以利用周围的一些事物，将吃药变成一个有趣的小游戏，帮助他克服心理障碍，这种方式通常也能取得一定的效果。

每次生病时，祺祺总是不喝水更不吃药，妈妈为此伤透了脑筋。不过，妈妈投其所好，想出了不少让她吃药的好方法。

有一次，妈妈喂祺祺吃药，可她闭着小嘴就是不吃。这时，妈妈看到了祺祺的小熊猫玩具，平时祺祺和小熊猫是最亲密的好朋友，经常在一起玩游戏。于是，妈妈用充满童趣的话语对祺祺说："不吃药你的头是不是好痛，肚子也很不舒服呢？哎呀，宝贝，你的小熊猫好像也生病了，看上去没有一点儿精神，它是不是也很难受呢？要不这样吧，让它和你一起吃药，这样身体就能早点好起来了。"

祺祺看了看小熊猫，感觉它和自己同病相怜。就这样，妈妈喂祺祺一勺药，再喂小熊猫一勺药，很快地，祺祺就把药给吃完了。

对于两岁以上稍微大一点的孩子，有了一定的思维和理解能力，就可以利用一个生动的榜样，来带给他无穷的力量。比如，对孩子说："你看看邻居家的小姐姐，她真勇敢，吃药打针都不怕。宝贝，你也要做一个勇敢的小朋友对不对？"通过这些交流，还能让孩子明白吃药不仅可以让身体早日恢复健康，还能让自己成为一个勇敢、受人喜欢的好孩子。

方法三：不把药和痛苦画上等号，让孩子开开心心地吃下药

现在的儿童药都不苦，很好吃，但许多孩子就是不吃。其实，孩子并不是由于药难吃才不吃的，而是从一开始父母就把药和痛苦画上了等号，孩子只要听到"吃药"这个词语，就会有痛苦的条件反射，他自然就不会吃了。所以，即使给孩子吃药，也要让他保持心情舒畅，使他开开心心地吃下药。

楠楠每次生病时都不肯吃药，有时候妈妈好不容易喂进嘴里一点，可她还是哭闹着吐出来。无论妈妈怎样软硬兼施，楠楠就是摇头不吃，这令妈妈很着急。

怎么办呢？再次喂楠楠吃药时，妈妈没有欲盖弥彰地先对她说："宝贝乖，吃了药病就好了，这药一点儿都不苦。"因为妈妈根据先前的经验了解到，这无疑是在告诉楠楠，吃药是一件很痛苦的事情。妈妈有意识地淡化了药与生病的关系，悄悄地准备好药和白开水，抱着楠楠，告诉她："该吃药了。"楠楠一听，立刻挣扎着要跑开。妈妈对她说："没关系的，这个药是有点苦，但是妈妈都不怕。来，妈妈先吃一点你看看。"说完，妈妈就尝了一口，然后撇撇嘴，做出稍微有点痛苦的表情，说："你看，很容易就吃下去了。"接着，妈妈就让楠楠也把药吃掉。楠楠虽然仍旧有点不乐意，但不像刚才那样抗拒了。

将药喂进楠楠的肚子里，妈妈让她喝了几口水之后就走开了，没有把这件事当做有什么特别的。以后楠楠吃药时，就没有那么困难了。

由此可见，让孩子吃药时，妈妈没有必要渲染出一种特殊的气氛，比如反复地告诉孩子"不要害怕苦"等。正确的做法应该是让孩子知道生病吃药是一件很正常的事情，没什么大不了的，这样就能减少孩子的哭闹了。对于不苦的药，妈妈可以表现出很好吃的样子，吸引孩子来尝试，很快地把药吃掉。每当提到"药"这个词时，要像提到糖果或者巧克力一样开心才行。

喜欢乱扔东西是孩子在探索

叛逆期案例

瑜瑜现在两岁零6个月了，她特别喜欢乱扔东西，只要她拿在手里的东西，无缘无故地就扔在地上。

一天中午，瑜瑜渴了，妈妈就给她倒了一杯水。喝完之后，瑜瑜随手就把杯子扔到地上。妈妈看到了，生气地对她说："宝贝，你又乱扔东西了，那可是你自己喝水用的杯子，怎么能把它扔在地上呢？"然后，妈妈让瑜瑜把杯子捡起来，并让她保证下次不再乱扔了。尽管瑜瑜做出了保证，可下次她还是照扔不误。家里的玻璃杯子被她摔了好几个，没办法，妈妈只好买来摔不坏的、以不锈钢为主材料的物品。

瑜瑜的玩具是她扔得最多的东西了，一个玩具玩了还没一小会儿，就会被她扔来扔去。地板上、沙发上、桌子上、床上，到处都是她的玩具。有一次，瑜瑜玩她的一个小老虎玩具，玩着玩着，她就把小老虎扔在了地上。妈妈看到了，把小老虎捡了起来，哪料，妈妈越捡瑜瑜越高兴，扔得越起劲。

妈妈第6次把小老虎捡了起来，将它拿到瑜瑜面前，表现出一副很心疼的样子说："你看，小老虎掉在地上，被你摔痛了，它很难过，已经流眼泪了呢。"只见瑜瑜摸了摸小老虎，说："哦，我不扔了，妈妈，小老虎会疼的。"瑜瑜似乎动了恻隐之心。

可是，还没玩10分钟，小老虎又被瑜瑜扔在了地上。

妈妈要懂的心理学：孩子乱扔东西是他探索世界的开始，妈妈不必烦恼

到了一定的年龄段，孩子就会经常性地乱扔东西，这让妈妈的心情非常烦，每天都在不停地帮他捡东西。其实，妈妈大可不必过于苦恼，对于孩子来说，这种扔来扔去的动作既是孩子一项好玩的游戏，也是探索世界的开始。在这种妈妈认为既无聊又无趣的活动中，孩子却乐此不疲，正是这种反复的、重复的动作，就是促进孩子发展各方面能力的重要开端。

当孩子第一次在无意中将东西扔出去的时候，他会异常地兴奋，认为自己又增长了一项本领，所以他会非常高兴地一而再、再而三地扔，同时他也希望能够因此而引起大人的关注，并且给予他赞扬。在扔东西的同时，孩子实际上也是在学习。比如，孩子能够观察到物体自下而上然后自上而下坠落的轨道、方式，可以注意到不同物体落地时所发出的不同声音，并且能逐渐意识到扔东西和发出声音之间是存在着必然的联系的，等等。所以，扔东西对于孩子而言，可以说是一个必经的学习、成长阶段，对于孩子的智力和心理成长都有很大的好处。

但是呢，妈妈在对待这件事情上的不同态度会导致孩子往不同的方向发展。在孩子刚开始扔东西的时候，妈妈要给予积极的支持，正确的做法应该是，让他开心愉快地玩，轻松地感悟、接受知识。在孩子开始乱扔东西时，妈妈可以提供给孩子一些适当的玩具，比如，皮球、布制品、毛绒玩具等，并且要创造一个安全、宽

敞的环境，让孩子扔个够。需要注意的是，在孩子慢慢长大后，要逐渐淡化他乱扔东西的行为，以免养成不良的行为习惯。

孩子由于年龄小，手、脑的综合协调能力不够完善，所以在扔东西的时候，可能会不慎损坏一些物品。对此，妈妈一定不要大呼小叫，也不要过度地批评孩子。因为如果妈妈的反应很特别，很夸张，将会在无形中强化孩子用这种方式引起大人注意的想法，以后他只要想引起别人的注意或者想表现自己，就会乱扔东西，这样最终会让他养成乱扔东西的坏习惯。

叛逆期方法指导：

方法一：画地为牢，给孩子规定可以扔东西的区域

很多孩子都有乱扔东西的毛病，东西满屋子扔，完全不顾忌帮他收拾的大人是多么烦恼（事实上，这个阶段的孩子也不会考虑这么多）。对于这样的孩子，可以先给他规定一个区域，让他在这个区域里想怎么扔就怎么扔。当孩子把属于他自己的空间弄得一片狼藉时，再借此机会教他去收拾东西。

最近一段时间，姗姗这孩子特别喜欢乱扔东西，玩具扔床上，衣服扔在地上，这只袜子扔在椅子上，那只袜子却被扔到了床底下。妈妈每天都跟在姗姗屁股后面收拾，但家里仍然是乱糟糟的。

怎么样才能改变姗姗的习惯，不让她乱扔东西呢？为此，妈妈想出了一个好办法。一个星期天，妈妈抽时间把家里收拾得整整齐齐、干干净净，然后对姗姗说："宝贝，你看现在咱们家多么整洁呀，以后，我不允许你再乱扔东西了。但是，你可以在你自己的房间里随便扔。"尽管不能到处扔东西了，但是可以在自己的房间里面想怎么扔就怎么扔，

姗姗仍然很乐意。

刚开始，姗姗的房间里被她扔得非常乱，以至于过了没几天就已经不堪入目了。虽然妈妈看着特别不顺眼，但她坚持着就是不帮姗姗收拾。到第5天的时候，姗姗将一个洋娃娃扔在了客厅的桌子上。妈妈抓住这个机会，批评了姗姗一顿："宝贝，你没有遵守约定，那个洋娃娃不应该躺在桌子上。"接着，妈妈又对姗姗说："你是自己房间的主人，那里一切的东西都归你管，你要好好地收拾一下，东西应该放在哪里就要放在哪里，这样你用起来也方便。""我不会。"姗姗露出了为难的表情。"那好吧，妈妈先教给你怎样去收拾，以后呢，就由你自己去收拾。妈妈相信，姗姗很能干，一定能把所有的东西都管好的。"

于是，在妈妈的鼓励下，姗姗开始学习如何整理物品。虽然收拾得不好，但起码不再像以前那样乱了。

案例中妈妈用激将法刺激了孩子的自尊心，也培养了她的责任心。这种方法适用于好胜心强的孩子。另外，当孩子的表现稍有起色时，妈妈就要给予表扬和奖励，千万不要吹毛求疵。很多孩子就是因此而产生了逆反心理，索性变本加厉地乱扔东西。

方法二：通过游戏学习，引导孩子在扔东西的过程中学到知识

孩子爱扔东西，从某种意义上来说是有利的。通过扔东西，不但能增加孩子锻炼身体的机会，而且能够加强他对事物之间关系的认识、概括。因此，妈妈要注意引导，让孩子在扔东西的过程中学到知识。

瑞瑞还不到两岁，但他有个坏习惯已经好长时间了，那就是乱扔东西。喝完水，杯子就往地上扔，吃完零食包装袋也随手扔在地上……不

管是吃的喝的，还是玩的，都拿来扔呀摔呀，甚至拿鞋子、玩具之类的东西满屋子扔来扔去。

有一次，瑞瑞将一个内带铃铛的小球在地板上滚来滚去。只要小球里的铃铛发出声响，瑞瑞就会开心地"咯咯"直笑。这时，妈妈走过来，笑着对瑞瑞说："宝贝，你可真会玩，自己居然发明了一款游戏——滚叮当球。哎哟，真好听，它还能发出'叮当'的声音呢。"说着，妈妈也加入了瑞瑞的游戏，在他的对面将滚过来的小球重新抛回瑞瑞的身边。就这样玩了一会儿，瑞瑞厌倦了，又拿起积木块扔了起来。这时，妈妈故意问他："宝贝你听，积木块扔在地上的声音是不是和小球不一样？"这下，瑞瑞注视着积木块，用力将它扔出去，更加专注地听着积木块所发出的声音。

接着，瑞瑞又扔了奶瓶、纸盒、塑料桶，等等许多东西，并且仔细地聆听各种物品在扔出去时所发出的声响。这下，瑞瑞明白了，不同的物品能够发出不同的声音。

孩子没有大人"爱惜物品"的概念，所以，妈妈不要以成人的眼光来看待和理解孩子乱扔东西的行为。扔东西并不是孩子故意搞破坏，也不是故意要气大人，而是在玩游戏、在探索世界。当不同的物品被扔到地面上，发出不同的声音，又滚落到一个无法预知的地方时，孩子会觉得十分新奇有趣，这是其身心发展的正常需要。

方法三：洞悉孩子的心思，帮助他创造更加有趣的扔东西游戏

父母可以将一些不能扔的东西收好藏好，只留一些不易摔碎、可以随便扔的物品来满足孩子扔东西的需要。不仅如此，父母一定要学会洞悉孩子的心思，最好可以帮助他创造出更加有趣的扔东西的游戏，使孩子扔东西的欲望在游戏中得到释放。

　　3岁的荣荣总是乐此不疲地乱扔东西，由于力度比较大，家里的许多东西都遭受了荣荣的"毒手"。尽管妈妈特别想狠狠地批评荣荣，但为了不让荣荣想以扔东西来引起妈妈注意的想法得逞，妈妈故意冷落她，假装什么都没有看见。

　　并且呢，妈妈不仅没有限制荣荣扔东西，甚至还自创了两个很有趣的游戏——"打坏蛋"和"回家出门"。妈妈买回来一张画有滑稽的大灰狼的图画，把它张贴在墙壁上，之后告诉荣荣，大灰狼是坏蛋，可以用她的"武器"狠狠地扔向大灰狼。荣荣乐此不疲，一有空拿起东西就朝大灰狼扔去。

　　此外，妈妈还特意准备了一只大大的纸箱子，每当妈妈说："让所有的玩具都回家休息吧。"荣荣就会快速地将扔得满地的玩具捡回大箱子。而当妈妈说："让玩具出来玩会儿吧。"荣荣就会将玩具从箱子里拿出来一一扔到地上。

　　荣荣发现，这些游戏一点都不逊色于她以前玩的那些到处乱扔的游戏，因为有了情节，这些游戏的有趣程度甚至远远地超过了她那些盲目乱扔的游戏。于是，有了这些更加好玩的游戏，乱扔其他物品的游戏也就渐渐地随之退出了荣荣的"舞台"。

由此可见，对于孩子乱扔东西，妈妈最精明的做法不是斥责批评他，而是想出一些策略，对付这个聪明的小淘气。相信在妈妈的努力下，孩子由于乱扔东西而带给家人的烦恼也会渐渐淡去。

凡事拖拉、磨蹭是习惯使然

叛逆期案例

滨滨今年3岁了，在上幼儿园小班，以前，他能够自己穿鞋子、自己吃饭等，并且从来不拖拉、磨蹭。可是呢，最近滨滨变了，以前自己会做的事情现在都说"不会""你教我"诸如此类的话。假如妈妈催促滨滨做事情快点时，他便会要赖，等着妈妈来帮他做。

每天早晨，是妈妈最忙碌的时间。妈妈早早地起床，洗漱完毕，就喊滨滨起床，然后准备早餐。滨滨总是赖在床上不愿意起来，妈妈很着急，在厨房做饭也会时不时地喊滨滨。滨滨呢，根本不管妈妈急不急，他就等着妈妈给自己穿衣服，穿鞋子，系纽扣，慢慢腾腾地洗脸，磨磨蹭蹭地刷牙。可以坐下来吃早饭了，滨滨也是边玩边吃，拿着小勺子把粥从这个碗里倒腾到那个碗里。妈妈看在眼里，急在心里，恨不得三两下就帮滨滨把饭吃完。

终于收拾完毕可以走出家门去幼儿园了，滨滨仍然慢吞吞的。妈妈让他去拿书包，他一副很不情愿的样子，慢腾腾走进了书房。可是，妈妈等了足足有5分钟，滨滨还是没有将书包拿出来。妈妈只好边催边走进书房，一看，原来滨滨昨天晚上根本没有整理书包，这会儿他正收拾呢。没办法，妈妈快速地将文具、课本装进书包，拉着滨滨出了门。

结果，走到幼儿园就快9点了，老师和小朋友们都已经开始上课，滨滨又迟到了。

妈妈要懂的心理学：孩子爱磨蹭是性格和习惯使然，妈妈要注意帮助纠正

如今，爱磨蹭的孩子是比较常见的，磨蹭已经是孩子在日常生活中习以为常的毛病了。这种现象的产生有一个形成的过程，不是哪一天突然就变成这样的。孩子磨蹭可以分几种情况：第一种是孩子本身的性格属于"慢性子"，具体表现为行动迟缓，慢条斯理，无论怎么催促，却依然故我，根本快不起来；第二种是孩子对所做的事情没有兴趣，硬着头皮敷衍，能拖就拖，不负责任；第三种是孩子缺乏时间观念，不知道时间的重要性，不知道珍惜时间，更不知道如何有效地利用时间，因而慢慢地形成了习惯。所以，矫治孩子的磨蹭，也要根据孩子具体的情况不同，对症下药才行。

日常生活中，妈妈要改变对孩子的评价角度，少说"慢"。因为"动作慢"的评价会使孩子忽略对时间进行有效的利用，长期被说成"慢"，孩子就会认为自己做任何事情所需要的时间都很长，从而形成心理暗示，自然而然地就会越来越慢，如此形成恶性循环。因此，妈妈应当有意识地对孩子进行表扬、夸奖，比如"今天进步了""速度比昨天快多了"等。并且还要告诉孩子，他完全能够"快"起来，只要在做事情的时候专心、用心，不做其他无关的事情就可以了。

除此之外，孩子的磨蹭行为还可能与父母自身的行为有关系。有的父母平时就喜欢边吃饭边看电视或书报，无意中延长了吃饭的时间；有的父母也会因疲倦或

者懒惰磨蹭着做事情，本来一小时就能做完的事情拖到两个小时才能做完。父母的这些行为正潜移默化地影响着孩子，非常容易致使孩子养成注意力不集中、做事情拖沓等不良的行为习惯。因此，父母应该先进行自我检查，为孩子做个好榜样。

叛逆期方法指导：

方法一：自然后果法，让孩子为自己的磨蹭付出相应的代价

做事情时拖拉、磨蹭是不少孩子的通病，他经常不能在规定的时间内做完一件事情，并且自己一点儿也不着急。其实，只有孩子品尝到磨蹭带给他的不良后果之后，他才能自觉地快起来。所以，妈妈不妨利用自然后果法，让孩子为自己的磨蹭付出相应的代价。

思思这个孩子，什么都好，就是做事情喜欢磨磨蹭蹭。为此，妈妈不知道唠叨了她多少次，但她仍然不改。

这不，一天下午下课时，幼儿园的老师布置了几道算术题作为小朋友们的家庭作业。回到家里，思思吃过晚饭后就看动画片，看完动画片又玩玩具，将写作业的事情抛到了九霄云外。妈妈提醒她："宝贝，老师不是布置了作业吗？你要是再不写，就完不成作业了。"在妈妈的再三催促下，思思才不情愿地放下玩具，走到书桌旁拿出作业本写了起来。

然而，思思的心思好像并没在写作业上，她一会儿跑到客厅里看会儿电视，一会儿要喝果汁，一会儿拿着铅笔让妈妈帮她削。写了将近一个小时，本来不多的一点儿作业居然还没有做完。这时，已经九点多了，思思的眼皮开始打架，她央求妈妈："妈妈，你给我写。"妈妈不高兴地对她说："孩子，自己的事情自己做。假如你刚才不磨磨蹭蹭

的，就不至于到现在还没把作业写完。"思思只好强忍着困意继续写作业，可她实在太困了，没有坚持多长时间就去睡觉了。

可想而知，第二天上课时思思没有完成作业，挨了老师的批评。下午妈妈接思思放学回家的时候，她对妈妈说了自己挨批评的事情。妈妈安慰她："以后你一定要按时完成作业。"思思点了点头。

由此可见，让孩子认识到磨蹭给自己带来的害处，不失为一个帮助孩子改掉磨蹭的好方法。在孩子磨蹭的时候，妈妈尽管心里很着急，但不要表现出来，更不要去帮他，可以适当地提醒他一下，假如孩子不听，不妨任由他去。这样做的目的就是要让孩子亲身体验一下磨蹭所带来的后果。以后，着急的人就会变成了孩子，他自然就会加快速度。

方法二：帮助孩子树立时间观念，让他学会珍惜时间

许多孩子做事情磨蹭是因为没有树立正确的时间观念，不知道时间具体意味着什么。针对这种情况，父母可以通过讲故事等多种途径帮助孩子认识时间，树立时间观念，让他明白磨蹭会白白浪费掉许多的时间，从而学会珍惜时间，不再磨蹭。

无论做什么事情，晓泰的动作都特别慢，为此，妈妈经常大声嚷他。尽管这样，但晓泰仍然改不掉自己的坏习惯，做每件事情时总是慢慢腾腾、磨磨蹭蹭。

一个星期天，妈妈要带晓泰去附近的超市购物。晓泰的准备工作做得可真不少，穿鞋、喝水、上厕所……妈妈在一旁不停地催促他："快点，快点……"但一直到了10点左右，妈妈和晓泰仍然没有走出家门。妈妈想到买完东西回来还有许多家务要做，照晓泰这速度不知要等他到什么时候，这可怎么办呢? 妈妈急中生智，指着墙壁上的钟表对晓泰说：

"儿子，再过5分钟，也就是那个最长的针走到'11'的时候，你必须把这杯水喝完，否则妈妈就不等你了。"晓泰在妈妈的教导下已经能够"认识"钟表了，听完妈妈的话，他看了看表，不由自主地加快了速度。

还没到5分钟，晓泰就把妈妈交待的事情做完了。妈妈高兴地夸奖了他："哟，真不错，速度好快呀。现在呢，妈妈再给你5分钟的时间，也就是长针走到"12"的时候，你必须把外套穿好，帽子也戴好。然后，我们就要出门了。"受到妈妈的表扬，晓泰的劲头更大了，他很麻利地将外套穿上，把帽子也戴在了头上。虽然做得不够好，需要妈妈再帮他整理一下，不过这速度真的很令妈妈满意。

这次妈妈没有像以前那样对晓泰大呼小叫，反而让他快速地把所有的事情都准备好了，看来，告诉晓泰多长时间之内做好什么事情这种办法是十分有效的。

由上述的案例中我们可以看出，帮助孩子建立时间观念是至关重要的，妈妈可以用具体的指令来告诉孩子5分钟后做什么，10分钟可以完成什么等。只要孩子的时间观念强了，自然就不会再拖拉、磨蹭了，做事情的效率也就会提高。

方法三：从孩子的实际表现出发，增加计时性活动

孩子磨蹭的行为反映在生活的各个方面，因此，帮助孩子克服磨蹭的毛病，需要从孩子的实际表现出发，从不同的角度入手，为他增加计时性的活动。

潼潼做什么事情都喜欢拖拖拉拉、磨磨蹭蹭，比如，吃饭、穿衣、洗脸、写作业，等等。为了让潼潼以最快的速度保质保量地做事情，妈妈想到了一个好办法，那就是事先设定做事情所需要的时间，然后潼潼做事情，妈妈为她计时。

　　每次洗澡时，潼潼都会由于玩水而洗得非常慢，有时候四五十分钟都解决不了。妈妈帮潼潼洗吧，她还不要，非得自己洗，因为这样可以在水里多玩一会儿。所以，潼潼洗澡时妈妈给她放好水，在旁边看着她。一边和潼潼聊天，一边告诉她已经洗了多长时间了。妈妈给潼潼规定的时间是20分钟，如果时间过长，那么下次洗澡的时间就会相应地减少。如果在规定的时间内洗好澡，妈妈就会给潼潼一定的奖励。只要潼潼稍微有点进步，妈妈就会告诉并且夸奖她今天比以前又快了多长时间。这样，潼潼的积极性非常高，不仅洗澡越来越快，也洗得越来越好。

　　见潼潼对计时做事情感兴趣，妈妈就将这种方法延用到其他的事情上，经常和潼潼一起进行计时看书，计时回答问题，计时小竞赛。渐渐地，潼潼不再磨蹭，做事情越来越快了。

有些孩子磨蹭是由于"手笨"造成的，这时，妈妈就要想办法锻炼他的动手能力，帮助他提高动作的熟练和敏捷程度。比如，妈妈可以随时随地教给孩子穿衣、收拾玩具等自我服务的技巧，教给孩子利用做事情的先后顺序来提高效率，节省时间等。

2

第二章

规范引导，及时纠正孩子的不良个性

孩子自私是正常现象

叛逆期案例

旭旭3岁了，平时，妈妈经常教育他要大方。可是，旭旭总是非常自私，他的玩具、食物一点儿都不愿意和其他的小朋友分享。

一天上午，邻居家的孩子铭铭来家里玩。看到旭旭的遥控小汽车既好看又好玩，铭铭忍不住上前摸了摸，并且对旭旭说："你的小汽车真好。"旭旭拿着小汽车，十分骄傲地告诉铭铭："那当然，这是爸爸给我买的。""让我玩一会儿吧？"铭铭提出了自己的愿望。旭旭却很小气，他将小汽车抱在怀里，说："不行，你回家让你爸爸给你买呀。"玩不成小汽车，铭铭只好作罢。

过了一会儿，铭铭发现书架上有许多图画书，他很喜欢，随手拿出一本看了起来。旭旭看到了，一把将铭铭手里的书抢过来说："这是我的，你不能看！"铭铭委屈得眼泪都快要掉下来了。妈妈看到后训斥旭旭："儿子，铭铭是你的好朋友，你看你有这么多的玩具和书，就让铭铭玩玩或看看吧。"旭旭仍然不乐意，他撅起小嘴，用力地跺了一下脚，表示反抗。

妈妈不管旭旭，把刚才的那本书递给铭铭看。旭旭一下子又将书抢了回来，妈妈特别生气。这么小的旭旭就自私自利，以自我为中心，可怎么办才好呢？

妈妈要懂的心理学：孩子自私自利是正常现象，但父母的溺爱会加重这种倾向

现在的孩子绝大多数是独生子女，受到了父母无微不至的照顾。虽然父母的疼爱在情理之中，但是，有些父母过度地关心、呵护孩子，生怕孩子受一丁点儿的委屈或者有任何的闪失。如此一来，就容易使孩子形成依赖、自私、霸道、傲慢等不良个性。

孩子自私就是过分地关心自己，只注重自己的快乐和幸福，极少去考虑他人的感受，一切以满足自己的欲望和利益为主。孩子产生自私的原因，一方面是每个人都有天生的利己倾向，心理发展尚未成熟的孩子亦不例外。孩子往往习惯于以自我为中心，这会使孩子固执己见，不能接受公正和正确的意见。于是，孩子衡量外界的标准就是"是否有利于自己"，他的所作所为也是以自己的利益为前提。另一方面，是父母在孩子成长过程中的错误教育所造成。不少父母经常过分地溺爱孩子，对孩子所有的要求总是有求必应，容忍、迁就孩子的错误，这种在娇生惯养的环境下成长的孩子，必然不会关心他人的利益，一切只顾自己。

自私虽然不是十恶不赦的大毛病，但是家长不能助长孩子的这种心理，而要合理引导。假如让孩子的这种思维方式发展下去，孩子是很难和其他人形成良好的人际关系的。所以，从小培养孩子的分享意识很重要。

叛逆期方法指导：

方法一：不溺爱，不给孩子搞特殊

孩子自私，是和父母的溺爱密切相关的。出于对孩子的爱，父母总是把最好的东西全给了孩子，这无疑在不知不觉中促使孩子滋长了"独享"的意识，总是喜欢理所当然地把自己想要的东西据为己有。所以，在家庭生活中，父母要给孩子营造一个公平的成长环境，教育孩子既想到自己也要看到别人，知道自己与别人是平等的关系，坚决不给孩子搞特殊。

圆圆是家里的独生女，深受爸爸妈妈以及爷爷奶奶的疼爱。从小，家里所有的人都会不约而同地把好吃的、好玩的留给圆圆。因此，圆圆变得很"独"。

有一次，妈妈买了一些圆圆最喜欢吃的奶油泡芙。圆圆看到泡芙后，就立刻从妈妈手里抢过来，把泡芙放在桌子上，自顾自地吃了起来。看到圆圆在吃独食，妈妈皱起了眉头。妈妈走过去，坐在圆圆旁边，问圆圆："好孩子，泡芙好不好吃？""好吃。"圆圆头也不抬地回答。"这么好吃的泡芙，妈妈也很想吃呢，你让妈妈也吃几个吧。"

"不要。"说着，圆圆将泡芙往自己这边挪了挪。见圆圆不同意，妈妈就继续给她讲道理："宝贝，你看，泡芙很好吃，你喜欢吃，妈妈想要吃，爸爸也很想吃呢。好东西应该给大家分享，你不能只顾自己不顾别人呀。如果我和爸爸霸占着泡芙不让你吃，你是不是很难过呢？"圆圆没有说话，妈妈接着说："这么多泡芙你一个人根本吃不完，让爸爸妈妈也吃一些，我们会更喜欢你的。"说完，妈妈将泡芙分开，给爸爸一些，自己吃了一些。

从那以后，妈妈再也不纵容圆圆吃独食了，而是把食物拿过来公开地分享，即使圆圆大哭大闹也不让步。渐渐地，圆圆不再吃独食了，也纠正了她的自私习惯。

妈妈一定不能过分迁就孩子，即使他很强硬，妈妈也要把正确的坚持到底，不给孩子留余地。假如有一次妥协，就会让孩子有机可乘。所以，对待自私的孩子，妈妈一定要有狠心、耐心以及帮助他改正的决心。

方法二：创造机会，让孩子在实践中懂得关心他人

由于心理发展的局限性，孩子通常会时刻以自己的需要和兴趣为主，多从自我的角度考虑问题，很少关心、顾及到别人。这需要父母及早地认识到这一点，有意识地对孩子进行正确的引导，让孩子意识到除了自己以外，还得考虑他人的感受，使其从小养成为他人着想、帮助别人的好习惯。在日常生活中，父母应该经常创造让孩子为他人服务的机会，让孩子在实践中懂得关心他人。

和许多孩子一样，涛涛以前也很自私，好吃的好玩的东西都揽在自己的手里。为了改变涛涛的这种行为，妈妈想出了一个很好的方法。

每当家里买了水果或者零食，妈妈都不会只让涛涛一个人吃，而是分成同等数量的5份，给家里所有的人每人分一份，并且让涛涛亲自给爷爷奶奶送去。当爷爷奶奶收到涛涛送来的东西时，特别高兴，连连夸他懂事。

涛涛稍长大些后，妈妈买回来的东西就给涛涛，让他进行分配。每次，涛涛都十分仔细地尽量将物品分均匀，多了拿出一些，少了再放进

去一些。看着涛涛认真的样子，妈妈忍不住偷偷地笑。只要涛涛分配得合理，妈妈肯定会大力表扬他一番。

如今，涛涛有了好的东西总是习惯性地送给周围的人分享。有一次，家里只有一块蛋糕了，涛涛饿了，将蛋糕从冰箱里拿出来准备吃掉。在吃之前，涛涛居然要分给妈妈一半。这令妈妈很感动，妈妈只是尝了一口，说："宝贝真乖，都知道疼妈妈了。不过，妈妈不饿，尝一口就行了，你快去吃吧。"

平时，父母也可以采取游戏、讲道理等方式，来引导孩子，让他不再自私自利。比如，妈妈可以模仿着孩子的样子扮演一个"自私的人"，引起孩子的不满和反感。这种做法能够使孩子经历、体会别人的情感，知道自私所带来的害处，从而促使他改变自私的行为。

方法三：及时提醒，帮助孩子树立正确的价值观

每个人都希望得到别人的认可，孩子也同样如此。因此，改变孩子自私的直接办法就是让孩子树立正确的思想以及价值观，帮助他认识自私自利是不受别人欢迎的行为，只有友善和分享才能赢得大家的喜欢。父母要鼓励孩子多参加合作性的游戏或活动，并且指导孩子在玩的过程中感受尊重、帮助、谦让别人的乐趣，并学会控制自己不合理的心态和情绪。

假如孩子可以得到父母或者同伴的喜欢，那么他的自我感觉肯定是良好的，因为他能感觉得到他在别人的心目中占有一定的位置。所以，当孩子有自私的行为时，父母可以及时地进行提醒，也可以表示不喜欢，不接受他的行为，同时告诫他同伴也会因此离他而去。孩子为了自身价值能够得到承认，一定会减少自己的自私行为。时间一长，孩子就会自然而然地去关心别人，也就没有自私发展的空间和可能了。

　　需要注意的是，对于自私的孩子不能简单地要求他"度量大些"，或是强迫他拿出心爱的东西与别人分享，这种简单粗暴的方法根本无济于事。对于2~3岁的孩子来说，自私是这个阶段的孩子都有的心理特点、行为特点。父母尽量不要用"自私""小气"等字眼批评孩子，随着孩子的成长及与外界的交流，他能逐渐改变的。

孩子任性与家长娇惯有关

叛逆期案例

3岁多的哲哲是个非常任性的孩子，有什么事不依着他，就会撒泼打滚，连哭带闹。妈妈对此一点儿办法都没有。

哲哲特别爱吃冰激凌，简直嗜冰激凌如命。只要家里有，无论妈妈藏得有多严实，他都能从冰箱的角落里翻出来。妈妈经常对哲哲说，冰激凌吃多了会拉肚子，严重的话就得去医院看医生。可这些话哲哲根本听不进耳朵里，仍然我行我素，想吃的时候一下子吃好几个。妈妈因此不敢在家里储存冰激凌，哲哲要吃的时候一个也没有。这时，哲哲就会大哭大闹，非得让妈妈买回冰激凌不可。

平时，哲哲也常常会任性胡闹，妈妈呵斥他，他感觉就像夸奖他一样，越是呵斥他越是来劲。一天下午，妈妈下班回到家，哲哲就缠着让妈妈抱，让妈妈给他讲故事。妈妈抱了哲哲，但是妈妈要准备晚饭，讲故事需要很长时间，妈妈就告诉哲哲吃过晚饭后再讲。哲哲不同意，抓着妈妈的衣服不放，非要听故事。无奈，妈妈只好给哲哲讲了一个简短的小故事。故事讲完了，哲哲还没听够，缠着妈妈再讲一个。不由着哲哲，他就拽着妈妈不放，也不让妈妈去做饭。因为哲哲的任性，全家人只好先饿着肚子。

唉，哲哲经常这样，虽然是他在胡闹，但如果不依他，他就会耍赖，扰乱大家正常的生活。妈妈应该怎样教育他才好呢？

妈妈要懂的心理学：角色定位以及家长的娇纵，容易造成孩子的任性行为

任性，可以说是独生子女的通病，主要表现为固执、抗拒，不服从父母，不按照父母的要求去做，完全由着自己的性子来。孩子任性不听话时，父母往往也会出现一些不理智的行为，有的向孩子妥协，有的对孩子放任自由，有的采取打骂的方式对孩子严加管教……殊不知，这些做法容易使孩子产生逆反心理，会更加助长他的任性行为。

在一定的条件下，孩子的任性行为是父母对他过分宽容娇纵的结果。心理学上有一个角色效应，即一直把孩子当宠儿养的话，他就会觉得自己就是个宠儿，所以想怎么样就怎么样。所以说，孩子的叛逆、任性行为就是父母对他的角色定位造成的。因此，父母的随意迁就，无原则地满足孩子的无理要求，没有一定的生活常规和行为准则，是孩子形成任性个性的温床。

在对待孩子任性的问题时，父母应该做到充分理解孩子独立性的发展规律，这是至关重要的一点。从某种角度来讲，孩子有点任性、不听话并非坏事，这往往能够说明孩子有独立的见解，心理发展比较健康。2~3岁的孩子反抗、任性时，父母应该关注孩子的逆反心理，因势利导，对孩子的合理行为与要求充分满足，对他的不合理要求也应尽量采用适当的方式、方法加以引导，避免实施强硬手段。

在孩子有任性的行为时，父母要学会沉着冷静地对待，一定要采取正面教育

的方式，给孩子把道理讲清楚，通过各种具体的事情，使孩子逐渐形成正确的是非观念。父母可以根据实际情况，利用冷处理、激将法、适当惩罚等方法把孩子任性的难题巧妙化解。

叛逆期方法指导：

方法一：疏导孩子的情绪，消除他任性的苗头

孩子一旦出现任性的行为时，父母不必过于紧张，重要的是疏导他的情绪，帮助他解除顾虑，正确引导他的思想和行为。父母必须客观、公正地评价孩子的要求是否合理，假如合理，就得及时满足，并且不附加任何条件；假如不合理，就一定要坚定且简明扼要地拒绝他，将他任性的苗头消除在萌芽状态。

艳艳是个很调皮的小姑娘，她总是喜欢光着小脚丫在地板上玩耍。妈妈为此经常训斥她，因为地板不仅会弄脏小脚丫，而且比较凉，妈妈担心她会因此而着凉。艳艳却根本不顾及这些事情，她一高兴就会将鞋子甩出很远，乐此不疲地光着小脚丫在地板上跑来跑去。

冬天到了，虽然屋子里很暖和，但地板还是有些凉。这天，艳艳又把鞋子给脱掉，光着脚丫玩游戏。妈妈看到了，强制性地把鞋子给艳艳穿上，并且系了死扣，任凭她怎么解都解不开。无法摆脱鞋子的困扰，艳艳烦躁极了，她尖叫着到处乱踢。妈妈平静地对艳艳说："我知道你现在不能脱掉鞋子很生气，但是尖叫乱踢根本不管用，如果你还是这样，我没法帮你。等你什么时候不闹了，我再想想办法，看怎样让你感觉舒服点。""脱鞋！"艳艳非常大声地对妈妈说，她在为自己的不满而抗议。妈妈立刻拒绝了她："不行，那样冰着脚你会生病的。"艳艳

仍然试图将鞋带解开，妈妈没再理她，去做自己的事情了。

过了一会儿，艳艳继续玩了起来，将鞋子的事情忘掉了，仿佛刚才的不愉快根本没发生过。

需要注意的是，父母切不可凭自己的心情来决定教育孩子的态度。心情好了就抓紧教育，心情不好了就放松教导。对于孩子的任性行为，父母一定不能姑息迁就，不合理的要求一次也不能满足。这种明确的做法会使孩子感到父母的态度很坚决，没有回旋的余地，孩子的不良心理和任性行为就会随着良好的环境和教育的熏陶而逐渐消失。

方法二：及时转移孩子的注意力，终止他的任性行为

孩子正在任性哭闹，大声责骂或者讲道理都无济于事时，父母可以利用他的注意力易分散，易被新鲜的事物吸引的心理特点，将孩子的注意力从他坚持的事情上转移到其他新奇、有趣的物品或者事情上，来终止孩子的任性行为。

晓震总是想怎么样就怎么样，在一些事情上一点儿都不听大人的劝告。这天上午，晓震一直坐在沙发上看电视，已经看了3个多小时了，可他仍然要继续看。无论妈妈怎么哄，他就是不关电视。

没办法，妈妈只好将电视给关掉了。晓震很生气，哇哇地哭了起来，还把遥控器扔在了地板上。妈妈听着晓震的哭闹声很心烦，便跑到阳台上整理花盆。见妈妈不理自己，晓震的哭声越来越大，真让妈妈受不了。这时，一辆卡车停在了楼下，原来有一户邻居正在搬家。妈妈故作惊讶地对晓震说："儿子，快过来看，那辆大汽车上装的是什么？"好奇心驱使着晓震跑到阳台上，瞧瞧到底发生了什么事，尽管他还在哭泣，但比刚才的声音小多了。

"你看，那位叔叔在做什么？你能看清楚吗？""搬东西。""哦，在搬什么呢？你告诉妈妈。""箱子。""嗯，叔叔好棒哦，那么大的箱子都能搬得动，晓震是男子汉，等你长大了，也会和叔叔一样有力气的。"妈妈赞扬着晓震。

在和妈妈说话的过程中，晓震已经不再哭了，将刚才的事情忘记了，也不再吵着非要看电视了。

心理学家认为，人的心态是由注意力决定的，注意力转移了，心态也就随之发生了变化。因此，转移注意力是矫正孩子任性的可行办法。想方设法转移孩子的注意力，用不着费多大的力气，在不知不觉间就能消除孩子的执拗，改正他任性的毛病。2~3岁的孩子年龄比较小，转移注意力这种方法正好适用。

方法三：防患于未然，给任性的孩子事先"约法三章"

一般情况下，父母是比较了解孩子的，孩子在什么情况下想要做什么，父母基本上都能预料得到。因此，在掌握了孩子任性的规律后，妈妈可以用事先"约法三章"的办法来预防他的任性行为。

和妈妈一起上街时，婷婷不管累或不累，总是哭闹着让妈妈抱。妈妈带婷婷去商场时，婷婷总会让妈妈买一些预料之外的东西。为此，每次出去前，妈妈都会和婷婷商量好，不能怎么样怎么样，才会带她一起去。

星期天，妈妈带婷婷一起去超市买东西。要出门了，妈妈告诉婷婷："宝贝，待会儿咱们走着去马路对面的超市买东西。差不多用十几分钟的时间就能到超市了，所以你要自己走，不能让妈妈抱。如果实在累了，咱们就休息一会儿再走。不然的话，妈妈就不再带你出去了。"婷婷听后点了点头，表示同意妈妈的提议。妈妈接着对婷婷说：

"到了超市之后，我不允许买的东西不能买。你想要什么东西时，得先让我看，我觉得可以买才能给你买。"婷婷想了想，说："我要巧克力。""可以，但是最多买3块，多了也不行。"

在去超市的路上，婷婷果然伸出胳膊，嚷嚷着要妈妈抱。妈妈没有抱她，只是问她："刚才咱们说好了什么？是不是不能让妈妈抱呢？"见妈妈根本不回应自己，婷婷只好放弃了让妈妈抱的想法，坚持着走到了超市。看着货架上各种各样的巧克力，婷婷忍不住拿了这个还想要那个，她兴高采烈地将许多巧克力都放到了购物车里。妈妈及时提醒她："我说过了，今天只能买3块巧克力。"婷婷一扭头，说："不行。"妈妈只好告诫婷婷："这样吧，想要哪3块，由你选，其他的必须放回货架上。否则的话，今天就不买巧克力了。"

听妈妈这么说，婷婷只好挑了3块自己喜欢的，然后恋恋不舍地将其余的巧克力全部放了回去。

在和孩子"约法三章"时，父母一定要说一不二，不给孩子讨价还价的机会。否则的话，就达不到提前制止孩子任性的效果了。

孩子为何执拗，说什么都不听

叛逆期案例

妈妈发现，两岁多的娜娜越来越不听话了，犯起性子来怎么说她都不听，远没有1岁左右的时候乖巧。

一天上午，妈妈带娜娜去附近的公园玩。走到有十几层的台阶小桥前，娜娜不想自己往上走了，就让妈妈抱。开始时，妈妈不想抱娜娜，希望她自己走上去。娜娜就一边大哭一边爬了两三个台阶。为了不让她哭，妈妈只好抱起了她。可是，娜娜仍然哭得很厉害，非要妈妈走回原来的地方抱起她才行。

吃饭的时候，娜娜也不让妈妈省心，让她老老实实地坐着吃饭，她非得边玩边吃。只要妈妈一训斥她，她转身就跑，连饭也不吃了。有时，娜娜一点都不吃妈妈做的饭菜，非要吃零食，妈妈不同意，她就爬上爬下地到处翻找零食。

有一次，妈妈提前说好星期天要带娜娜去游乐园玩，可是，那一天正好下起了大雨，没法出去了。娜娜很失望，她不懂事地非要出去玩。妈妈说等下个星期天再带她去，可即使这样，娜娜的倔脾气也会上来，在家里又哭又闹。

每次都是这样，只要是娜娜想要的东西或者想做的事，假如妈妈不同意，她就会躺在地上打滚。刚开始时，妈妈会哄哄娜娜，实在没有耐心的时候也会打骂她，但是都没有用，现在妈妈拿她实在是没有办法了，真令妈妈头疼，应该怎么办呢？

妈妈要懂的心理学：3岁左右，孩子进入了执拗敏感期，妈妈要因势利导

从1岁开始，孩子对父母的建议和指令就会有不听从、不服从的现象，喜欢说"不""我就要……"等话语，到两岁左右这些现象出现得会更加频繁，孩子的执拗表现也会更强烈。但是，这并不代表孩子学坏了，或者专门跟父母对着干，而是因为他的自我意识在不断地发展，行为上越来越独立。这表明，孩子已经进入了人生第一个心理反抗期——执拗敏感期。

2~3岁的孩子渐渐开始自己思考问题，也有了相对独立的想法，他希望按照自己的方式去做事情，总会本能地去抵制、反抗自己所不喜欢的。这一阶段，由于孩子的语言能力发育不完善，在不能按父母的意愿做事情时，他没有足够的词汇来表达自己的思想、情感和需要，因此只能用一些反抗行为来表明自己内心的想法。于是，在绝大多数父母的眼中，这些就成了孩子执拗的表现。

简单地说，执拗是孩子从一个完全依赖于他人，到能够独立面对这个世界的必经过程。几乎所有的孩子都会出现，而且会持续大约半年的时间。了解了这些，妈妈就会更加地理解孩子，掌握了孩子在这个阶段的心理特征，自然就掌握了给孩子"熄火"的法宝。

心理学上有一个权威效应，具体到孩子执拗这件事情上，就是说父母要发挥自己的权威优势，劝说孩子听从、服从自己的意见。孩子过于执拗时，父母可以让他适当受到不听话所带来的惩罚，以后他就会记住了。需要注意的是，面对执拗期的孩子切忌硬碰硬，要尽量创造温馨、和睦、欢快的家庭氛围，在这样的环境影响下，孩子也会比较开朗不较真。在孩子为某些事情较劲的时候，如果不是原则性的问题，父母可以适当做出让步，尽量满足孩子的要求。

叛逆期方法指导：

方法一：多和孩子沟通，倾听孩子的心声

与执拗的孩子和睦相处，首先应该尽量理解孩子，多和他进行交流沟通，多从孩子的角度考虑问题。只有了解了孩子的心理发展状况，才能够找出解决问题的办法。只有解读了孩子行为背后的含义，用正确的方法化解孩子的执拗，才能避免和孩子之间的硬性碰撞。

然然很淘气，经常让妈妈费心，他总是"敢作敢为"。有一段时间，然然曾在多次被警告的情况下，先后用牙签扎坏了家里的三把黑色皮椅子。

对此，妈妈特别不理解，然然为什么这么不听话，为什么不听劝说，要把椅子给弄坏呢？在然然即将对第四把椅子下手时，妈妈及时地制止了他，把他关进了一个小房间里，并且罚他两个星期不能看动画片。

过了一会儿，妈妈认识到刚才对然然的惩罚过于粗暴，于是把房间的门打开，走过去抱住正在大哭的然然，帮他擦干了眼泪。之后，妈妈对然然说："儿子，你为什么那么不听话？妈妈给你讲过多少次，不能用牙签扎椅子，会扎坏的。"然然呜咽着告诉妈妈："椅子上……有……白点点。"妈妈这才恍然大悟，原来，黑色的皮椅子，用牙签一扎就出现了像星星一样的白点点，然然是出于好奇，在"研究"这件不可思议的怪事情。仔细想来，在然然扎坏第一把椅子的时候，他似乎问过妈妈关于"白点点"的问题，由于妈妈当时在忙事情，没有理会他。

妈妈耐心地告诉然然，因为椅子的表层是黑色的皮，而里面是用白色的海绵制造的。把黑色的表层扎破了，里面的海绵露了出来，自然就出现了白点点。说完，妈妈不忘告诫然然："现在你已经知道是怎么回事了，以后不许再拿牙签扎椅子了。"

然然点了点头，第四把椅子终于"幸免于难"。

由此可见，要打开孩子的耳朵，让他听进父母的话，先要倾听孩子的声音。身为父母，有没有意识到自己平时对孩子的要求和问题常常置之不理？孩子也有自己的道理，只不过有些"道理"在父母看来是那么地幼稚可笑，不能被理解和接受。这会使孩子感到沮丧和不被尊重，如果父母能经常倾听孩子所说的话，那么孩子也就不会拒听大人的命令了。

方法二：顺其自然，孩子的逻辑会逐渐发生改变

孩子为什么会在执拗期表现得性格急躁、乱发脾气，那么"拧"呢？因为2~3岁孩子的思维是"直线型"的，在他的眼里，世界上的事物是以不变的程序和秩序存在的，是不可逆转的。孩子在做某些事情时，他的头脑中会形成预先的"设想"，假如这些设想被人打破，他就会特别气愤。这时，父母应该理解孩子这种思维的发展过程，最好是顺其自然，因为孩子的逻辑会逐渐发生改变。

平平今年两岁零7个月大，是个很可爱的小女孩。但是呢，平平的

性格很倔强，用妈妈的话说叫"拧"。有时候，平平本来玩得好好的，却突然因为一件很小的事情闹起来，而且怎么哄都不行，哭得相当厉害。唯一的方法就是必须把平平带到原来的地方，让她按照自己的意愿重新做一遍，她才会停止哭闹。

一个星期天，门铃响了，平平快步跑过来要开门。可是，她还没走到门口，奶奶已经将门打开了，阿姨高兴地走了进来，一把抱起了平平。然而，平平见到阿姨并没有表现出一副很开心的样子，相反，她"哇"地一声大哭了起来，好几个人劝都劝不住。过了一会儿，平平稍微冷静了下来，她非让阿姨走出去，再按一次门铃。这下，所有的人都明白了，妈妈只好让阿姨照着平平说的，转身走到门外，关上门，假装第一次来家里。当门铃再次响起时，平平亲自过去重新把门打开了一次，她才肯罢休。

自从平平发现了家里的饮水机"好玩"，每次不管谁要喝水她都要帮忙接水。但是，妈妈担心平平一不小心烫着，便经常偷偷摸摸地背着她接水。尽管如此，但也有被平平看见的时候，这时她就会闹个不停，而妈妈就会立即跟她商量："刚才妈妈倒的是开水，现在你来负责接凉水好不好？咱们分工合作！"平平听到后，就会兴高采烈地接满满一杯子的凉水。

像许多这种没有大碍的行为，妈妈总是尽量满足平平。时间一长，平平就会对诸如开门、倒水的事情失去了兴趣，再也不会哭闹着重新来一次了。

许多孩子执拗，是因为他感觉到父母不够重视他，于是他想用一些过激的行为来引起父母的注意。所以，父母要让孩子感受到对他的爱，比如拥抱、爱抚孩子。每天对孩子要有大量的肢体接触，例如，摸头、拍肩膀等。这些妈妈比较容易做到，爸爸也应该做到。

方法三：和孩子巧妙地说话，讲究技巧性

和执拗期的孩子说话一定要讲究技巧性，要求孩子做什么时，父母应该明确地指示孩子。比如，孩子爬高危险，可以直接叫他"下来"；孩子大声吵嚷，直接用"安静"来取代"不要吵"，等等。父母不要用否定的语句和孩子说话，这会令孩子很敏感，换一种肯定和认同的方式去告诉孩子，效果就会很不同。

另外，父母发布指令一定要在明确清晰的基础上，指令太多，或者指令过于模糊，就会分散孩子的注意力，使他无所适从。因为孩子一般没有足够的认知能力处理过多的信息并理解指令的各个意思，模糊的指令不能让孩子明确地知道父母的想法。在发布指令时，应该采用坚定的口吻，最好不要厉声说出。

还有，对孩子提出他力所能及的要求时，父母必须只说一次，就要求他做到，不要因为心软而破例。要避免孩子利用父母的弱点，就要坚持说一次就必须做到的原则。

孩子霸道，蛮横不讲理怎么办

叛逆期案例

鹏鹏已经3岁了，在上幼儿园小班，他长得比一些同龄的孩子能高半头。如今，鹏鹏总是把自己摆在第一位，只要是他喜欢的东西谁都不许碰。鹏鹏的霸道总让妈妈头疼不已，却又束手无策。

一天上午，姑妈带着小表姐来家里玩。妈妈拿出许多草莓蛋糕给小表姐吃，鹏鹏看到了，非常麻利地将所有的蛋糕都拿到自己的房间里藏了起来。妈妈训斥了鹏鹏，可他仍然不改正，还撅起小嘴，用眼瞪着妈妈。

妈妈只好又拿出一些饼干来招待小表姐，尽管这些饼干已经在家里放了好长时间，平时鹏鹏根本不吃，但他还是不愿意，硬是从表姐的手里把饼干抢了过来。妈妈特别气愤，直说鹏鹏是个小气鬼。给小表姐什么东西才不至于冷落了她呢？妈妈一转身，看到了鹏鹏的一个小松鼠玩具，就拿给了小表姐。鹏鹏又立马一把夺了过来，无论妈妈怎么说，他就是不让小表姐玩他的玩具。

在幼儿园里也一样，一天下午妈妈接鹏鹏放学回家时，老师向妈妈告状，鹏鹏特别霸道，哪个小朋友从家里给他带好吃的糖果，他才和人家玩，才让人家玩幼儿园里的滑梯。不然的话，他不仅不和那个小朋友一起玩，也不让其他的小朋友和那个小朋友一起玩，幼儿园里很多公共设施他都霸占着，谁和他玩得好才有资格玩那些设施。今天就有一个小女孩，因为鹏鹏不让她玩气球而哭了一个下午。

妈妈苦恼于鹏鹏的霸道，但她也没有办法，因为已经不下百次地告诉鹏鹏要大方，好东西要大家一起分享才开心。可是根本没有任何效果，妈妈都不知道应该怎样教育他才好。

妈妈要懂的心理学：孩子霸道是自我意识太强烈、不受约束的结果

孩子在两岁以后，自我意识开始萌芽，已经能够区分出哪些是自己的，哪些是别人的。但是从这一时期开始，孩子在行为上却不愿意和别人分享属于自己的东西，甚至表现为"你的就是我的，我的还是我的"这样的专横行为。比如，执著于他想要的东西或想做的事情；对某件事情想当然，不加理会别人的意见；想要别人做的事情别人必须得干；用抢夺的手段来得到自己想要的东西……

促使孩子形成霸道个性的因素主要有两点，其一，有些孩子在气质类型上属于胆汁质，具有这种气质类型的孩子在困难和挫折面前容易表现出鲁莽、冲动等不良行为。其二，许多父母仍然采取了比较传统和简单的教育方式，常常满足孩子的一切要求，他要什么就给什么，想怎么样就怎么样，从来不对孩子提出任何要求，这样容易使孩子产生"我的就是我的，你的也是我的"类似的错误观念、认识，反映到他的所作所为上就是标准的霸道行为了。

心理学上有一个态度效应，表现在家庭教育方面就是，面对正在成长中的孩子，父母要真诚地爱孩子和关心孩子，要让他懂得分享和尊重。如此一来，便能激发出孩子成倍的友善、分享与尊重。教育霸道的孩子，父母完全可以用这些态度来

影响、感化他。

叛逆期方法指导：

方法一：及时引导，教孩子用正确的方式与他人相处

很多霸道的孩子都喜欢用命令式的语气去支配、支使别人，这样不但可以让自己显得很重要，而且还可以得到自己想要的东西。但是，孩子用这样霸道的方式来与小朋友相处，久而久之就会变得不受欢迎，甚至变得孤立。因此，当父母发现幼小的孩子有霸道的行为时，要及时引导，教他用正确的方式与小朋友相处。

小区里几个年龄相仿的孩子经常在一起玩，清清简直就像一个小霸王，这几个孩子什么都得听她的，什么事情都是她优先。清清还经常把其他孩子的玩具抢过来玩，一副蛮不讲理、盛气凌人的模样。

一天下午，清清和往常一样和小伙伴们在小区的空地上玩。要吃晚饭了，妈妈去喊清清回家。妈妈来到他们玩耍的地方，看到清清带头捉弄一个矮小的小女孩，她哈哈大笑着把那个小女孩的帽子扔给另一个孩子，另一个孩子又扔给了他旁边的孩子。那个小女孩气得都快哭了，但也只是在一旁看着他们将自己的帽子扔来扔去，不敢有任何反抗。

妈妈下楼喊清清回家吃饭，清清这才让一个孩子把帽子还给小女孩。在回家的路上，妈妈对清清说："刚才我看到你欺负那个小女孩了，你那样做是不对的，不光彩的。""我没欺负她。"清清为自己辩解道。"那个小女孩喜欢你拿她的帽子玩吗？你拿她的帽子经过了她的同意吗？"面对妈妈的质问，清清没有话可说了。

妈妈接着告诉清清："有本事的人，是打坏人，保护、关心和帮助

小孩子的。你和小朋友一起玩，应该爱护他们才对，这样大家才愿意和你一起玩。"清清听后点了点头，以后，她很少再欺负小朋友了。

面对霸道的孩子，父母可以学习清清妈妈的做法，既不过分处罚，也不任其发展，而是教育孩子以一颗爱心、善心来对待周围的小朋友。孩子有了这种意识和做法，他未来的健康成长历程势必会更加顺畅。

方法二：让孩子接受一些挫折，使他知道遵守规矩

当孩子在公共场所表现出无理、霸道时，妈妈可以让他接受一些挫折，在别人批评他时，只做一个旁观者，而不要代替他认错。事后再向孩子说明他错在了哪里，在这个过程中，不必担心孩子受委屈，只有在知道遵守规矩时，他才会明白怎样做个受欢迎的孩子。

一个星期天，妈妈带亚亚去游乐园玩。亚亚一走进游乐园就非常兴奋，他摸摸这，看看那，来回地跑动。

玩乐区里明明有许多空着没人玩的设施，可亚亚偏偏要去和玩得正高兴的小朋友争位子。有一个小朋友在玩摇摇车，亚亚看他玩得很起劲，就一把将他推下了车，自己坐了上去，很神气地玩了起来。妈妈看到了也不管亚亚，因为那位小朋友的妈妈已经帮她批评了亚亚："你这个小朋友，真没礼貌，没看到我们家腾腾正在玩这个车吗？你怎么能把别人推下来自己上去玩呢？"说完，那位母亲就带着自己的孩子到别处去玩了。亚亚不以为然，继续在摇摇车上玩。可是没过多大会儿，亚亚就觉得无趣了，他看到蹦蹦床上有很多小朋友在玩，便从摇摇车上爬下来，挤到别人正蹦得开心的蹦蹦床上了。

本来蹦蹦床上就已经有了许多小朋友，为了让自己有立足之地，亚

亚只好用手推其他的小朋友。这样做不要紧，被推的小朋友就不干了，有的大声哭喊了起来，有的也推亚亚一把。最后，由于亚亚不受大家的欢迎，他被迫爬下了蹦蹦床。

妈妈看到后，语重心长地告诉亚亚："别人玩得高兴的东西不要去抢，要等他们玩完之后再去玩，或者去玩没有人玩的设施才行。"

在妈妈的指引下，亚亚去跳木马了，这次，没有人讨厌他了，他玩得很开心。

别人正在玩的东西都特别好玩，这是孩子的一种好奇心理。有自制力的孩子都能自觉地排队等候，但霸道的孩子缺少等待的耐心。因此，改造霸道的孩子，妈妈在平时要注意培养孩子的耐心，试着让他学会等待。

方法三：以其人之道还治其人之身，让孩子尝尝"被霸道"的滋味

孩子不懂得平等，他认为自己可以掌控一切，总想行使自己的权利。这时，妈妈可以使出"以其人之道还治其人之身"这个方法，让孩子尝尝"被霸道"的滋味，当他无法忍受别人的强占时，他就会明白，要维系友谊，必须改变态度。

小区的健身器材区域有两个专门供小朋友玩的秋千，每次莉莉去玩秋千时，她总喜欢把另一个秋千的吊绳也攥在自己的手里。当其他的小朋友要玩时，莉莉就会更加死死地抓住吊绳，尖叫着不肯让其他的孩子碰。

秋千本来就是公共设施，是属于大家的，可莉莉却把秋千当成自己的了，真是太霸道了。妈妈看不过去，决定"治治"她。这次，莉莉又坐在秋千上玩了起来，同样地，她也霸占着另一个秋千。妈妈看到邻居家的健健正在不远处跳绳，于是，妈妈悄悄地走过去，交给健

健一个任务。

　　健健按照妈妈教的，走到莉莉面前，告诉她自己要玩秋千，让她把手松开。健健已经八九岁了，比莉莉高出许多，平时莉莉很怕他的，不敢不让他玩。于是，健健顺利地坐上秋千，玩了起来。过了一会儿，健健就把莉莉赶了下去，不让她玩秋千了。莉莉四处寻找着妈妈，希望得到帮助，可是妈妈早已躲到比较远的地方和一位阿姨去聊天了。

　　认为受了委屈的莉莉哭着跑到妈妈面前，告健健的状。妈妈不慌不忙地对莉莉说："知道被人欺负不好受了吧，以后你不要再这样对待其他小朋友了。"莉莉听后点了点头，从那以后，她再也不玩一个秋千还占着一个了。

　　案例中的妈妈非常聪明地请大一点的孩子配合演了一场戏，轻松地搞定了过于霸道的莉莉。由此可见，当孩子无法通过霸道来赢取自己想要的东西时，他就会自然地遵守规则了。

孩子依赖、缠人、粘人很正常

叛逆期案例

正正今年两岁半了，特别缠人，尤其是妈妈，妈妈每天去上班的时候他都会闹上好一阵子，仿佛比同龄的孩子小了很多。

其实，正正本来什么都会做，不过现在，他却懒得出奇，什么事都喜欢依赖妈妈。早晨起床后，无论是穿衣服穿鞋，还是洗脸刷牙，全是妈妈的事情，正正连配合一下的动作都没有。要喝奶了，妈妈把杯子放在桌子上，正正伸手够不着，他情愿不喝，也不会去够，非要妈妈喂到嘴边才肯喝。要吃饭了，非得妈妈用勺子一口一口地喂他才吃得下去，并且吃得特别慢，一顿饭得花费将近一个小时的时间。玩积木时，正正说自己不会玩，非要让妈妈手把手地教，才能将积木搭好。正正特别害怕妈妈离开，他简直就是一个小"跟屁虫"，妈妈走到哪儿，他就会跟到哪儿，一会儿看不到妈妈，都会急得哇哇大叫，然后四处张望着找妈妈。晚上睡觉时，正正不愿意跟妈妈分床，每天晚上都是又哭又闹地要妈妈搂着才肯入睡。到了幼儿园，正正死活不肯进去，非要妈妈陪着才行。几乎每天，正正都是被老师硬拉进教室，然后哭声震天地闹上半个多小时才能平息下来。

妈妈就弄不明白了，正正到底为什么会这样？用什么方法才能把正正缠人的坏习惯改掉呢？

妈妈要懂的心理学：孩子依赖行为的产生多半与其所处的环境有关

孩子依赖性强，特别缠人，典型表现为：生活上喜欢依赖他人；情绪上也喜欢依赖他人，尤其是妈妈。孩子依赖行为的产生多半与其所处的环境有关，假如能给孩子一个独立性的空间，父母尽可能地让他自己做事情，自然能消除孩子的依赖心理。久而久之，孩子就能慢慢脱离对父母过分的依赖，养成自己去做力所能及的事情的好习惯。

心理学上有一个过度理由效应，一般来讲，大多数人在生活中常会有这样的体验：当得到了亲朋好友的帮助时，会认为这是理所应当的。这种效应体现在孩子身上，当他在家里时，他就认为妈妈对他的照顾是理所当然的，所以他在家里表现得特别缠人，但到了幼儿园就变得很乖了。这是因为孩子有足够的理由依赖父母，但却无法像依赖父母那样依赖老师。

那么，对于孩子的依赖行为，父母应该怎样处理呢？首先，要正确地认识这种行为，不能简单地理解为孩子不懂事、不听话，这是孩子心理、情绪发展过程中的正常表现。其次，应当理解孩子的感情需要，尽可能地从生理、心理上全面照顾孩子，减少他的分离焦虑。方法三：假如必须离开孩子，就要与孩子讲明白道理，提前用孩子能听得懂的话语告诉他，让他有足够的心理准备。当孩子纠缠着不允许父母离开时，父母一定不要忽视他的感情，甚至不理睬他。当然，偷偷地走开或者强行分也是不明智的行为，它会让孩子产生强烈的不安以及不信任感，会让孩子很受伤。最后，在回到孩子的身边后，要主动地拥抱、亲吻孩子，让他意识到，虽然父母离开了一段时间，但仍然是爱自己的，离开并不等于抛弃他。从长远来看，父母和孩子更加亲密地相处，是解决孩子依赖缠人的最好办法。

叛逆期方法指导：

方法一：不包办，坚持让孩子做自己的事情

孩子喜欢依赖于他人，很有可能是父母自己造成的。父母总是给孩子提供过于优越的生活环境，把他照顾得无微不至，事事都为孩子代劳。有些父母认为，生活上的小事，孩子将来会不会都没有关系，只要让他具备成就大事的能力就够了。如此一来，孩子就养成了饭来张口、衣来伸手的依赖习惯。所以，教育孩子，一定不能包办代替，应该坚持让他做自己的事情。

晓蕊现在3岁了，整天缠着妈妈要这要那，就连玩玩具也要妈妈陪着她玩，一刻也离不开妈妈。其实，晓蕊很多事情都能自己做了，无论是穿衣，还是吃饭，她都能做得很好。可是呢，晓蕊就是不干，非要妈妈帮她才行。

这不，早晨起床后，晓蕊不穿袜子也不穿鞋，光着小脚丫跑到厨房让正在做早饭的妈妈给她穿。妈妈皱起眉头，告诉晓蕊："宝贝，你的袜子就在床上放着呢，鞋子在门口的鞋架上，自己去把它们穿上吧。""不嘛，不嘛，妈妈穿。"晓蕊开始了撒娇。妈妈鼓励晓蕊："宝贝可能干了，准能自己穿袜子和鞋的。等妈妈做好饭，我的小宝贝肯定已经把袜子和鞋都穿好了。"妈妈的这些话仍然没有效果，晓蕊仍然光着脚丫跑来跑去。

妈妈做好饭，走到晓蕊面前，说："哦，我知道了，宝贝肯定是想让妈妈看着才去穿袜子和鞋，对不对？好了，现在妈妈有时间了，宝贝显示自己的本领，过来穿袜子吧。"说着，妈妈拉着晓蕊的手，走到卧室，把袜子递给她，让她自己穿。

这下，晓蕊终于很听话地把袜子穿在了脚上，虽然穿得不是很好，但只要妈妈稍微整理一下就可以了。穿鞋也是一样，晓蕊只负责把鞋套在脚上，鞋带是妈妈给系好的。尽管这样，但晓蕊已经进步了许多。

当有些孩子想尝试用自己的力量来解决问题时，当他用行动表示"我要自己做某事"时，可父母却认为孩子太小而阻止他自己来。其实这是不利于孩子身心健康发展的，也是导致孩子产生依赖心理的主因。比较好的做法就是在孩子独立意识萌芽的初期，就鼓励他自己做，不然错过了这个时期的培养，孩子就容易产生严重的依赖性。

方法二：不专制，别享受孩子的依赖

实际上，对于孩子的依赖，不少妈妈很享受。为什么这样说呢？因为有的妈妈感觉孩子的依赖是爱自己、离不开自己的表现，这点让她感觉很幸福。所以，有些妈妈沉溺于孩子对她的需要。因此，改变孩子的依赖习惯，妈妈首先要改变自己的想法和心态，对孩子不要过于溺爱，鼓励孩子独立处理事情和问题。

两岁零10个月的盛盛特别缠妈妈，有一丁点儿的小事，也会小嘴一张喊："妈妈……"这时，无论妈妈在忙什么，都会立刻放下手头的事情，去做盛盛要求的事。现在，妈妈觉得盛盛过于难缠，以至于耽误了自己做家务。妈妈将这些烦恼说给了盛盛的爸爸听，盛盛的爸爸只讲了一句话："都怪你，全是被你惯的。"

从此，妈妈再也不提前帮盛盛准备好一切了。以往，盛盛想喝水时，还没等他把要求说出来，妈妈就已经把水递到手上了。现在，妈妈会告诉盛盛杯子在哪儿，饮水机怎么用，让他自己倒水喝。当然，安全起见，妈妈会在一旁看着盛盛做这些事情，但决不帮他去做。以前，盛盛吃饭时，妈妈觉得他还小，嫌他吃得慢，就一口一口地喂。现在，妈妈会要求盛盛自己拿着勺子吃，虽然有时他会吃得到处都是，但妈妈会花费时间打扫地板，再也不喂他了。每次买回来水果，妈妈都会将所有的水果洗好，放在冰箱里，等盛盛要吃时，就能很方便地给他了。如今，妈妈教会了盛盛怎样开关水龙头，怎样把水果清洗干净，等等。

就这样，妈妈给了盛盛自己做事情，自己思考问题的机会，让他增长了知识，也增加了生活经验，他很少再缠着妈妈了。

有些妈妈就是这样，习惯于伺候孩子，假如不给她伺候的机会，她内心反而会十分难受。孩子被宠惯了，自然就会变得特别依赖。因此，父母不要对孩子所有的事都大包大揽，不要替孩子做决定，要让孩子学会思考、选择，这样他才不会养成过度依赖的性格。

方法三：不打击孩子，鼓励他有独自做事的勇气

一些妈妈会有这样的习惯，当孩子自己去做一件小事情却没有做好时，就会数落孩子半天，致使孩子失去了做事情的信心和勇气。如此一来，孩子下次可能就不再做了，而是等着妈妈去做。

因此，父母要反思一下自己的行为，应该改掉自己的坏习惯，就算孩子做得不好，也不妨鼓励一下他独自做事的动机和勇气。当孩子提出自己的主张或看法时，父母一定要多肯定、少打击，并对他合理的想法给予肯定与支持。这样的话，孩子的自主性就会一天天强起来，依赖他人的习惯就会逐渐消失。

除此之外，有的父母过于忙碌，没有时间照顾孩子，导致孩子总是担心父母

要离开自己，情绪较不稳定，缺少足够的安全感。这样的话，孩子会更加强烈地在情感上依赖父母，试图通过这种缠人的方式来获得父母更多的关注与爱护。针对这种情况，父母不要吝啬对孩子的表扬与赞赏，在孩子有不依赖的表现时，要及时地给予夸奖，以便强化他良好的行为。

孩子好动、故意捣乱，并非多动症

叛逆期案例

圆圆现在两岁零8个月了，她特别好动，不管是在家里还是在外面，总是到处爬，到处跑，到处跳。只要不睡觉，圆圆就会动个不停，一刻也闲不下来，无论是看电视还是玩游戏，从来都不会老老实实地坐着。

圆圆看到什么都特别好奇，非要碰一下，为此总是捅娄子。一个星期天，妈妈正在打扫卫生，圆圆突然对放在床头柜上的两本杂志产生了浓厚的兴趣。只见圆圆随手翻看着杂志，不一会儿，她就拿起笔在上面画了起来。凡是圆圆看不懂的文字，她都撕成了没有规则的条状。妈妈再次来到卧室时，看到许多条状的纸已经横七竖八地摆在了地板上，"幸免于难"的彩页也被圆圆用笔左一道右一道地画满了歪歪斜斜的线。好好的一本杂志，被圆圆弄得一塌糊涂。

一天下午，妈妈将圆圆从幼儿园接回家之后，就走进厨房准备晚饭了，把圆圆一个人留在客厅里玩。这个小家伙，居然打开了抽屉，当她发现里面有一盒感冒胶囊时，便别出心裁地将胶囊一粒粒地从塑料包装里挖了出来，然后把蓝白相间的胶囊外壳分开，倒出里面的颗粒。10粒药很快就倒完了，大半个抽屉也弄脏了。当妈妈做好饭菜从厨房走出来后，才发现圆圆又犯了一个不大不小的错误。

唉，圆圆这孩子整天动动这里，玩玩那里，一刻也不闲，妈妈被她折腾得够呛。妈妈想知道，圆圆爱捣乱的性格怎么和男孩子不相上下呢？妈妈也很担心，圆圆这么好动，是不是有多动症呢？有什么好的办法来管教圆圆，让她安静下来呢？

妈妈要懂的心理学：孩子多动一般不是多动症，妈妈不必多虑

绝大多数2~3岁的孩子都是很顽皮好动的，许多时候，他甚至连5分钟的时间都坐不住，精力总是过于旺盛，似乎永远都不知道疲倦。孩子的种种表现不免令父母担忧：这孩子是不是患有多动症？

需要注意的是，对于孩子的多动行为，父母最好不要妄加评论，更不要胡乱给孩子吃一些镇静的药物。不然的话，会给原本无忧无虑的孩子增加不必要的心理负担，或者带来健康隐患。为了帮助父母消除心中的疑虑，我们先来了解一下什么是多动和多动症。多动指的是一种过量的、无法自控的活动，通常表现为不能安静地坐下来或者放慢动作的节奏。而多动症呢，又被称为注意力缺陷多动症或脑功能轻微失调综合征，主要表现为集中注意力的时间较短，情绪易冲动、多起伏。由此可见，多动和多动症是有明显的区别的，多动症必须经过医生的诊断才能确认。

孩子好动的原因有多种，纯粹由生理因素导致的多动症只是极少数，大多是行为习惯的积累。面对孩子好动的问题，父母一定先要接受它，然后再慢慢地改变。对待多动的孩子态度千万不要粗暴、简单，不然的话，问题不但解决不好，还会影响亲子关系。父母最好忽视孩子的好动行为，只要没到忍无可忍的程度，就装作没看见。时间一长，孩子感觉到父母不再关注他的行为，他逐渐就会觉得无

趣，慢慢地也就正常了。

叛逆期方法指导：

方法一：以动制动，让好动的孩子充分运动

对于那些好动、闲不住的孩子，每天要安排充分的时间让他尽兴活动，比如，到室外运动、玩耍，最好活动到筋疲力尽，让孩子过剩的精力充分宣泄，达到"以动制动"的目的。

3岁的涛涛特别好动，从早晨睁开眼睛开始，就别想让他规规矩矩地坐一会儿。这天同样也不例外，涛涛先是把他自己的衣服、鞋子、玩具扔得到处都是，然后他居然又将客厅的垃圾筒给掀翻了，垃圾洒了一地，气得妈妈训斥了他一顿。

尽管这样，但涛涛仍然不改，他又拿起自己的玩具水枪，喷得满屋子都是水。受不了涛涛这样捣乱，妈妈只好带他出去玩。这正合涛涛的心意，他十分利索地穿上外套，高兴地牵着妈妈的手走到了附近的公园。由于是星期天的缘故，公园里有许多父母带着孩子一起玩耍。涛涛见到这么多的人，更加兴奋了，他开心地又跑又跳，边走边看周围的人都在玩什么。

妈妈和涛涛走到了一组低矮的平衡木旁边，涛涛好奇地问："妈妈，这是什么？怎么玩？"妈妈告诉他那叫平衡木，然后妈妈就走上去，示范给涛涛看。涛涛觉得很有意思，自己也要踩上去。妈妈担心涛涛会从狭窄的平衡木上面摔下来，便在旁边小心翼翼地保护着他。没多久，涛涛玩腻了，他看到前面有许多小朋友在蹦床上玩，很开心，于是，他快步地跑过去，也加入了蹦蹦床的大军之中。

从蹦床上下来之后，他们遇见了邻居陈阿姨以及她的儿子明明。明明和涛涛从小就玩得非常好，两个孩子见了面亲热得不得了，他们一起滑滑梯，一起上台阶……要回家了，涛涛有些依依不舍，他蹦蹦跳跳着告诉妈妈："妈妈，明天还来。"

吃过晚饭，由于太累了，涛涛没有让妈妈再三催促就早早地上床睡觉了，结束了他一天丰富多彩的生活。

改变孩子多动的行为习惯，妈妈既要满足孩子好动的需要，又要有所限制，既要尊重孩子自由的权利，又要积极引导。让孩子在尽兴活动之后，尽量安排一些安静的活动，必要时可以软硬兼施来稳定孩子。总之，每天必须要有一定的时间让孩子安静下来才行。

方法二：闹中有静，通过游戏促进孩子克服好动的习惯

游戏是所有孩子的最爱，尤其对于好动的孩子，他会特别喜欢玩游戏。有些游戏都可以使孩子在活动量充足的前提下，不至于因"发疯"而失控。令孩子闹中有静，促进他克服好动的习惯。

昌昌今年3岁了，和大多数小男孩一样，他既好玩又好动，常常邀三五个邻居家的孩子来家里玩，每次孩子们都会把家里弄得一团糟，妈妈需要整理好长时间才能恢复原状。

这不，又是一个星期天到了，昌昌像往常一样把他的好朋友都叫到家里来玩。这些孩子都活泼开朗，一刻也坐不住，并且就像在自己家一样，一点都不客气。他们在一起大喊大叫，蹦蹦跳跳，吵得妈妈不得安宁不说，还制造了许多垃圾让妈妈收拾。

这时，妈妈想到了一个好方法，她对孩子们说："大家安静一下，我们来做个小游戏好不好？"一听说要做游戏了，几个孩子都停止了打闹，不约而同地齐声回答："好！"然后专心地听妈妈讲游戏的规则。"接下来咱们要玩的游戏叫木头人，所有的人都说一句'我们都是木头人，不会说话，不会动！'话一说完，就不能再动了，也不能说话。谁要是先动了，就是犯了规，其他的人就刮一下他的鼻子。"

游戏开始了，几个孩子在一起，一边跑啊跳啊，一边参差不齐、断断续续地说："我们都是木头人，不会说话，不会动！"说完，孩子就马上站在原地不动。仔细观察这些孩子，有的张开胳膊，有的笑容僵在了脸上，有的歪着脑袋，有的很聪明，坐在了沙发上。所有的人都怕被刮鼻子，就尽量保持着姿势。为了不让孩子们感觉枯燥，妈妈假装忍不住动弹了一下，孩子们开心地跑过来刮了她的鼻子。惩罚了妈妈之后，游戏继续。

还没玩尽兴，就到了吃饭的时间。孩子们都有些不乐意，妈妈告诉大家："以后可以经常来家里玩'木头人'的游戏。"

许多类似的游戏都可以促进孩子克服自己好动、不能控制自己的习惯。具备同样效果的游戏有很多，比如捉迷藏等。这些游戏都很好玩，玩起来时能调动孩子的积极性，又可以锻炼孩子控制自己身体的能力。

方法三：以静制动，通过一些训练让孩子控制自己的行为

父母可以通过一些训练让孩子学会控制自己的行为，由于在训练中，孩子必须听从命令，所以一旦养成习惯，孩子的自制力就能大大提高。在这个过程中，父母可以适当提高训练的难度，延长训练的时间。

冰冰现在两岁零4个月了，她一天到晚总是动个不停，妈妈发明了许多小方法，足以让她安静一段时间。

妈妈有空的时候就会和冰冰一起玩，无论冰冰在做什么，都会要求她先停止，然后让冰冰好好地坐在椅子上，仔细地听妈妈数数。开始时，妈妈从1数到10，如果冰冰不能做到一动不动地坐着，妈妈就会重新数。如果冰冰很安静、认真地做到了，妈妈要么鼓掌夸奖她，要么拥抱着表扬她。然后，妈妈就会把冰冰抱下来，让她自由地玩一会儿，再做下一次训练。渐渐地，妈妈会从1数到15，再接着从1数到20……在不知不觉中，延长了冰冰坐得住的时间。

这个训练做完了，妈妈还会和冰冰一起比赛，并且设定了奖品，奖励有巧克力、蛋糕、冰激凌等。妈妈定上闹钟，母女两人面对面地坐着，看谁能安静地坐到钟响，做不到就输了，做得到的就会有一定的奖品。同样，妈妈设定闹钟的时间从短到长，最初5分钟，后来10分钟，现在，冰冰居然都能坐20分钟了。

在给孩子做训练的过程中，妈妈一定要多表扬、鼓励孩子，如果可以的话，妈妈也要用一些幽默的话语对孩子进行训练，这样孩子会觉得十分有趣，不会烦躁。

多变、情绪不稳定的孩子需要宣泄

叛逆期案例

秀秀已经两岁零7个月了，她的情绪总是反复无常，有时候乖有时候不听话，几分钟前还在微笑，过几分钟就又哭又闹。

每天睡午觉之前，秀秀是高高兴兴的，可是一觉醒来之后，她总要哭闹一阵，非得妈妈抱她一段时间才没事。只要有一丁点儿的小事不如意，秀秀的情绪就会特别激动，显得很烦躁，而且总是喜欢黏人，一直要人抱着，放下就哭闹。妈妈为此很揪心。

有时候，妈妈去幼儿园接秀秀回家，本来好好的，还没到家秀秀就撅着小嘴不高兴了。妈妈问她怎么了，她也说不清楚。假如妈妈说一件搞笑的事情或者给秀秀买点零食，她就会又蹦又跳，快乐得很，和刚才的表情相比简直判若两人。

家里来了小朋友，秀秀会和他打成一片，嘻嘻哈哈地闹起来，玩得很开心。忽然，两个孩子又哭又闹，不知道为什么事情发生了争执，吵了起来。妈妈最害怕秀秀和其他的孩子闹不愉快了，劝也劝不住，打骂更不好。正当妈妈着急的时候，仿佛转瞬间，两个人又和好如初，像刚才一样快快乐乐地玩了起来。

唉，秀秀的心情真是一片"多变的天空"，变幻莫测，一会儿"转阴"，一会儿就"放晴"，常常是刚才还玩得很高兴，转眼就蔫了。妈妈也不知道为什么，应该如何做才好呢？

妈妈要懂的心理学：孩子也需要情绪的宣泄，妈妈要耐心疏导

俗话说：六月的天儿，小孩子的脸。这句话讲的就是，情绪多变是2~3岁孩子的典型特征。在这一时期，有时烦躁，有时羞怯，有时高兴，有时低落，有时兴奋，有时恼怒……孩子的情绪极度不稳定，别人顺着他，他就开心地笑；稍不顺心，他就乱发脾气；被一个有趣事物所吸引，眼泪还挂在脸上就会破涕为笑；刚刚还很高兴，因为一点儿委屈却放声大哭，等等。

究其原因，导致孩子情绪不稳定的因素主要有两种，一是由于孩子的自我控制能力差，其年龄越小情绪不稳定表现得越突出。二是父母教育方法或态度上的问题，不知道如何正确地应对情绪多变的孩子。

美国心理学家在芝加哥市的霍桑工厂进行了一项实验，实验发现：当心理学家帮助工人把心中的不良情绪发泄出来后，工厂的工作效率有了大幅度的提高。这就是心理学上著名的霍桑效应，它带给人们的启示是：人们在生活中会产生诸多不良情绪，这些不良情绪如果没有通过有效的途径发泄出来，就会对人的身心健康十分不利。所以，当孩子产生了一些消极情绪时，不妨让他尽情地宣泄一番，这可以使孩子保持心情舒畅，不仅有利于孩子建立良好的人际关系，而且有利于培养孩子健全的人格，促使孩子身心健康成长。

稳定孩子的情绪，父母可以用玩具、游戏、讲故事等方式来分散他的注意力，让他不去看，不去想，使他逐渐平静下来；帮助孩子宣泄情绪，可以在他发

脾气的时候耐心引导，切忌以暴制暴，这容易使孩子身心受到伤害。总之，父母应该了解孩子的心理，尽量满足他的合理需要；对于年龄稍大的孩子，父母应见机行事，教孩子学会控制和调节自己的情绪。

叛逆期方法指导：

方法一：养成规律的生活习惯，使孩子保持稳定的情绪

每个人都会有情绪不佳的时候，孩子也是如此，父母应该尽量排除一些导致孩子情绪不稳定的因素，避免孩子情绪多变。孩子的生活有规律，就容易保持稳定的情绪。平时，最好让孩子养成规律的生活习惯，这样，孩子就知道什么时间做什么事情，而不再为所欲为，想怎么样就怎么样。

前些日子，轩轩感冒病了一场。在轩轩生病的这段时间，妈妈和奶奶一直寸步不离地陪伴着他，现在好了，他的情绪却变得十分不稳定，食欲也大大地减少了。妈妈知道，轩轩之所以出现这些情况，和他生病前、生病时、生病后的作息规律相差甚远有关系。

生病前，轩轩想在家就在家玩，想出去时妈妈就会带他出去玩，吃饭、睡觉都有固定的时间。生病的时候，整天待在医院里，看到医生、护士就害怕，再加上身体上的不舒适，都令轩轩一直处于焦虑的情绪状态。病好之后，又重新回到了家里，但妈妈限制了轩轩的活动范围，只允许他在室内玩一些玩具。

想到了这一点，妈妈尽量把被打破了的原有格局给复原，并且给轩轩更多的关爱。妈妈不允许轩轩再赖床，每天七点半必须起来，帮他穿好衣服后让他自己洗脸刷牙。上午，妈妈就让轩轩在家里玩玩具，或请

一两个小朋友来找轩轩一起玩游戏。午觉睡醒后，妈妈会和轩轩一起去小区的空地或者附近的公园里玩。有时候，妈妈还会带轩轩去超市买一些日常用品。晚饭后，妈妈会让轩轩看一会儿动画片，到了9点左右，就让他上床睡觉。

现在，轩轩的生活很有规律，他又恢复了生病前的那种情绪状态，整天乐呵呵的，别提有多精神了。

需要注意的是，帮助孩子安排的生活规律必须是可预测的，孩子乐于接受的，而且要考虑到动静交替、生动活泼和多样化，孩子的生活内容丰富有趣了，他就会养成按时进行每项活动的好习惯。当然，没有特殊的情况，最好不要轻易破坏常规。

方法二：以身作则，为孩子创设一个和谐的家庭氛围

孩子的情绪极易受周围环境的影响，良好的家庭环境有利于孩子拥有较稳定的情绪。因此，父母要以身作则，在孩子面前尽量控制自己的情绪，一定不要喜怒无常，要为孩子创设一个和谐的家庭氛围。

妈妈的脾气很不好，动不动就会大呼小叫。最近，妈妈发现，才两岁多的敏敏似乎也遗传了自己的坏脾气，遇到不如意的事情就会用大声哭叫来表达不满的情绪。

这令妈妈深刻地意识到自己的情绪对孩子的影响有多大，于是她认真地反思了自己的行为。在以后的日子里，妈妈再也不会自己高兴就逗敏敏开心，自己生气就冲敏敏发火了。

一天上午，敏敏开心地哼着童谣，拿着一个洋娃娃，和它玩穿衣服的小游戏。可是，洋娃娃的裙子有点小，敏敏费了好大劲才给它穿到身

上。虽然穿上了，但敏敏仔细一看，她居然给洋娃娃穿反了。脱也不好脱下来，用力拽也拽不过来。急得敏敏直跺脚，她生气地将洋娃娃扔到了地板上。

妈妈看到了，把洋娃娃捡起来，心平气和地问敏敏："哟，宝贝，发生了什么事？你为什么要把洋娃娃扔到地上呢？"敏敏仍然是一副恼怒的样子，她没好气地对妈妈说："它的衣服穿不好。"妈妈仔细看了一下，明白了是怎么回事，三下两下就帮洋娃娃穿好了衣服，递给了敏敏。渐渐地，敏敏不再生气了，继续和洋娃娃做游戏。

妈妈对自己的要求就是，即使当敏敏哭闹时自己也要做到泰然自若。现在，妈妈基本上能做到这一点，敏敏的情绪也不再那么多变了。

情绪也是很容易被感染的，所以父母要经常保持稳定的情绪，让孩子受到良好的熏陶。日常生活中，父母要发挥自身的榜样作用，用积极乐观的情绪去影响孩子。无论和任何人交谈，都要和颜悦色、轻声细语，只有和睦相处，才能给孩子安全感，他的情绪也就不会再起伏不定了。

方法三：接纳孩子的情绪，指导他改正不恰当的行为

在孩子的情绪爆发时，父母不要跟着孩子的情绪起舞，首先要做的应该是接纳孩子的情绪，然后指导他改正自己的不恰当行为。这样，孩子才不至于感觉到沮丧，才不会陷入更深的负面情绪中。如此一来，孩子的情绪就会得到缓解，他的不良行为才能得到矫正。

总体来讲，晖晖是个很听话的孩子，只是有时候会莫名其妙地发些小脾气。这不，早晨晖晖按时起了床，并且开心地洗了脸，坐到了餐桌前开始吃早饭。

妈妈看到晖晖只吃煎蛋却不喝玉米粥，于是，妈妈端起晖晖的小碗，用勺子喂他。可晖晖并不领情，他头一扭，表示不喝。妈妈认为早晨喝点粥对身体好，就把勺子再次放到晖晖的嘴边。然而，晖晖不高兴了，他小手一挥，差点把妈妈手里的碗打翻。

妈妈想晖晖是因为年龄还小，不太会用合适的话语来表达自己的心意，情急之下才这样做的。想到这儿，妈妈先压下自己的怒气，温和地问他："儿子，为什么不高兴了呢？是不是这时候不想喝粥呢？"晖晖没说话，只是轻微地点了点头。妈妈告诉他："下次如果你不想喝粥，不要用打碗的方式，可以对妈妈说'我想等一下再喝'。"晖晖对妈妈说："我不要喝。""那你要喝什么？""牛奶。"

妈妈恍然大悟，可能是这几天一直喝玉米粥，晖晖喝腻了。"哦，原来你不想喝粥了，好吧，妈妈给你热牛奶。以后，你想要什么，直接跟妈妈说，不要乱发脾气，知道了吗？""嗯。"

不一会儿，晖晖喝到了想喝的牛奶，非常开心地吃了一顿早饭。

由此可见，接纳孩子的情绪，理解孩子的想法，才有利于平息孩子不稳定的情绪。只有孩子恢复了平静，才能继续指导他认识和改正自身不恰当的行为。所以说，父母应该先处理孩子的情绪再处理相关的事情，接纳他的情绪但不能接纳他的错误行为。

浮躁的孩子往往缺乏耐性

叛逆期案例

　　两岁的涵涵是爸爸妈妈的掌上明珠，所有人对她总是有求必应。这使涵涵养成了想要什么就必须马上得到的坏习惯。

　　一天上午，妈妈在收拾房间，活泼好动的涵涵在客厅里骑小自行车玩。不一会儿，涵涵口渴了，嚷嚷着要喝水。正在擦地的妈妈看了看累得满头大汗的涵涵立刻丢下拖把，快步跑进厨房，把热水从保温壶倒进大碗里，又从大碗倒进小碗里。渴极了的涵涵迫不及待地想捧起碗就喝，被妈妈制止了："不行，现在水仍然很烫，还不能喝。"涵涵等不及了："要喝，要喝。"说着就伸手要将碗拿起来。

　　妈妈赶紧将碗挪了个位置，并且加快速度来回地倒。摸到小碗太热了，妈妈就又拿出一个大杯子，继续把水倒进大杯子里。为了让水尽快凉下来，妈妈还不断地用嘴吹，需要做的家务早就抛到了九霄云外，根本无暇顾及。

　　涵涵在旁边急得直跺脚，一个劲儿地用小手抓妈妈的胳膊，试图拿到妈妈手上的杯子。妈妈一边躲避涵涵，一边在忙乱中不断地告诉她：

"就好了，就好了，快不热了，马上就能喝了。"然而，涵涵根本不听妈妈的，她扯着嗓子大喊："我要喝水……"

只听见"啪"的一声，妈妈手中的杯子掉在了地上，摔碎了。这下，涵涵更喝不上水了，见状，她大声哭了起来。

妈妈要懂的心理学：培养孩子的耐性要懂得延迟满足

孩子由于年龄小，生活经验不够丰富，认知能力比较薄弱，往往就会缺乏耐性，难以控制自己的情绪和行为，事事由着自己的性子来，即使是不被允许的事情也会按照自己的想法去做，总是不能根据别人的要求等待或者延缓当前的愿望。这样的话，孩子往往会把事情弄得很糟糕。因此，在孩子提出某种要求时，妈妈可以让他达到某种条件或等一段时间后再予以满足，通过一些行为习惯来训练孩子的耐性，这样就可以有效降低孩子的逆反性。

心理学上有一个"糖果效应"，我们来看看究竟是怎么回事。

为了研究耐性和成功之间的关系，美国心理学家瓦尔特·米歇尔曾经做过一次经典的"成长跟踪实验"。

米歇尔选择了一所幼儿园，将一群三四岁的孩子带到了一间空房子里，并给每个孩子发了一块包装精美的糖果。然后，米歇尔对满心欢喜的孩子们说他有事情要离开一会儿，他希望孩子们不要吃掉那块糖果，并且，他对孩子们许下诺言："如果谁能坚持到我回来后再吃，我就会奖励他两块糖果。"说完，他就离开了。

不一会儿，有的孩子抵制不住糖果的诱惑，剥开糖纸，吃掉了糖果，接着，更多的孩子吃掉了自己的糖果。半个小时之后，米歇尔回来了，他履行了诺言，给没有吃掉糖果的孩子发了奖励。

米歇尔将这个实验一直继续下去，他对接受实验的孩子进行了跟踪调查。多年以后，米歇尔发现，那些急不可待的孩子的性格比较固执、优柔寡断，遇到挫折时往往退缩不前。而那些经得起诱惑的孩子很少在困难面前低头，总能够走出困境并获得成功。

这个实验充分地证明：自制力强、有耐性是一个人取得成功的重要因素。由此，米歇尔提醒家长在教育孩子时，一定要让孩子学会克制住自己的欲望，为了追求更大的目标，就需要放弃眼前的诱惑。两三岁的孩子做事，经常会出现"等不及""不听话"等逆反现象，家长为此很苦恼，其实这种逆反现象是由于孩子的认知能力和自我克制能力弱造成的，解决这一问题家长要学会通过延迟满足的方式来锻炼孩子的耐性。

叛逆期方法指导：

方法一：延迟满足，培养孩子的耐性

许多妈妈不能理性地看待孩子所表现的欲求过分的行为，常常在有意无意中纵容了孩子的这种行为和习惯。久而久之，妈妈就成为了孩子的奴隶，尽管忙得脚不沾地，但却仍然达不到孩子满意。当然，从另一个角度讲，妈妈也觉得孩子越来越不听话。对此，一定要培养孩子的耐性，妈妈在教育孩子的过程中有必要对孩子的要求延迟满足。

辰辰今年3岁了，是家里的独生子，大人们都宠着他惯着他，这使他成为了一个十足的"小皇帝"。

有一次，妈妈正在厨房里煲鸡汤，辰辰闻到香味跑了进来，他舔了舔嘴唇说："妈妈，我要喝鸡汤。"妈妈告诉他："鸡汤还没煲好，再等10分钟吧。"辰辰不答应："我不要等，我现在就要喝。"

妈妈正色地对辰辰说："儿子，鸡汤还没有煲好怎么能喝呢？再等一等，妈妈保证你待会儿就能喝到美味的鸡汤了。""不，不要，我现在就要喝鸡汤。"妈妈了解辰辰，知道他没有耐性，自我控制能力差。于是，妈妈把辰辰带出了厨房，不再理他了。

过了一会儿，辰辰又跑进了厨房，焦急地对妈妈说："已经到10分钟了，我要喝鸡汤。"

这时，鸡汤的确已经煲好了，但为了使辰辰更加有耐性，妈妈并没有立刻给他，而是让他再安静地等一会儿："再等一等吧，鸡汤虽然煲好了，但是现在它非常烫，根本不能喝。"辰辰一听就哭闹了起来："不，我不怕烫，我现在就要喝！"

妈妈佯装出不耐烦的样子，对辰辰说："儿子，你得等一等才能喝，如果再这样纠缠，我就不给你喝了。"辰辰生气了，他转身冲出厨房，跑到自己的房间里哭了起来。

过了一会儿，妈妈把煲好的鸡汤放在了餐桌上，对辰辰说："哇，鸡汤好香啊，现在可以喝了。"

辰辰还在生气，他没有做出任何反应。妈妈也并不理会，继续做自己的事情。不一会儿，辰辰悄悄地从房间里走了出来，到餐桌前喝起了鸡汤。这样经过几次"训练"以后，辰辰的耐性有了明显的提高，不再像以前那样不听话了。

由此可见，对孩子进行延迟满足，他就不会过于任性。渐渐地，孩子也会明白，许多东西并不是唾手可得的，需要一个等待的时间，即便为此大哭大闹也没有用。

方法二：让孩子学会等待，懂得克制自己

在孩子很小的时候，他们完全要靠父母的帮助，有需求时总会急不可待地表达，这是可以理解的。但当孩子逐渐长大后，他已经学会利用语言来表达自己的要求时，妈妈就应该有意识地制造一些机会，训练孩子的耐性，让他学会等待，懂得克制自己。

一天下午，妈妈带彤彤去附近的公园玩，路过一个玩具商店时，彤彤透过玻璃橱窗看到一个非常漂亮的洋娃娃。

彤彤的眼神一下子亮了起来，她不再往前走了，用胖乎乎的小手指着玩具对妈妈说："我要那个娃娃。"妈妈看了看，那个玩具确实很可爱，但是，妈妈出门时因为换衣服而把钱包落家了。所以，妈妈对彤彤说："宝贝，今天妈妈没带钱，等明天再给你买吧。"

彤彤不同意："不，我现在就要和那个娃娃玩。"妈妈只好和彤彤商量："那这样吧，你和妈妈一起回家拿钱，然后再过来买。""不嘛，不嘛，妈妈这就去里面把娃娃买下来。"彤彤着急地哭闹了起来。

看着彤彤的样子，妈妈很想走进商店和老板商量一下先把娃娃给孩子，然后再回家取钱。但是这个念头只在妈妈的脑海中闪了一下便立即消失了，因为她想到必须培养一下彤彤的耐性了，否则这丫头总是为所欲为。

于是，妈妈严厉地告诉彤彤："你如果想要那个玩具的话，就和我一起回家取钱，不然的话，再闹我就不给你买了。"说完，妈妈就继续往前走，不再理彤彤了。

而彤彤呢，仍然站在原地不依不饶地又哭又闹。过了一会儿，妈妈已经"走远"，彤彤害怕了，赶紧跑着追上了妈妈。

可以说，等待是孩子人生中重要的一课，必须要让孩子懂得，许多事情是急不来的，功夫到了才能自然成。妈妈可以利用"等一等"的方法，有意识地训练孩子的耐性以及自控能力，才能减少他的"逆反"行为。

方法三：杜绝溺爱，不对孩子百依百顺

许多父母常常责怪孩子过于任性、逆反，然而，令父母意想不到的是，正是由于父母的溺爱滋长了孩子的这种行为和习惯。这是现代家庭教育中普遍存在的一种现象：父母对孩子总是有求必应，只要孩子一有要求，父母就会马上想办法予以满足。在这种家庭环境中成长的孩子总会表现出"想怎么样就怎么样，想要什么就要什么"的任性行为。

法国思想家、教育家卢梭曾经在《爱弥儿》中说过："知道用什么办法能使你的孩子得到痛苦吗？这个方法就是：对他百依百顺。"这句话很值得父母们反思！其实这也说明了"问题在孩子，根源在父母"这样一个道理。

因此，父母一定不要溺爱孩子，千万不要对他百依百顺。比如，孩子想要立刻就喝牛奶，父母可以跟他解释：牛奶还在微波炉里，等1分钟就好。不要以为孩子年龄小就听不懂，其实听得多了，他自然会理解。孩子哭就让他哭几分钟，没有关系的，不用过于担心。

总之，父母从小就应该让孩子懂得：诱惑无处不在，欲望也会随时产生。但是，想要什么不是马上就能得到满足的，必须要学会等待，学会控制自己的情感和行为，这样才能快乐地得到自己想要的。

焦躁的孩子爱哭闹、叫嚷

叛逆期案例

3岁的菁菁一直是个懂事听话的小女孩，但自从上幼儿园之后，她却像变了个人似的，反常地紧张、焦躁起来，动不动就会冲着别人大声叫嚷。

一天早晨，妈妈喊菁菁起床，虽然已经醒了，可她想在床上赖会儿，不愿意起来。妈妈担心等会儿送菁菁去幼儿园会迟到，所以不允许她仍旧躺在床上，命令她穿好衣服去洗脸。然而，菁菁根本不听，依然蒙着被子大睡。

过了一会儿，妈妈就拿出衣服帮菁菁穿。没有办法，菁菁只好哼哼唧唧地坐了起来。上衣是一件套头衫，菁菁的脑袋比较大，这件衣服的领子就显得很小，直接从头上套的时候需要用力往下拽才行。这让菁菁感到特别不舒服，妈妈还没给她穿好，她就"啊啊"地开始反抗，用手使劲地撕扯着衣服，试图把它脱下来。可是，菁菁不知道怎样正确地去脱，结果呢，她越扯衣服缠得越紧，菁菁气得哭了起来，她边哭边大声地喊："不穿，不穿！"妈妈赶紧帮她脱了下来，换了一件带有拉链的上衣。

好不容易穿好了衣服，妈妈把菁菁带到卫生间，让她自己洗脸。可是菁菁呢，不仅不按照妈妈的要求去洗脸，还在水龙头旁玩起了水，弄得到处都是水。妈妈看到后，就过来帮她洗。没想到，菁菁拼命地挣脱，仍然一边哭一边冲妈妈大叫："不要洗脸，不洗！"

菁菁总是这样，妈妈让她做什么事情，只要她不乐意，就会又哭又闹又大叫，甚至学会和妈妈顶嘴了。菁菁为什么会这样呢？

妈妈要懂的心理学：孩子焦躁受多种因素影响，妈妈要用好情绪感染孩子

孩子在周围环境变化，身体的成长发育，以及其他心理因素的影响下，就容易产生焦虑情绪，特别是当他的心理诉求和外界环境产生矛盾时，焦虑表现就会更加明显。对于没有丰富经验的孩子来说，他的情绪控制能力还很弱，一旦感到不满，就会毫不掩饰地表现出来，这很容易导致孩子产生不良的行为。在孩子进行自我释放的过程中，难免会将其转移到某些事物上，通常以叫嚷、哭闹的方式宣泄出来，这必然对父母的耐性造成莫大的挑战。因为父母就会认为这是孩子在无理取闹，是他叛逆的表现，便去制止他，进而导致了孩子一系列的反抗行为。

心理学上有一个情绪效应，大意是指一个人的情绪很容易影响到他人的情绪，也就是说交往双方情绪会"相互传染"，良好的情绪传染有利于融洽双方的关系。古希腊杰出的哲学家德谟克利特总是以笑脸迎人，从不摆架子，人们美称其为"含笑哲学家"，当人们面对他时，同样会被他这种愉悦的情绪所感染，而且很容易接受他的观点。同样地，假如父母在平时，特别是在心情不好的时候能注意自我控制和调整，多给孩子以笑脸，为孩子的成长创造一个宽松的环境，孩子的情绪也

会更加平和。所以，当孩子情绪焦躁时，父母要以一种良好的情绪来应对，以便帮助孩子缓和不良的情绪。

那么，具体用什么样的态度来对待焦躁的孩子呢？首先，父母要体谅孩子，尽量做到不被孩子的焦躁情绪所触怒，可以时常在心里提醒、暗示自己，孩子并不是有意惹人生气的。其次是弄明白真相，分析孩子为什么会表现出焦躁的情绪。特别是年龄较小的孩子，他还不能很好地自我消化不良情绪，更需要父母鼓励孩子把事情讲出来。最后父母要更多地关注孩子，给予他更多的理解和爱护。总之，在孩子焦躁的时候，父母要以宽大的胸怀，不计较孩子的反常行为，要继续保持冷静、给予理解和关爱。

叛逆期方法指导：

方法一：营造宁静的家庭环境，使焦躁的孩子平静下来

孩子情绪焦躁，父母要排除家庭中嘈杂环境的干扰，为孩子营造一个宁静的家庭氛围。这一点很重要，假如孩子的生活环境过于杂乱，势必会影响孩子的情绪，导致他越来越焦躁。

安安这孩子，对声音很敏感，从小就喜欢安静，如果周围有一些令他不舒服的噪音，他就会发起脾气来。为此，妈妈尽量减少邻居来家里玩，家里人在一起说话也轻声细语，从来不在家里高谈阔论，大声嚷嚷。

每天晚上，吃过晚饭，一家人开心地聊一会儿天之后都会安安静静地做自己的事情。爷爷喜欢戴上老花镜，看看报纸，读读书。爸爸会去书房，坐在电脑前上网、玩游戏。妈妈呢，就和安安一起看图画，讲故事，识数字。在安安的卧室里，妈妈专门给他放了一把小椅子，一张书

桌，上面摆放着安安的文具。在墙角，还立着一个书柜，上面全部都是安安的童话书、故事书、画报等刊物。每当安安想要看书的时候，都会静静地坐在小椅子上，翻开一本书认真地看。为了避免安安分心，妈妈把电视的音量调到最小，标准就是，只要安安的房门关上了，从里面就几乎听不到电视的声音。

安安专心地玩或者认真地做一件事情时，妈妈从来不敢打扰他，即便是走路，也要轻手轻脚，怕声音过大，引起安安的不满。因此，安安很少因为过于吵闹而心情不好。

长期在安静环境的熏陶下，孩子做事情的注意力就会提高，时间一长，就会形成良好的条件反射，这不仅能安抚孩子的情绪，还能促进他养成良好的习惯。

方法二：明确告诉孩子，他的行为不受欢迎，并且达不到目的

在孩子面对自己不喜欢、不愿意的事情时，就会显得焦躁不安，进而以哭闹或叫嚷的行为表示反抗。这时，父母可以用动作或语言，明确地告诉孩子，他的这些行为是不受欢迎的，并且达不到目的。等孩子平静下来之后，最好给他个台阶下，进行适当地安抚。

每次不高兴时，筱筱总会不断地大声尖叫，几乎要把全家人的耳朵震聋，差不多整栋楼都能听得到。

这天中午，筱筱忽然发现了墙上的一个插座，她好奇地用手摸来摸去，并且趴在墙上眯缝着眼睛看那小小的孔里有什么。妈妈看到了，立刻制止了筱筱，并把她抱到了卧室里，坚决不让她再接近插座。这时，筱筱不干了，她仿佛受了很大的委屈似的，又开始了无休止的尖叫。

妈妈皱着眉头，任由筱筱大声地又哭又叫，既不哄她也不劝她。开

始时，筱筱闭着眼睛，一味地哭闹，后来，见妈妈根本不理自己，她悄悄地睁开了眼睛看着妈妈，并且没有停止尖叫。妈妈捂着耳朵摇摇头，告诉筱筱："妈妈不喜欢听你大声地叫喊。"这时，妈妈看到了桌子上的水彩笔，最近，筱筱特别喜欢涂涂画画，妈妈便问筱筱："咱们一起画画吧，来，妈妈教你画个大房子，好不好？"一听到要画画了，筱筱的叫声小了一些。妈妈把筱筱抱到椅子上，拿出笔和纸，手把手地教她画了起来。

在妈妈的指导下，筱筱认认真真地画起了房子。虽然画得歪歪斜斜，根本不像样子，但她已经逐渐停止了哭闹和叫嚷，安静了下来。

平时，父母要注意培养孩子动静有序的生活习惯，最好把孩子的精力和智能引导到有趣、有益的活动中。如此一来，就能减少孩子的焦躁，他也就不会撒娇、吵闹了。

方法三：及时了解孩子焦躁的原因，并给予正确的引导

日常生活中，父母应该充分地理解孩子，在一般情况下不必过于严厉要求孩子。有些父母动不动就冲孩子吼："不要哭！""不要再叫了！"等一连串的"不要"，殊不知，这种教育方式效果并不好，甚至会适得其反。

在孩子焦躁时，妈妈要及时地关心、了解导致他焦躁的原因，然后根据具体情况，做相应的处理，最好给予孩子正确的引导，从而让他恢复平静。当孩子情绪不佳并且表现出无礼、叛逆等不良行为时，父母先要认真考虑一下，孩子的这些行为反映出了他怎样的心理状态？假如孩子只是偶然才出现哭闹、叫嚷、顶嘴等行为，父母不必过于敏感，还是顺其自然比较好，因为适当的叛逆行为可以缓和孩子大幅度的情绪波动。当然，如果孩子的不良行为经常性地持续，那么父母完全有必要对孩子进行教育，向他说明他的行为会使人感到厌烦，责令他改正，并且可以制

定一些严格的规章制度，要求孩子遵守。

　　另外，父母的教育最好以赏识为主，不妨适当地忽略孩子的不足，对好的行为进行强化，之前不好的表现自然也就消失了。

3

第三章

尊重变化，用心呵护孩子的心灵成长

独立意识萌芽，要求"自己来"

叛逆期案例

倩倩现在两岁半了，如今的她认为自己长了不少新本领，什么事情都要自己做，也不管自己会不会，如果不遂她的愿，她就会大哭大闹。

一天早晨，倩倩起床有点儿晚了，妈妈便快速地帮她穿好衣服，准备穿鞋时，倩倩想自己穿，便跟妈妈要过鞋子，双手拿着往自己脚上套。妈妈见状，只好由着倩倩去做自己的事情了。过了一会儿，妈妈催促倩倩去洗脸，可她迟迟没有走出房间。妈妈只好再次走到倩倩面前，看到她还没有把鞋穿好。妈妈担心倩倩去幼儿园迟到，便拿起鞋子帮她穿。可是倩倩呢，丝毫不领情，她不开心地挪开小脚丫，嘴里说着"不要"。见倩倩不配合，妈妈左手按住倩倩的小腿，右手利索地帮她把鞋穿好了。可没想到，倩倩居然又哭又叫地闹起了情绪。

下午，妈妈接倩倩从幼儿园回家。来到家门口，当妈妈把钥匙拿出来准备开门的时候，倩倩非要自己用钥匙开门。只见她拿着一串钥匙其中的一把，非常努力地想把钥匙插上去，可是反复了几次都失败了。妈妈一看，倩倩把钥匙都搞错了，就告诉她正确的应该是哪把钥匙。然后，倩倩换了钥匙，不断地调整位置，到后来，仍然没有成功地把钥匙插到锁孔里。由于倩倩开了很久也没把门打开，妈妈很着急，终于忍耐不住，从倩倩手里抢过钥匙，打开了门。这下可捅了马蜂窝，倩倩站在门口不进门，足足哭了有10分钟，直到奶奶来了，才把她哄开心。

倩倩这小丫头可真难缠，妈妈不清楚，这是倩倩成长中的正常表现呢？还是倩倩特别拧？应该怎样改变她呢？

妈妈要懂的心理学：孩子要求"自己来"，标志着他的独立意识已经萌芽

孩子在会走路会说话以后，自我意识开始萌发，这时就会表现出一种独立的意识和愿望——凡事都要自己来。这和雏鹰扑扇着稚嫩的翅膀跟老鹰学习飞翔是同一个道理，孩子这个时候的表现是完全正常的，是他走向独立的第一步。这种可贵的独立意识如果能够得到健康发展，将会减少孩子对父母的依赖心理，能够促进他形成"自己能做的事情自己做，不依赖他人帮助"的意识，长大以后，孩子就会变得善于独立思考，果断办事。

然而，在孩子小的时候，父母习惯于凡事都为孩子周到地考虑，认为他永远都需要自己无微不至的照顾。但是呢，孩子在两三岁以后会经常要求"自己来"，并拒绝父母的帮助，这令父母感觉到孩子不像以前那么听话了，心理学上称这个时期为孩子成长发展过程中的转折期，也称"反抗期"。孩子之所以会反抗，很重要的一个原因就是父母限制了他的独立欲望。

心理学上有一个刺猬法则，十分有趣：两只困倦的刺猬由于寒冷而拥在一起取暖，可怎么也睡不安宁，因为它们身上都各自长着刺，离得太近，就相互扎痛了对方。几经折腾，两只刺猬拉开了距离，尽管外面寒风凛冽，它们却睡得既香甜又

舒服。这就说明，在孩子有独立意识时，父母要学会尊重他，与孩子保持适度的距离才行。

其实，从心理发展的角度来讲，孩子要求"自己来"时，就标志着他的自我意识和独立意识已经萌发并在逐步增强。从教育的角度来讲，有益于孩子的自理能力以及自信心的增强。所以，妈妈必须保护好孩子的这种愿望，才能促进他更好地成长。凡是孩子自己能做的事情，均应支持，允许他自己做。并且，妈妈要学会因势利导，把孩子的独立意识变成正向的力量以促进其更好更快地成长。这样既可以锻炼孩子动作的灵活性、准确性，又可以增强孩子的自理能力。只要妈妈的教育得当，完全可以减少孩子在转折时期的反抗行为，发展其独立能力。

叛逆期方法指导：

方法一：耐心指导，教会孩子"自己来"的技能

由于孩子的年龄小，能力差，生活经验也不够丰富，在尝试"自己来"时往往会搞得一团糟。这时，妈妈应该耐心地进行指导，做好示范，教会孩子"自己来"的各项基本技能，帮助他进步、成功，从而使孩子获得足够的自信心。

岩岩在慢慢地长大，随之而来的问题也越来越多。最近一段时间，妈妈从岩岩的嘴里听到最多的一句话，就是"让我来"。

星期天的早晨，八点左右，岩岩起床了。妈妈在整理床铺，岩岩就在旁边看着。妈妈要叠被子了，岩岩非要抢过被子自己叠。反正今天周末，用不着送岩岩上幼儿园，妈妈就转身出去忙其他的事情，让她去叠了。随后，岩岩便学着妈妈的样子，开始叠被子。但是，对于从来没有叠过被子的岩岩来说，做这件事情是很困难的，她叠了好几分钟，只是

将被子简单地团成了一个大团，并没有叠整齐。

正在岩岩疑惑的时候，妈妈走了进来，看到岩岩叠的被子后，对她说："妈妈来教你叠被子吧。"说着，妈妈就告诉岩岩哪是里儿，哪是面儿，教她将被子打开平铺，把面放在底下，叠被子时先把一边折上，然后再折另一边，折好后再对折，把能张开大嘴的一面冲外面放好。

尽管很简单，但想要岩岩马上就记住步骤还是有一定的难度的。于是，妈妈想出了一个好方法，就是用长方形的纸让岩岩练习，这样就轻松了许多。经过数次的练习之后，岩岩基本掌握了叠被子的方法。

"好了。"岩岩说。妈妈走过去看了看，虽然叠得不是很平整，但已经初步有了豆腐块的形状，妈妈觉得岩岩太棒了，赶紧表扬她："叠得真不错！"

由此可见，妈妈应该改变教育观念和方式，把动手学习的机会交给孩子，以便培养他的自理能力和动手能力。然而，这往往被许多妈妈所忽视，一般情况下妈妈对孩子的疼爱大多表现在细致、周到的照顾上，事事代劳上。所以，从现在开始，妈妈要注重培养孩子的独立性以及自主性，为其今后健康成长奠定良好的基础。

方法二：在安全的前提下，给孩子独立做事的机会

2~3岁的孩子独立意识开始萌芽，不喜欢别人把他当做什么都不会做的"小孩子"。这种思想能增强孩子的独立性，锻炼孩子的意志。可是，孩子毕竟年龄小，在自己做事时难免会有许多不周全的地方，这时就需要妈妈给予一定的关怀和帮助。因此，在安全的前提下，妈妈应该理解并满足孩子的这种愿望，给孩子独立做事的机会。

现在，3岁的晓超越来越不喜欢让妈妈帮他做事情了，他总是自己爬楼梯，自己穿、脱衣服，自己……不知道从什么时候起，他不喜欢和妈妈一起睡了，在某一天晚上，他居然提出自己睡觉。

虽然不放心，但妈妈还是同意了。妈妈特意在晓超的小床上加了栏杆，避免他晚上睡觉不老实从床上摔下来。担心晓超会把被子踢开而受凉感冒，妈妈就给他拿出了一床宽大的被子。在睡前，妈妈以为晓超会害怕，就在旁边坐着陪了他一会儿，等他睡着了，妈妈才关上灯离开。夜里，妈妈一觉醒来，就赶紧跑到晓超的房间，看他的被子是否盖好了。

在妈妈的关照下，即使是自己一个人睡，晓超也总能睡得踏踏实实，时间长了，他就习惯了独睡。

孩子的独立意识开始发展，他一直不断地尝试挑战自己，所以，妈妈要确保家里的环境是安全的，比如，把危险性的东西放到孩子看不到摸不着的地方或者用安全的物品替换掉。这样，妈妈就不用总是追在孩子后面，在他试图去碰一些可能会伤害到他的东西时进行制止了，也能更加安心地让孩子自己去做事情了。

方法三：经常提醒，让孩子持之以恒

许多事情孩子要自己来只是一时兴起，兴趣广泛却不稳定，往往今天要自己做的事情明天就不想去做了。因此，父母必须进行帮助和督促，经常提醒孩子按时去做该做的事，比如"该洗脸了""该收拾玩具了"等等。假如孩子不再愿意自己做了，妈妈可以说："我知道宝贝很能干，一定会做的。"或者说："宝贝，你上次做得那么好，今天一定能做得更好！"以此来强化指令，就能很好地激励孩子持之以恒，养成自己的事情自己做的好习惯。

　　当孩子在自己做事情时，父母应让他有始有终地做完这件事，避免让其他的事情分散他的注意力，以防止他半途而废或者不负责任地胡乱做。在孩子把事情做完后应及时做出评价，特别要多给他一些正面的赞扬和鼓励，以强化孩子的良好行为。对于做得不合适的地方，父母也不要求全责备，不然会打击孩子的自信心。

　　另外，如果孩子非要自己做的事情确属其力不能及时，父母要耐心地给他讲清楚道理，让他明白不能做的原因，而不能只是简单地进行制止。

幼儿也有性意识的萌动吗

叛逆期案例

玮玮在上幼儿园小班，他是个既聪明又调皮的孩子，然而，他有一些坏习惯，让妈妈一直苦恼不已。

妈妈发现，玮玮总是趁其他人不注意或者他睡觉的时候抚摸自己的生殖器，或者做一些夹腿的动作。思想传统的妈妈认为这件事情非同小可，必须让玮玮改掉这个坏习惯才行。于是，妈妈要求玮玮无论是站着还是坐着都必须把两腿分开，在睡觉时，妈妈让玮玮把双手放在枕边仰着睡。

一天下午，妈妈去幼儿园接玮玮放学回家时，老师向妈妈反映玮玮和另外几个小男孩总是掀其他女生的裙子，让妈妈帮忙教育一下。回到家里，妈妈就拿出一个小木板打玮玮的手，一边打一边问玮玮以后还欺不欺负女同学了。直到玮玮说再也不敢了，妈妈才停止了打骂。这时玮玮的手已经被妈妈打肿了，他跑到卧室哭了好半天。

玮玮发现自己排尿的地方和小女孩不一样，自己可以站着尿，而小女孩却只能蹲着。于是，玮玮经常会有意地在大人面前炫耀自己的"独特"之处。妈妈看到了，狠狠地训斥了玮玮一顿，并告诫他不可以当众把自己隐秘的地方露出来。

妈妈又吓又说，或者对玮玮进行物质诱惑，只要能想到的方法都用上了，可是事与愿违，玮玮一点改正的迹象都没有。为此妈妈既担心又烦躁，不知道怎么办才好。

妈妈要懂的心理学：性意识是孩子正常的性心理表现，父母不要谈"性"色变

上述案例中玮玮的情况就是大多数2~3岁孩子都可能会发生的现象，这时，孩子正处于一个性心理发展的特殊阶段，在心理学上，这个阶段被称为"性蕾期"。在这个时期，父母的教育一定要得当，这样才能引导孩子的性心理往好的方面发展，否则的话可能会产生较大的负面影响。

然而，受中国传统教育方式的影响，许多父母总是视"性"如洪水猛兽，不能坦然面对孩子的性问题，如此一来，孩子就不能够接受正确的性教育。当孩子在性的方面提出问题时，父母多感到惊讶，无所适从。当孩子长大一些后，很多跟孩子有关的性信息就会接踵而来，这时许多父母会感到特别困惑，不知道应该怎样回答，或者编谎言搪塞，有的父母甚至还会斥责、打骂孩子，这些做法都是不合适的性教育，会在孩子成人后引发一系列的性心理障碍，或人格扭曲等问题。

研究发现，孩子从两三岁起便能够认识到男女之间的差别，并产生好奇感，出现与性有关的探究行为。因此，父母千万不要谈"性"色变，完全有必要对孩子进行正确的性启蒙教育，传授给孩子最基本的性知识，以解开他在性方面的疑惑，培养其自我保护意识。

有些父母在对孩子进行性教育时，不知道给孩子讲到什么程度合适，既怕

讲浅了孩子没懂，会激起他更强烈的好奇心，更怕讲深了对孩子产生副作用。其实，对于这个问题父母不必过分担忧，对于在这个阶段的孩子来说，他的智力发展是分层次的，他所提出的问题也往往是符合他的年龄特点的，过于深奥的东西，孩子基本上不能想到。一般情况下，孩子不会追根究底地去"打破沙锅问到底"，所以，父母的讲解只要符合他理解的程度就可以了。

叛逆期方法指导：

方法一：大大方方回答孩子的性问题，教给孩子正确的性知识

2~3岁的孩子往往会提出一些和性有关的问题，这时，父母应轻描淡写，不要欺骗，不要不好意思，一定要大大方方地回答。父母应当了解一点，孩子所提出的问题都是漫不经心的，并没有经过深思熟虑，更没有什么恶意的想法，作为家长应该自然坦诚地回答。父母用不着窘迫或难为情，否则的话，只能加重问题的神秘感，增加孩子的好奇心，让他对所提的问题更加耿耿于怀。

琳琳今年3岁了，她开始对自己是从哪里来的产生了疑问，于是和妈妈有了以下一段对话。

"妈妈，妈妈，我是怎么来的？"琳琳跑到妈妈身旁，睁着大大的眼睛看着妈妈，一脸期待。

"你呀，在妈妈的肚子里有一个小房子，你就是在里面长大的。"

琳琳看看妈妈的肚子，又看看自己的肚子，嗯，妈妈的肚子是比较大，好像能装得下自己。"哦，我是怎么进到你的肚子里的？"

妈妈决定编一个精彩的故事给琳琳听，以便于她听得懂："是爸爸放了一颗种子在妈妈的肚子里，于是这颗种子就在妈妈的肚子里长啊长，

长到妈妈的肚子放不下了，就去医院，请护士阿姨帮忙把你生了下来。"

"那你是怎么生的我？"琳琳接着问。

"有一个秘密产道，从那里就能把你生出来了。"

"哦。"琳琳好像还是有些似懂非懂，不过，她没有继续问，到此就结束了。

在灌输给孩子正确的性知识前，妈妈首先要有纯正的思想，然后再根据孩子的实际年龄，提供适当的性教育。在回答孩子提出的性问题时，妈妈一定要简洁明了地回答，不要引申，也不宜鼓励孩子引发联想，要给孩子权威、科学的答案。

方法二：用通俗易懂的方式解决孩子在性别特征方面的疑惑

一般情况下，3岁左右的孩子就能够分得清不同性别间的差异，这时，孩子的心里难免会有一些性别特征方面的疑惑。妈妈就要义不容辞地承担起解疑答惑的责任，用通俗易懂的方式来回答。需要注意的是，妈妈应该就孩子提出的具体问题进行回答，没有必要过深过细，千万不要超出孩子的好奇范围以及他的理解能力。

萌萌在上幼儿园小班，一天晚上，妈妈在给她洗澡的时候，她突然站着用手扒着屁股说："浩浩是这样尿尿的。"这时，萌萌还用手摸着自己的尿道口。妈妈先是一愣，而后制止了她："男孩子才那样尿，你是女孩，要蹲着尿。那是小便的地方，不能摸，不然的话是要生病的。"从那以后，萌萌就再也没有那样做过。

有一次，萌萌在换衣服的时候问妈妈："我长大以后，会不会和爸爸一样有小鸟呢？"面对萌萌的问题，妈妈直截了当地告诉她："不会的，你是女孩子，你长大以后会像妈妈一样有乳房。""为什么爸爸会有呢？""因为爸爸是男人，男人都有，像隔壁的浩浩也有啊。""为什么我没有小鸟呢？"妈妈对萌萌说："你不是没有，而是长在了肚子里面，从外面看不见。这样才可以将男孩和女孩区别开。"

"我要做男孩，做男孩好。"萌萌撅起小嘴，说出了自己心里的想法。妈妈赶紧对萌萌说："女孩可以穿好多好多漂亮的衣服，可是男孩就没有这么多漂亮的衣服可以穿。女孩长得特别好看，惹人喜爱，这不是很好吗？"

妈妈已经帮萌萌换好了衣服，萌萌看着自己穿着漂亮的衣服，开心地说："嗯，我不想做男孩了。"

对于性别差异，孩子还不能完全地理解，只要让他模糊地意识到区别就行。父母不妨学习西方的教育方式，在孩子3岁前让他和爸爸妈妈洗一次澡，让孩子认识到男女的区别。这时候孩子对性器官的认识是很朦胧的，长大一些后基本就记不得具体的东西了。

方法三：性别意识教育，让孩子认识到自己的性别

心理学家认为，性别角色大约在孩子3岁前就已经形成，3岁前的成长环境、抚养方式以及父母的态度对孩子的性别心理有着举足轻重的影响。因此，妈妈一定要做好孩子的成长教育工作，千万不要忽略孩子的性别，而要有意识地对孩子进行性别意识教育，让他认识到自己的性别。

妈妈觉得，漂亮乖巧的小女孩十分可爱，于是在生下扬扬之后，总会给扬扬穿一些比较女孩化的衣服，甚至把他的头发留得长长的，和隔壁的丽丽一样，扎起了小辫子。

可是，随着扬扬渐渐长大，妈妈的烦恼也来了。扬扬总是喜欢和小女孩一起玩，对于小男孩喜欢玩的游戏或者愿意做的事情他都不乐意去

做。妈妈还发现，扬扬的性格一点儿都不像男孩子，总是喜欢扭扭捏捏地撒娇。为此，妈妈特意上网查了一些资料，资料上显示，如果把男孩当成女孩来抚养，很容易导致男孩把自己当做女孩，成为女性化男孩。在成人之后，生理上的性别和心理方面的性别不一定能重合，甚至有可能是相反的。妈妈这才恍然大悟，原来是由于自己的教育方式不正确，扬扬才出现这种状况的。同时，妈妈也意识到自己这样做的危害。

于是，妈妈再给扬扬买衣服时，买了适合男孩穿的，逐渐给他换掉了以前的衣服。妈妈还把扬扬的头发也剪短了，不再给他扎辫子了。妈妈告诉扬扬，他是男孩子，在幼儿园上厕所时要和其他的男孩一起上男厕所。夸奖扬扬时，妈妈也总是说："扬扬真是个勇敢的好孩子。""扬扬是个男子汉，力气可真大。"慢慢地，扬扬重新"变回"了小男孩。

从性心理发展的角度来讲，性别错位对孩子是有百害而无一利的。所以，妈妈千万不要出于个人的意愿而无视自然的事实，不要以自己的喜好人为地为孩子选择性别，应该尊重孩子的性别，按照孩子的性别要求来培养孩子，否则容易贻误孩子，后果不堪设想。

喜欢自言自语不是毛病

叛逆期案例

蓉蓉快3岁了，这段时间以来，细心的妈妈发现，她特别喜欢自言自语。蓉蓉总是一个人静静地躺在床上或坐在桌子旁边，津津有味地、小声地说着什么，嘀嘀咕咕的，好像在给别人讲故事，但她身旁根本连一个人都没有。

一天中午，到了午睡的时间，可蓉蓉不睡，她又躺在床上，一个人在那儿自得其乐地嘟嘟囔囔说着话。蓉蓉的声音并不大，所以，妈妈只能听见她在说着话，具体说的什么根本听不清楚。于是，妈妈忍不住凑过去想听听。然而，妈妈一走进卧室，蓉蓉马上就不再说了，还懊恼地撅起小嘴，责怪妈妈打扰了她："我要睡觉了，妈妈走开！"妈妈便问她："宝贝，你刚才自己在说什么呢？""没有。"蓉蓉撒了个谎。"真的没有吗？""没有，我要睡觉。"说完，蓉蓉就闭上了眼睛，假装睡着的样子。

妈妈对蓉蓉的这些表现不禁有些担心："这孩子怎么回事？不和我说话，却自己一个人在那儿叽里咕噜地不知道说些什么。"

妈妈将这件事情说给了爸爸听，爸爸说，孩子可能是无聊了，自己和自己玩呢，不要多想。尽管爸爸这样安慰，可妈妈的心里还是有些忐忑不安。妈妈仔细地观察了很久，发现蓉蓉真的喜欢自己和自己说话。妈妈在想：是不是应该找个儿童心理医生给蓉蓉看看呢？

妈妈要懂的心理学：自言自语是孩子语言和思维能力发展的正常现象，妈妈不必着急

当发现2~3岁的孩子有自言自语的现象时，父母根本不用着急。心理学家研究表明，这正是孩子语言发展从外部语言过渡到内部语言的关键时期，自言自语其实正是孩子把内心思考的内容用语言表达了出来。2~3岁孩子的思维能力正在飞速地发展，但并未成熟，他需要用一些具体的语言来帮助自己思考，从而慢慢地理清思路。由此可见，孩子的自言自语实际上是在进行一种创造性的说话游戏，这类游戏是孩子发展语言能力和思考能力的主要途径之一。随着年龄和能力的增长，孩子小声的自言自语会逐渐转变为静默无声的内部语言，即像成人一样进行不出声的沉默思考。

孩子自言自语多表现在他一边做一些事情，一边用语言来说明自己正在做的动作，或者用语言来补充自己想做但做不到的事情，或者用语言说出自己即将要做却还没有做的事情，或者做事情遇到了困难，通过自问自答来表示自己的怀疑以及困惑。自言自语时，孩子的身心放松，畅所欲言，其语言也充满了感情色彩，充分地表达、宣泄自己的思想、情感，这样做有助于孩子的情绪稳定。而且，孩子在自言自语时往往会集中注意力，这样十分有利于孩子的学习和认知水平的提高。

自言自语是孩子社会经验积累的体现，那些已经上了幼儿园或者经常和小伙伴玩耍的孩子，自言自语的现象会更多。国外有学者发现，富有社会性的孩子自言自语较多，聪明的孩子能比其他孩子更早出现自言自语的现象。

叛逆期方法指导：

方法一：多给孩子一些提示，丰富他的语言和知识

在孩子自言自语时，妈妈应该学会倾听，以便于了解孩子的发展状况，同时，还可以多用语言给孩子一些提示，随时随地教给他一些常识，便于孩子丰富自己的语言和知识。

不知道从什么时候开始，森森总是喜欢一个人自言自语。开始时，妈妈还以为森森在低声地背童谣或是唱儿歌，也就没放在心上。

有一次，森森把积木统统倒在了地上，他对自己说："把这个放在哪里呢？"这句话妈妈听得很清楚。于是，妈妈走过来，告诉正拿着积木犹豫不决的森森说："这块积木是正方体的，你好好想一想，它能和哪些形状的积木放在一块？"听了妈妈的话，森森放在了一块长方体积木的上面。妈妈拿着一块一块的积木，告诉森森："这是圆柱体，这是三角体，这是半圆体，这是正方体，这是长方体。"同时，妈妈还让森森用手触摸这些积木，教他怎样将积木放进对应的形状孔。对形状有了初步的了解后，妈妈就教森森认识颜色，告诉他积木有红色、蓝色、黄色、绿色，一边说，一边拿出相应的颜色给森森看，他很快就能说出这几种颜色了。

经过一遍又一遍的练习，森森边玩边学，现在可以很熟练地把圆柱体、正方体和长方体通过形状轮投入到桶里，他也知道了所有积木的颜色，自己没事的时候就喜欢依次说出不同的颜色，而且能做到准确无

误。森森还学会了搭积木，能搭八九层高呢！

孩子的自言自语可能是爸爸妈妈平时说过的话，也可能是他在把自己要做的一件件事情说出来，这是语言经验的综合和创造。孩子自言自语的过程，也是他通过语言来表达以前听到的、看到的、学到的知识，再次唤起记忆并强化它们的过程。

方法二：进行亲子游戏，和孩子一起想象

有些孩子自言自语时往往先要把自己想象成某种角色，然后按照这个角色的行为说话。这时是训练孩子表达的好机会，妈妈可以和他进行亲子游戏，满足孩子将内部语言完全表达出来的欲望。

3岁的鑫鑫经常喜欢抱着自己的玩具，一边走来走去，一边自言自语地说着："你要乖一点，不要闹。""小宝贝，快点睡觉吧。"等许多话。

一天上午，妈妈看到鑫鑫在和她的玩具熊说个不停："你不能这样。""你坏，我打你！"……鑫鑫一边说，一边做着相应的动作。这时，妈妈走过去，假装自己是玩具熊，哭着鼻子说："好疼，你为什么要打我？"逗得鑫鑫咯咯地笑了，她继续说："你不听话。""我哪里不听话了，我只是没有早早地起床而已。"妈妈做出一副既委屈又可怜的样子。鑫鑫大声问："还有呢？""还有就是昨天我打了小朋友一下，可我已经认识到了错误，我以后再也不打人了。""还有呢？""那次我还把爸爸的鞋给扔到窗户外面去了。""还有呢？""还有好多好多，我都记不起来了。"这次，鑫鑫终于过了一把"家长瘾"，训斥了妈妈一番，高兴得又蹦又跳。

由于鑫鑫思维的局限以及表达力不佳，虽然母女俩配合得不算默契，故事编得不够圆满，但却玩得非常开心。如果妈妈能经常和鑫鑫玩这样的游戏，以后鑫鑫就很少会再自言自语了。

亲子游戏可以增强孩子思维的连贯性和逻辑性，通过这种方式，能够培养孩子的想象力和创造性。另外，做完游戏可以让孩子谈一下自己的感受和想法，也可以请他来设计不同的游戏规则。

方法三：多陪陪孩子，不让孩子完全沉浸于自己的世界里

一些孤独、缺乏伙伴交流的孩子，自言自语的现象也比较明显。所以，父母不要以工作忙、没有时间为理由，不带孩子，让孩子自己玩。不然的话，孩子就会感到寂寞，完全沉浸于自己的世界里。

从小，瑞瑞是和爷爷奶奶一起生活的，直到他两岁多的时候，妈妈才把他接到身边上幼儿园。妈妈发现，瑞瑞经常自己和自己，或和玩具自问自答。妈妈把这些情况反映给了奶奶，奶奶说平时瑞瑞就是这样玩的。

妈妈觉得瑞瑞总是这样不好，于是，妈妈有空就和瑞瑞一起玩。有一次，妈妈坐在电脑前，瑞瑞对鼠标产生了兴趣，他伸手摸了一下鼠标。"这是什么呢？"瑞瑞说这句话时并没有看着妈妈，像是在自己问自己。可这一次，他根本答不上来。好奇的瑞瑞把鼠标拿在手里转来转去玩个不停，妈妈的鼠标是光电的，下面有一个小红灯一闪一闪的，瑞瑞看到了，感觉很神奇，他"咦？"了一声，然后接着研究。妈妈告诉瑞瑞："它是鼠标，用来操作电脑的。"

这时，瑞瑞发现了鼠标中间的滑轮，他先试探性地滑了两下，确定可以滑之后，瑞瑞就一直上下来回地推，边玩边自言自语地说："真

好玩！""好玩吧？虽然好玩，但不能像你这样玩，会把它弄坏的。"妈妈提醒瑞瑞。瑞瑞不再只盯着鼠标，他抬头看了看妈妈，举起手来比画了一下子。妈妈明白了，笑着对他说："好，等瑞瑞长到那么高的时候，再玩它。"

每当瑞瑞对某些事物感到好奇时，妈妈总会及时地告诉他那是什么，是做什么用的。时间长了，瑞瑞增长了不少新知识，嘴里也很少嘀咕着自言自语了。

平时，父母要多带孩子出去接触外界，引导孩子多与同龄人交往，长此以往，孩子就会有开阔的视野，养成活泼开朗的性格。只要孩子能和周围的人正常交流，那么他自言自语的现象就是属于正常的，随着年龄的增长，孩子自言自语的现象就会逐渐地减少。

爱幻想、说大话的孩子很正常

叛逆期案例

3岁的宾宾总是爱说大话。明明不会唱歌，他却说自己唱歌唱得很好听。他在幼儿园的表现并不算很好，却说老师经常夸奖他。

一天上午，宾宾在玩小汽车，他对妈妈说："我和小汽车去了迪斯尼乐园，那儿可好玩了。"其实，根本没有这回事，妈妈对他说："你什么时候去迪斯尼乐园了？别胡说，你顶多在电视里看到过迪斯尼乐园。"宾宾为自己狡辩："去过，去过……"

玩着玩着，宾宾又说："我的小汽车会飞。"妈妈听到了，告诉他："儿子，你的小汽车只能在地上跑，不会飞。"宾宾不高兴了："它会飞，就会飞。"说完，宾宾继续玩小汽车。过了一会儿，宾宾大喊："我开着车去抓坏蛋了。"妈妈不屑地说他："真能吹牛！"

在幼儿园里，宾宾说奶奶给他买了一把枪，会冒火，可好玩了。幼儿园的小朋友听到后感到很好奇，都希望能看到他那会冒火的枪。一天下午，妈妈接宾宾放学回家时，老师向宾宾妈妈询问起这件事。妈妈很纳闷，宾宾的奶奶并没有给他买枪，只不过奶奶前几天答应要给他买，但因为最近忙，还没有去买，再说了那枪顶多就会闪光而已，不会冒火啊。宾宾怎么会这么说呢？

妈妈不清楚，宾宾为什么总是喜欢说一些根本没有的事情呢？应该用什么样的方法来对待他呢？

妈妈要懂的心理学：孩子爱幻想不同于撒谎，这是孩子富于想象力的表现

在大部分2~3岁孩子的身上都会发生像宾宾这样的现象，明明是自己的愿望，却说得像真的一样。许多孩子的头脑中都充满了奇思妙想，他们能编造出许多故事给别人听，有时候情节甚至让人匪夷所思。这是因为，这一阶段孩子的认知能力和思维能力发育得还不够完善，很多时候他也分不清什么是真实的，什么是幻想出来的。现实与梦幻产生了混淆，所以他就会把自己所想象的一些东西说得像真的一样。但在家长的眼里，就成了谎话、大话、空话、吹牛的话，根本不符合正常人的逻辑。

其实，这么大孩子的幻想是无意识的，也不是有意在撒谎，而是他的想象力太丰富了。一些儿童心理学家认为，幻想对孩子的成长有如下诸多好处：善于幻想的孩子在长大后往往会拥有比较丰富的想象力，这对培养他的艺术、科学才能是至关重要的；孩子在幻想的世界中，可以通过扮演各类角色来体验在现实生活中难以体验到的种种情感，以此对人类丰富的情感有更为真切、感性的认识；通过幻想，孩子能够有机会与形形色色的人物"相遇""相处"，帮助他从一个虚拟的世界中学到如何与不同的人物交流，增强他的交际能力。另外，在幻想的过程中，孩子可能遇到比现实生活更加丰富多彩的问题或难题，通过解决这些假设性的问题，可以提高他分析和解决问题的能力。

当然，父母仍然有必要对孩子的幻想给予正确、合理、科学的引导，一旦发现孩子的幻想过于荒诞时，要用通俗易懂的语言帮助他分析幻想的不合理性。从而帮助孩子进入一个更为健康的幻想世界，并以此为基础，创造出一个更加引人入胜、回味无穷的幻想世界。教育孩子，幻想与现实有着很大的区别，不能让孩子过度沉湎于幻想而难以自拔，也要避免孩子因幻想而养成撒谎的习惯。

叛逆期方法指导：

方法一：满足孩子的表现欲，鼓励他张开幻想的翅膀

孩子的幻想是很即兴、很随意的，妈妈应该注意启发与引导。可以拿家里的一些玩具来和孩子玩假扮游戏，也可以把一些故事续编等，满足孩子的表现欲，鼓励他张开幻想的翅膀，从而让孩子的想象力与创造力得到充分的释放。

妈妈经常给盼盼讲白雪公主的故事，一天上午，盼盼绘声绘色地对妈妈说："我和小矮人在一起玩了，还有白雪公主呢。"

妈妈惊奇地问："是吗？你们都玩了什么？"盼盼说："我忘了。""那咱们把洋娃娃都拿出来，再和他们玩一次吧。""好啊，好啊。"盼盼高兴极了，赶紧去拿洋娃娃。可是，怎么玩呢？盼盼犯了难。妈妈拿出故事书，提议："我们就按书上讲的做游戏吧，这个穿白色衣服的是白雪公主，其他的都是小矮人。"于是，妈妈将七个洋娃娃拿到旁边，说："七个小矮人出去工作了。"盼盼就抱着白雪公主，看着故事书上的图画，说："白雪公主在打扫房间呢。"然后，妈妈将一个苹果放在洋娃娃的手里，一边用手拿着洋娃娃和苹果，一边说："又香又甜的红苹果，小姑娘，尝一个吧。"盼盼让白雪公主的嘴碰到红苹

果，就算吃了一口，然后让白雪公主躺下来，就算昏倒了。

妈妈把所有的洋娃娃都拿过来，放在白雪公主的旁边，说："白雪公主死了！"说完，就伤心地哭了起来。盼盼呢，她告诉妈妈："不哭了，白雪公主在打呼噜。"说完，便学着爸爸的样子打起了呼噜。妈妈惊异于盼盼的奇思妙想，只好配合她，立即停止了哭声，开心地说："太好了，白雪公主是睡着了，没有死。"

例子中的这位妈妈的确很富有爱心，当大部分妈妈因为工作或家务繁忙，而对孩子的"谎言"付之一笑之时，这位妈妈却认真地和孩子做起了游戏，进入到了孩子的世界中，玩得不亦乐乎。平凡而伟大的妈妈就是这样产生的，例子中的妈妈就像当年爱迪生的妈妈那样，给了孩子的天真一份爱心和呵护，这正是孩子成才的起源，也是大部分妈妈缺乏的闪光之处。

针对上面的方法而言，父母要为孩子提供有幻想空间的优秀童话和故事书，也可以亲自设计并和孩子一起开展各种富于幻想的游戏，都能增强孩子的创造与想象意识，还能锻炼孩子的语言表达能力。

方法二：提高孩子的认知水平，让他减少说与现实不符的大话

许多孩子分不清愿望、想象和现实的区别，常常将幻想与现实混淆，这与他的年龄小以及认知水平不高有关。因此，妈妈要多让孩子学习，了解一些事物的性能和特点。如此一来，就能大大减少孩子喜欢说与现实不符的大话。

一天上午，妈妈带雯雯在小区的空地上和几个孩子一起玩。鹏鹏在玩一只玩具飞机，雯雯看到了也想玩，可鹏鹏把飞机霸在手里，就是不让她玩。

于是，雯雯生气地说："我家也有飞机，很大，还能飞呢。"鹏鹏

反驳她："你没有。""有！"雯雯立即说。"你吹牛！"鹏鹏嘲笑雯雯。为此，两个孩子吵了起来，最后，以雯雯闹着要回家而收场。

回到家里，妈妈告诉雯雯："宝贝，咱们家没有飞机，以后你不能再那样说了。不过呢，妈妈可以告诉你什么是真正会飞的飞机。"说完，妈妈打开电脑，在网上搜索了一些资料，图文并茂地给雯雯介绍了飞机的特点和功能。雯雯看着各种各样的飞机图片，对妈妈说："我要坐飞机！"妈妈答应了她："好，等你长大了，妈妈就带你去坐飞机。"

"太好了。"雯雯高兴地跳了起来，她弄清楚了玩具飞机和真飞机的区别之后，再也没说过自己家里有飞机。

像雯雯说的大话基本上每个孩子在2~3岁的时候都说过，这时孩子的自我吹嘘很正常，他需要自我肯定、自我欣赏，要在伙伴面前显示、夸耀自我，以证明自己的优越和强大，引起他人的认可和关注。这些大话正好可以帮助妈妈了解孩子内心的愿望，无须责备，只要引导孩子明白他所说的并不是真的，他自然会结束这些无意的大话。

方法三：正确引导，不让孩子继续吹牛

和大人一样，孩子也有很强烈的自尊心和好胜心理，因此，有些孩子爱吹牛。这时，假如妈妈引导不好，孩子的好胜心很可能转化为虚荣心，自尊也可能转化为自卑或自负。所以，妈妈一定要正确引导，让孩子的自尊和好胜成为他成功的源动力。

尽管铭铭只有3岁，可他无论什么事情总是不甘落后。

一天下午，小毅来家里找铭铭玩，他们玩起了拍皮球。小毅能拍七八下，铭铭只能拍四五下，他知道小毅比自己能干，可偏说自己能拍10下。小毅不相信，非要铭铭拍拍看，铭铭每次都是拍了几下就失败了，小毅就在旁边嘲笑他。铭铭的小脸涨得通红，尽管这样，他仍然不服气小毅比自己拍得多。

小毅走后，妈妈对铭铭说："宝贝，你现在还不能拍10下球，没有关系，妈妈可以帮你练习，你一定能拍到10下的。"于是，妈妈教给铭铭拍球的动作要领："两条腿稍微分开，右手的五指要分开并且自然地微微弯曲，拍球的时候，眼睛要始终看着球，球到哪儿就跑到哪儿。"有空的时候，妈妈就陪着铭铭一起练，有时候抓着他的手和他一起拍，有时候妈妈拍一下，再让铭铭拍一下。

渐渐地，铭铭找到了感觉和节奏，拍球的动作越来越熟练，现在，他一口气能拍十多下呢。

总而言之，对于爱幻想喜欢说大话的孩子，一要理解，二要正确引导。不要一味地制止、指责，这会损伤孩子的创造力与想象力。也不应该放任自流、听之任之，会使孩子习惯性地将幻想当做现实。

孩子到了喜欢说"不"的时期

叛逆期案例

健健现在两岁零3个月了，这段时间他最经常说的话就是：我不！总是把这两个字挂在嘴边。

早晨，妈妈喊健健起床，健健仍然赖在床上，说："我不！"好不容易起来了，妈妈让健健穿衣服和鞋子，他仍然说不要。该吃饭了，妈妈把饭菜盛好："宝贝，吃饭了。"健健仍然说："我不。"

玩了一会儿，妈妈担心健健口渴，就端着杯子，让他喝水，但健健摇摇头："我不要喝。"妈妈给健健香甜的苹果，他竟然一把将苹果扔到一边，嘴里嘟囔着："不吃，我不吃。"该洗澡了，健健更是一溜烟就跑了，边跑边说："不要！"

睡觉时，无论妈妈怎么说，健健都不盖被子。"宝贝，把被子盖上。""我不盖被子。"健健每天都这样说。妈妈只好告诉他："不盖被子会感冒的。""我不感冒。""感冒了就得打针。""我不打针。"没办法，妈妈只有等健健睡着了，再帮他盖好被子。

甚至有一次，妈妈带健健在街上碰到了一位同事，同事向健健问好，健健居然回应说："不好！"

这令妈妈不能理解，健健为什么对任何事情都说"不"呢？妈妈感觉自己都没有耐心带他了，应该怎么办才好呢？

妈妈要懂的心理学：孩子总是说"不"，表明他的自我意识在增强

两岁以前的孩子一般都比较乖巧、听话，可是，一到两岁，孩子就像变了个人似的，动不动就说"不"，令人哭笑不得、头疼不已。幼儿心理学研究表明，2~3岁孩子的自我意识开始逐渐形成，也慢慢建立了自己的观念，在现实生活中的表现就是对别人的要求说"不"。

由此可见，孩子说"不"表明他有了一定的自我主张，并不是什么坏事情。但如果妈妈处理不好，可能会对孩子的成长产生不利的影响。如果妈妈能突破传统，抓住培养孩子各方面能力的良好时机，引导孩子走向独立，相信一定能促进孩子形成良好的个性。

在此期间，妈妈对孩子别有失望的想法，不要轻易地加以干涉，也千万不要一味地压制他，要试着从孩子的角度来看待问题，对他的某些行为给予适当的赞成和鼓励，发展孩子动作技巧以及各方面的能力，用无限的耐心来帮他平稳度过这一特殊时期。

首先，妈妈要摆正心态并尊重孩子，面对一边哭闹一边叫嚷着"不要"的孩子，要考虑一下他说"不"的原因和目的，不能一味地打骂、斥责。其次，妈妈要避免激化孩子的情绪，在孩子说"不要"时，提高嗓门或者恐吓很少能改变孩子的意愿，相反，愤怒、发脾气只会更加刺激孩子。所以，妈妈一定要冷静、理智。再次，不必过于在意孩子的抵制情绪，孩子的表达能力有限，在他无法表达自己的心情时，"不要"这个词出现的频率是最高的。这时，妈妈可以尝试了解他所要表达

的意思。

实际上，这个年龄段的孩子已经知道在许多事情上，其他人不一定和他持有相同的观点，在他发现别人的情感和自己不一样时，"不"字就会脱口而出。如此一来，妈妈就会认为孩子的举动不可理喻。面对这种情况，妈妈要允许孩子无理取闹，可以当做是孩子的好奇心在作怪，这样就能对孩子容忍了。

叛逆期方法指导：

方法一：两项选择法，让孩子自己做决定

在孩子总是说"不"时，妈妈不必急于坚决执行自己的想法，可以试试拿出两种不同的意见，让孩子自己选择。这些决定并没有什么对错之分，却能给孩子一个良好的感觉：能够自己做主了。

无论妈妈说什么，凡凡张口就说"不"，为此曾令妈妈烦恼了好一阵子。然而，妈妈十分聪明，她想出了一个好办法，总能把凡凡"搞定"。

一天早晨，凡凡起床了，妈妈让她穿袜子。可凡凡还是那句："不要！"说完还光着脚丫走到了桌子旁。妈妈一手拿着一双白色的袜子，一手拿着一双粉色的袜子，问凡凡："宝宝，告诉妈妈，这两双袜子你穿哪一双？"凡凡的眼睛在两双袜子之间徘徊了好几次，最终拍板决定穿粉色的，袜子的问题就这样轻松地解决了。

凡凡不喜欢吃水果，每次妈妈拿着水果让她吃时，她就会说："我不吃，不吃！"一次，妈妈拿出一个苹果和一根香蕉，问凡凡："宝宝，是吃苹果还是吃香蕉？你说了算。"凡凡歪着脑袋，想了想，说：

"吃苹果。" "那么，是吃这个大苹果呢，还是吃红苹果？也是你说了算。" 凡凡看了看，回答："红的。" 妈妈立刻说："好吧，妈妈帮你削。" 说着，妈妈就拿起水果刀削起了苹果。

只要凡凡说出"不"字，妈妈就会摆出两个选择在她的面前，每当这时，凡凡就会乖乖就范。

这种双项选择法在和孩子交流的过程中十分奏效，即使两种方案都不是他原来想要的，但他喜欢自己拿主意、做决定的感觉，所以比较容易接受，并且因为是孩子自己选择的，执行起来也会比较利落。

方法二：约法三章，让孩子遵守

2~3岁的孩子是很有秩序感的，妈妈完全可以利用这种心理和他共同商定对某些事情的处理方式，一旦养成了习惯，其他的做法就会被孩子视做异己而排斥。

一天晚上，睡觉的时间到了，泽泽明显地有了困意，可他仍然跑来跑去地玩。妈妈倒了一杯牛奶让泽泽喝，他知道喝完牛奶就要上床去睡觉，硬是不肯喝，要玩。妈妈对泽泽说："儿子，已经9点多了，该睡觉了，明天你还要去幼儿园呢。如果你现在还想玩，可以再玩10分钟，但是10分钟之后你必须去睡觉。" 玩了一会儿，妈妈就哄着泽泽把牛奶喝完，然后去睡觉了。

星期天的下午，泽泽要出去玩。外面的阳光格外强烈，妈妈让泽泽戴上帽子。可是，泽泽并不喜欢戴帽子，当妈妈拿出帽子给他戴时，泽泽一边说着："不"，一边把帽子抓在手里，扔到了地板上。妈妈有些生气，但她压着怒火告诉泽泽："你应该戴上帽子，不然的话，会被晒坏的。如果你戴帽子，我们就出去玩，如果你不戴，那么我们就在家里待着。"

尽管不乐意，但是为了能出去玩，泽泽只好捡起帽子，自己戴在了脑袋上。

对于约定的规则，妈妈要认真对待，在和孩子发生冲突的时候，要提醒他遵守。在让孩子做某件他极不情愿接受的事情时，妈妈应该向他做出解释，明确地告诉做与不做的结果。警告之后，必须说到做到。在孩子积极配合的时候，要记得鼓励他，因为这时候妈妈的耐心对孩子将会有深远的影响。

方法三：妈妈要尽量避免说"不"，用其他的语言替代它

众所周知，2~3岁的孩子是最善于模仿的，"不要"这个词是除了"妈妈"以外另一个简单易学的词，在发音上是很轻易就能让孩子学会的。而"不"这个字几乎也是很能吸引孩子注意力的，无论是在家里听大人们说过，还是在外面听到其他人说过，他都能从别人的表情或者所做的事情中看出"不"与其他话语的不同之处。因此，在平时妈妈也要尽量避免说"不"，让孩子少听到"不"，他自己也就不会总说它了。

那么，妈妈怎样减少说"不"的次数呢？可以多使用比较丰富的语言，比如"危险""烫"等。在表达反对意愿时，要多使用正面的语言，比如，孩子喜欢爬到高高的凳子上，一般情况下，妈妈喜欢说："不要站在凳子上。"这个时候，最好对孩子说："快点下来吧，站在上面会摔下来的。"这样一来，不仅没有说"不"，而且让孩子知道了站在凳子上可能会导致的结果——摔下来。

另外，妈妈千万不要一听到孩子说"不"，就认为孩子不听话，马上恼怒地加重语气，这样结果可能会适得其反。在和这个年龄段的孩子交往的过程中，可以用一些幽默的方式，比如，孩子就是不刷牙，可以把牙刷拟人化，假装正在寻找它的伙伴——孩子的牙齿呢。

故意说反话、唱反调是叛逆的表现

叛逆期案例

冬冬两岁多了，他是个非常顽皮的孩子。最近特别喜欢说反话，明明想吃东西偏说不吃，明明想和小朋友玩就说不要玩。妈妈让冬冬做一件事，他偏不做，总是和妈妈对着干。

在家里，有些事情明明是冬冬干的，他脱口就说是别人。有一次，冬冬不小心把一个玻璃杯给打碎了。妈妈听到声音走了过来，看到满地的碎片，妈妈生气地说："你又打碎杯子了！"冬冬却说："是妈妈。""不是妈妈，是你。"妈妈更生气了。可是，冬冬仍然说："是妈妈。""这孩子怎么这样！"看到妈妈生气的样子，冬冬似乎很高兴。

一天吃晚饭时，妈妈喊了冬冬好几次，可他仍然不舍得离开电视机，非要看完他正在看的动画片。于是，妈妈再三地催促他，可冬冬的回应一直都是："我不吃。"妈妈只好苦口婆心地劝告他："电视看得时间太长了，眼睛就看不见了。"冬冬却说："能看见。""再不吃，饭菜就凉了，吃了会肚子痛。""肚子不痛。"对于妈妈所说的所有的话，冬冬一直持反对的意见，赖在电视机前继续看。

见冬冬这样油盐不进，爸爸心头的火气越来越大，终于忍耐不住，走过去"啪"的一声关掉了电视，抓着冬冬的衣领把他拎到了餐桌上。冬冬又怕又气，拳打脚踢地反抗着，并且哭闹不休。就这样，一顿饭吃得大家都不得安宁，心烦不已。

唉，冬冬总是这样，喜欢和爸爸妈妈对着干，这么小脾气就这样倔，妈妈真不知道应该怎么办才好。

妈妈要懂的心理学：孩子说反话、唱反调，是进入反抗期的表现，妈妈可以利用"南风效应"

从两岁左右开始，随着孩子自由活动的能力大大增强，各方面"知识"的不断增多，孩子逐渐认识到了"自我"的存在，就变得不太听话了，喜欢与父母唱反调、对着干。在心理学上，称之为第一反抗期。针对这种情况，妈妈不必担心，换种角度来思考，这种情况恰好是孩子长大了的表现，内心有了自己的想法。所以，父母不要把问题归咎到孩子的身上，不能随便就给他扣上"不听话""任性"的帽子。

心理学上有一个南风效应，源自法国作家拉封丹写的一则寓言：南风和北风打赌，看谁能把路上行人的衣服脱掉。于是，北风使劲地刮，猛掀行人的衣服。为了抵御北风的侵袭，所有的行人都把衣服裹得紧紧的。而南风呢，它轻柔地吹，行人觉得很温暖，自觉地脱掉了衣服。南风效应告诉我们一个道理：温暖胜于严寒。在教育孩子时，妈妈不要采取强迫或打骂的粗暴方式，而要像南风一样实行"暖风长吹"的教育方法，尊重孩子，遇到问题多和孩子商量，理解孩子，多和孩子进行有效沟通，多用一些技巧，这样就能减少孩子总是和父母对着干的做法。

在孩子和父母唱反调时，许多父母就会感到心烦、焦虑，控制不住自己的情绪就会对孩子发火。其实，父母正确的态度应该平和冷静，只要不是原则性的问题，没有必要抓住不放，过一段时间，孩子会慢慢改正的。许多孩子是出于强烈的好奇心，对于这种情况，父母应该给予支持，不要过度保护或包办代替，要充分相信和肯定孩子的能力，尽量放手让他自己去解决困难。这样一来，孩子在体会成功和快乐的同时，也能减少和父母的抵触。有些孩子和父母对抗，是想吸引父母的注意力。这时，父母不用讲很多道理，也不必过于关注孩子的表现，可以给予必要的冷落，并坚持到他自己觉得无趣为止。当然，这一点需要所有的家庭成员保持一致的观点和做法。

叛逆期方法指导：

方法一：注意沟通技巧，缓解亲子冲突

表面上，孩子看起来是与父母作对，但其内心仍然需要感情支持和鼓励。因此，在父母说什么，孩子偏不干时，父母一定要注意和孩子的沟通技巧，不能一味地加以训斥，可以先顺着孩子的意思，然后再找准时机转弯。这样一来，亲子冲突就能得到有效的缓解。

欣欣今年3岁了，以前，妈妈怎么说，她就会怎么做。可是呢，近来妈妈发现欣欣变得喜欢拧着干，不管对错，让她往东她一定要往西。

一天早晨，欣欣起床后，妈妈把准备好的衣服给她放在床上，可她说不穿，非要自己选。然后，欣欣就把衣柜里的衣服全翻了出来，有些还扔在了地上。妈妈很生气，但根本制止不了。最终，欣欣挑选了一件白色的套头衫。可是，外面秋风飒飒，穿这件衣服出去玩太单薄了。于是，妈妈微笑着温柔地夸欣欣："宝贝，你真有眼光，这件衣服比我刚

145

才准备的好看多了。不过，如果外面再穿上这件马夹，就更好看了。"
说着，妈妈拿出一件橘黄色的马夹，让欣欣穿上。这一次，欣欣没有
反对，高兴地穿在了身上。然后，妈妈露出一副既遗憾又心疼的样子，
说："好多漂亮的衣服在地板上扔着，都弄脏了。我们两个人把它们捡
起来吧。"

见妈妈弯腰去捡衣服，欣欣也过来帮忙，把衣服一件件地捡起
来，还学着妈妈的样子叠好，虽然收拾得并不整齐，但她的做法很令
妈妈赞赏。

由此可见，孩子表现出强烈的"对着干"的行为，其根本原因是想独立。所
以，对于孩子的反抗行为，父母可以适当地加以抵制，同时在一定的范围内也要适
当给予孩子自由的机会，使孩子的独立性得到健康发展。

方法二：利用孩子的逆反心理，正话反说

当要求孩子去做某件事情，可他却故意和妈妈对着干时，妈妈可以利用孩
子的逆反心理，干脆"反其道而行之"，反着说出要他所做的那件事情。这个时
候，孩子可能就会按照妈妈的实际要求去做了，妈妈的目的也就达到了。

两岁多的媛媛现在最喜欢和妈妈说反话，对着干了。妈妈让媛媛喝
水，她就是不喝，妈妈不让她吃糖，她偏要吃……

星期天，妈妈要带媛媛去游乐园玩。可是，要出门了，无论妈妈怎
么哄，媛媛就是不穿鞋子。妈妈想了想，去游乐园是媛媛最高兴的事，
总是这样直接对她说，她肯定又会说不要。于是，妈妈反着对她说：
"哦，我知道了，你肯定是不想去游乐园了，不想出去的话，那就不用
穿鞋了。"听到妈妈的话，媛媛赶紧把鞋子拿过来，自己坐在小凳子上

穿了起来。

一天中午，要吃饭了，可媛媛仍然抱着自己的洋娃娃，就是不吃饭。妈妈喊了媛媛几次，但她都置之不理。见媛媛这种态度，妈妈只好说："媛媛不吃饭了，她碗里的这块鸡肉好香啊，我帮她吃了。"话音刚落，媛媛就扔下手中的洋娃娃，快步跑了过来，嚷嚷着要吃饭。

就这样，每当媛媛不配合妈妈时，妈妈就会和她反着说话，已经成功了好多次呢。

看来，正话反说法，挺有效果的。但是，这个方法适合年龄较小的孩子，不宜久用，当孩子哪一天明白了妈妈的"计谋"，这个方法就不管用了。

方法三：来点小幽默，让沉重的任务变得轻松、有趣

孩子说反话，和妈妈对着干时，有的妈妈就会简单地进行训斥甚至打骂。这种做法是极其不正确的，会把事情搞得更加糟糕。妈妈应该耐心地和孩子讲道理，可以来点小幽默，让气氛不再那么紧张，孩子也会感觉很新鲜，就能乐于接受妈妈的建议了。

如今的繁繁总是认为自己是个小大人，经常想干什么就干什么，妈妈让他去做一件事情，他偏不去做。

一天晚上，妈妈准备好了洗澡水，让繁繁进澡盆洗澡。但是呢，繁繁正拿着变形金刚玩在兴头上，不想去洗澡，这是繁繁一贯的作风。妈妈想起上次强行把繁繁抱进澡盆里，繁繁大哭大闹了一番，妈妈气得动手打了他，弄得一家人都火冒三丈。于是，妈妈这次改变了以前的态度和做法，开心地笑着对繁繁说："洗澡水倒好了，看看哪个小朋友的腿跑得快，能比妈妈还要早点跑到卫生间。""我！"刚说完，凡事都要

比一比的繁繁撒腿就跑进了卫生间。这时，繁繁才发现上了妈妈的当，他不想洗澡，转身就要往外跑。情急之下，妈妈拉住繁繁，赶紧对他说："儿子，你和变形金刚一起洗澡吧，看他能不能漂在澡盆里。"

和变形金刚一起洗澡是繁繁从来没有经历过的事情，这引起了他的好奇。在妈妈的帮助下，繁繁把衣服脱掉，坐进了澡盆里，和变形金刚一块开始洗澡。

用幽默的语言把沉重的任务变成轻松、有趣的游戏，孩子都会比较乐于接受，很快就能忘记他的反抗，乖乖地听妈妈的话。这个方法妈妈不妨试一试哦。

喜欢说脏话、坏话，他感觉很有趣

叛逆期案例

两岁半的恒恒刚上幼儿园没几个月，妈妈发现，从他嘴里时不时地就会冒出一两句脏话。刚开始时，妈妈很震惊，不知道恒恒是从哪儿学来的。

有一次，表姐来家里找恒恒玩。由于表姐长得胖乎乎的，恒恒也不喊"表姐"，直接就喊她"猪猪"。表姐的小脸刷地就红了，但内向害羞的她只能默默接受恒恒没礼貌并且带有讽刺性的称呼。恒恒和表姐一起玩赛车的游戏，他们一人手里拿着一个遥控小汽车，看谁的小汽车跑得快。表姐没怎么玩过遥控车，总是输给恒恒。每当表姐输了的时候，恒恒都会说："哎呀，你是个大笨猪。"

一天晚上，已经过了上床睡觉的时间了，恒恒还赖在沙发上看电视。爸爸走过来，对恒恒说："儿子，不要再看电视了，该去睡觉了。"谁知，恒恒张口就说："我就要看，你滚！"爸爸没想到这小子居然敢骂他，一把拉起恒恒的胳膊就往卧室里拖。恒恒又怕又气，他在爸爸的大手下挣扎着，嘴里还不断地哭喊着："大坏蛋，爸爸是大坏蛋！""你再说爸爸是坏蛋，我就打你了。"尽管爸爸这样说，但是恒恒仍然没有停止说脏话："你就是大坏蛋，大坏蛋……"

恒恒经常这样出口成"脏"，越不让他说脏话，他说得越起劲，即使教训一顿，也无济于事。对此，爸爸妈妈都无可奈何，不知道怎么办才好。

妈妈要懂的心理学：孩子说脏话是因为他感到好奇，家长要给他做出好的榜样

由于年龄小，孩子的模仿能力以及好奇心都比较强，偶尔听到别人说了一句脏话之后，并不清楚这句话的意思就跟着学会了，他并不知道这些话的含义，也没有意识到自己讲话不文明。假如听到他说脏话的人哄然大笑或者板起脸来训斥他，那么孩子肯定会认为那些话很好玩、很有趣或者能引起别人的注意，因此就会出现"越不让他说，他却越说得厉害"的情况。这时，父母应该采取一些有效的措施来制止孩子，使他健康成长。比如，可以给孩子讲道理，告诉他说脏话不仅是一种不文明的行为，而且是缺乏教养的表现。父母可以用简洁的话对孩子说："说脏话的孩子不是好孩子，妈妈会不喜欢，叔叔阿姨也会不喜欢。"不要认为孩子小不明白，他能理解和接受的。

心理学上有一个"安泰效应"：在古希腊神话中，有一个大力神，他的名字叫安泰。安泰力大无穷，无往不胜，所有的神都打不败他。原因只有一个，因为安泰只要靠在大地上，就能从大地母亲那里汲取无穷无尽的力量。他的对手发现了这个秘密，便诱使他离开地面，在空中杀死了他。这个心理学效应说明任何事物都不能失去它赖以生存和发展的环境，对孩子说脏话而言，只要孩子失去了说脏话的环境，那么他说脏话的问题就容易解决了。

孩子为什么说脏话？追根溯源，就是受到不良环境的影响。所以，父母可以采取环境隔离法，让他远离不良的语言环境，如此一来，杜绝了脏话的来源，切断了脏话的传播渠道，孩子也就不会再说脏话了。

叛逆期方法指导：

方法一：净化孩子的语言环境，让他听不到、学不到脏话

两三岁的孩子由于年龄小，辨别能力比较弱，总是分不清好坏就直接模仿他人。假如在孩子的生活环境中经常有人说脏话，那么孩子说脏话也就不足为奇了。所以，父母一定要净化孩子的语言环境，让他听不到、学不到脏话，从而不说脏话。

薇薇两岁了，最近一段时间，妈妈发现薇薇学会说脏话了，一个又一个不好听的词语竟然能够脱口而出。并且，越是训斥薇薇，她说脏话的次数就会越多。妈妈知道，这些脏话薇薇根本不会自创，都是从别人的口中学来的。对此，妈妈有意识地做了以下三件事情，来避免薇薇学到脏话。

爸爸在生气的时候偶尔会说几句脏话，妈妈想到薇薇所说的一些脏话就是从爸爸那里学来的。于是，妈妈找爸爸好好谈了谈，提醒他注意自己的言行举止，说话不要粗俗、满口脏字，以免给薇薇造成不良影响。爸爸也意识到了自己的错误行为，努力克制不让脏话从嘴里溜出来。

妈妈还关注和薇薇一起玩的小伙伴，如果有哪个小朋友喜欢骂人、说脏话，妈妈就有意地不让薇薇和他接触。假如哪个小朋友很懂礼貌，

语言文明，从来不说脏话，妈妈就会告诉薇薇要多和他一起玩。如此一来，薇薇学说脏话的机会大大地减少了。

看电视或者电影时，妈妈会有目的地筛选节目，只让薇薇看一些动画类、科普类以及少儿教育类的节目，从来不会让她接触到乱七八糟的节目，以免产生不良的影响。

就这样，薇薇听不到任何脏话，渐渐地，之前学会的几句脏话就慢慢地淡忘了。通过以上三种途径，妈妈有效地阻止了薇薇说脏话。

由此可见，父母要尽可能地切断孩子学说脏话的渠道，以减少孩子学说脏话的机会。这样的话，孩子就不会受周围环境的不良影响，染上说脏话的坏习惯了。

方法二：适当忽略，避免强化孩子说脏话的行为

孩子的好奇心强，偶尔听到别人说一句脏话，他并不知道这句话的意思就跟着学了。这时，父母一定不要故意引逗他或者对他大发雷霆。这样的话，孩子就会产生逆反心理，越不让他说，他说得越厉害。这时，父母可以适当地忽略，避免强化孩子说脏话的行为。

彬彬刚学会说话没多长时间，每次听他小嘴一张喊着"爷爷""奶奶""爸爸""妈妈"时，大家的心里可高兴了。然而，好景不长，很快地彬彬不知道从哪儿学来了几句脏话，他觉得很好玩、有趣，经常不分场合就口吐"脏"话。

一天上午，爸爸的一位好朋友来家里玩，彬彬很有礼貌地称呼他为"杨叔叔"。杨叔叔坐在沙发上和爸爸妈妈一起聊天，彬彬就在旁边玩，可能是某个玩具不听他使唤了，他一个劲儿地说："王八蛋，这个

王八蛋……"爸爸妈妈听到了觉得很尴尬，妈妈生气地对彬彬说："儿子，你在说什么呢，不许胡说。"不料，彬彬说得更起劲了，他不仅对着自己的玩具说脏话，还对着客厅里的桌子、电视、空调等都说脏话。爸爸不好意思地向杨叔叔解释："不好意思，这孩子，不知道从哪儿学来的，他自己都不清楚自己在说些什么。"还好杨叔叔表示理解："没关系，小孩子嘛，等他长大些懂了就不再说了。"

杨叔叔走后，妈妈平和地告诉彬彬："儿子，你知道吗？刚才你说的那句话是骂人的话，不好听，以后不要再说了。"彬彬却歪着小脖子，说："我就要说，就要说。""你下次再说脏话，我们就都不理你了。"说完，妈妈就去做自己的事情了。

过后，妈妈想出了一个好方法，她告诉家里的每一个人，以后彬彬说脏话时，所有的人都不要理会他。从那以后，只要听到彬彬说脏话，大家都会给他一个冷冰冰的面孔，对他所说的脏话充耳不闻、置之不理。时间一长，这种方法起到了作用，彬彬渐渐地忘记了学会的几句脏话，再也不说了。

所以，当孩子说脏话时，父母一定要记住：没有任何反应才是最好的反应。否则的话，就会使孩子产生一种错觉，认为这是一种能够引起别人注意的行为，因而他会一再地说脏话，而且越不让说越说。

方法三：教孩子文明用语，以此来代替脏话

在两到三岁孩子的自我意识中，说脏话是别人做的事情，并不包括他自己。这是因为孩子所说的脏话，只是在模仿，他只是觉得好玩有趣而已，并不明白这些话的真正含义。但是，这时的孩子已经有了初步分辨是非的能力，也能明白说这些脏话会引起大人们的批评。因此，父母千万不要从道德品质的角度来衡量这件事情，而应该积极地教导孩子说一些文明用语，让他知道在生气、不满时也要用正确和文明的语言来表达自己的情绪和想法。

当孩子说出脏话时，父母要及时用严厉的语气制止他，需要注意的是，一定要用礼貌性的词语，比如："请你不要再说这样的话""我不希望再次听到你说这样的话"等。如此一来，就可以给孩子一个心理上的反差，让他既明白父母的认真态度，也能感受得到即使不满和愤怒，也应当用文明的语言来表达。少了说脏话这一行为，相信孩子会在人生第一个叛逆期更加讨人喜欢。

孩子动不动就打人有多种原因

叛逆期案例

　　韵韵是个3岁的小女孩，所有的人都不敢惹她，因为她生气时打人，高兴时也打人，既打外面的小朋友，也打自己的爷爷奶奶，周围的人都被她打遍了。

　　一天上午，韵韵想出去玩。妈妈在忙一些事情，告诉她晚一会儿再出去。可韵韵不乐意了，伸手"啪啪"打在了妈妈的腿上。妈妈没有理她，继续做自己的事情。韵韵更是变本加厉地追着妈妈打，闹着非要让妈妈带她出去。妈妈生气了，抬起巴掌佯装要打她。可根本吓不住韵韵，她撅着嘴，挥舞着小手继续打，搞得妈妈什么事情都没法做。没办法，妈妈只好给韵韵穿衣服、鞋子，可穿着穿着，韵韵居然不耐烦了，抬起小手又打了妈妈的脑袋。妈妈训斥她："不可以打妈妈！"

　　来到楼下，有几个和韵韵差不多大的孩子在玩球。韵韵很高兴，快步跑过去，加入了他们的行列。可是球只有一个，大家都争相着抢。韵韵抢不过，她也会打旁边的小伙伴。韵韵好不容易把球抢在了手里，还没玩多大会儿，一个小女孩就又把球抢了回去。韵韵气得哭了起来，追着那个小女孩就打。妈妈看到后，赶紧拉住了韵韵，告诉她："不能打人，打人的孩子不是好孩子。"可是，韵韵根本不听，挣脱了妈妈的手，接着跑过去又打。

现在，无论妈妈怎么说韵韵，她都记不住，伸手打人似乎成了一种习惯，动不动就打。家里也没有喜欢打人的大人，真不知道韵韵是怎么学会的。妈妈为此很头疼，担心韵韵以后不能和别人友好相处。

妈妈要懂的心理学：孩子喜欢打人有多方面原因，妈妈要"对症下药"

两岁左右的孩子，尤其是男孩，打人是其常见的行为，也可以说是这个年龄段儿童的特点，是其社会化发展过程中一项必不可少的内容。其实，打人往往只是孩子表达情感的一种方式，比如，有些孩子生气了打人，高兴了也打人，有的孩子用打的方式和别人打招呼……这时的孩子还没有足够的判断能力了解他人的意图，总会简单地将自己感到不舒服的人当成对手来攻击。随着孩子年龄的增长以及心智的发展，只要妈妈加以正确引导，其攻击性行为就可以转化为成长过程中的力量，转化为坚毅、刚强等良好的品质。

孩子为什么会小小年纪就喜欢打人呢？这个问题困扰着许多的父母。其原因是多方面的：孩子的自我意识开始萌发，动手打人的意思是排除，凡是不合他意的，统统不要；语言表达能力弱，自己的想法和要求说不清楚，当别人违背了自己的意愿时，就会打；看电视、电影时，看到有打人的镜头，感觉很好玩，于是模仿；得不到别人足够的注意时，只好做一些比较强烈的"动作"——打，来吸引他人的关注。

那么，怎样才能改变孩子，让他不再有攻击性行为呢？首先，妈妈不要一味地纵容孩子，否则他会变本加厉地打人。其次，当孩子打人时，妈妈千万不能"以其人之道还治其人之身"，用打的方式来惩罚他。方法三：妈妈要注意自己的反应，应表现出一定的尊严，不能主动逗弄孩子发脾气。只要妈妈以积极的方式对孩子好的行为给予鼓励，强化他的良好行为，就能促进其向正面发展。时间长了，孩子就能明白自己打人的行为不被他人接受，自然会有所改变。

叛逆期方法指导：

方法一：在孩子被打时及时教育，让他了解到那样做会伤害别人

2~3岁这个年龄段的孩子根本不知道考虑别人的感受，他想不到打人会伤害到别人。因此，在孩子被别人打痛时，妈妈一定要抓住时机及时教育，让孩子从自己的亲身经历中体会到打人不好，了解到那样做会伤害到别人，这样他以后就会注意不再随便去打人了。

昊昊今年3岁了，现在他的口头禅就是"打你""我打你！"只要有哪件事情稍不合昊昊的心意，他就会伸出小手打人。

一天上午，昊昊渴了要喝水。妈妈正在收拾房间，赶紧洗了手帮昊昊倒水。由于晚了这几分钟，昊昊就不高兴了，往妈妈的腿上打了两下。妈妈严厉地对他说："不可以打人，你把妈妈打疼了。"昊昊并不以为然，端起杯子去喝水了。

没过多久，邻居家的健健来家里找昊昊玩，两个孩子在一起做游戏。不一会儿，妈妈听到了昊昊的哭声，就赶紧跑了过去。只见昊昊用手擦着眼泪，看到妈妈过来了，他就指着健健告状："他打我！"健健呢，拿着一把玩具枪，有些惊恐地站在旁边。原来，昊昊和健健都想玩

玩具枪，两个人就相互争抢。健健大一些，昊昊根本抢不过他，不甘心的昊昊就打了健健。健健也不愿意受昊昊的欺负，重重的一巴掌就打在了他的肩膀上。被打疼了，昊昊就哭了起来。

妈妈一边安慰一边教育昊昊，说："疼吗？是不是很疼？以后你不能随便打人，记住了没？"昊昊点了点头。然后，妈妈教他们一人玩一会儿玩具枪，一场"战争"就这样平息了，昊昊知道被人打会疼的，以后也很少再打人了。

打人的行为是不好的，妈妈必须尽早制止，尤其在孩子刚开始出现打人的苗头时，一定要以坚决的态度反对他打人。千万不要一笑了之或者置之不理，更不要表扬他又长了新的本领，否则的话会误导孩子。

方法二：教给孩子用正确的语言表达自己的想法，让他学会与他人交往

许多孩子年龄小，语言能力尚未发育完全，打人是用来与人交流的一种方式。这时，就需要妈妈多些正面的引导，教给孩子与人相处的方法，用正确的语言表达自己的想法。只要孩子学会了怎样与他人交往，他打人的行为就会逐渐减少。

以前，姗姗想要干什么时，很少直接说，只要违背了她的意愿，上来就会打，而且真的能把人打疼。对此，妈妈经常说她、教她。

星期天的上午，邻居家的孩子莉莉来家里和姗姗一起玩。姗姗很高兴，一会儿拿玩具，一会儿拿图书，玩得不亦乐乎。姗姗还推出自己的小自行车，在客厅里来回地骑，她要骑着小自行车进到房间里，可莉莉正站在门口看贴在门上的卡通图片。见莉莉站在那儿不动，姗姗不由分说，放下车子，走到莉莉面前就朝她的胳膊上使劲地打。莉莉不清楚是

怎么回事，依然站在那儿，委屈地向姗姗妈妈告状："阿姨，姗姗她打我，阿姨。"妈妈赶紧跑过来，看到姗姗仍然在打莉莉，就把她拉开了。

妈妈厉声批评了姗姗："不可以这样打姐姐，再打的话姐姐就不喜欢你，不和你一块玩了。"接着，妈妈问："你为什么打姐姐？""不让她在这里。"姗姗着急地说。这下，妈妈明白了，她对姗姗说："你应该对姐姐说'请让一让，你挡着我的路了。'知道了吗？不能打姐姐。"然后，妈妈让姗姗照她教的说给了莉莉听，莉莉这才明白了姗姗的意图，赶紧让开路，让姗姗把小自行车骑了进去。

在妈妈的教育下，姗姗知道了在什么情况下怎么说话，渐渐地，不再动不动就打人了，而是学会了先把心里的想法说出来。

2~3岁的孩子出现打人的行为是正常的，只要妈妈多些正面的引导，根据不同的情况来不同对待，就能很好地帮孩子改正乱打人的行为。另外，教给孩子用正确的方式来表达或发泄自己的想法和情绪，需要妈妈具体地进行指导，最好示范给孩子怎样说、怎样做。

方法三：少说教，多用动作制止

对于2~3岁的孩子，和他讲太多的道理是没有用的，也就是说，妈妈一天到晚只用嘴巴啰唆是不行的，最好的办法就是多防着点，在孩子出手之前最好就阻止他打人的动作。

当孩子出现打人的行为时，妈妈千万不要着急，要保持冷静。可以严肃地告诫他："不可以打人！"同时，立刻抓住打人的那只手，坚定地直视着他的眼睛，让孩子感觉到自己错了。然后，领着孩子一起向被打的人表示歉意和安慰，再让他主动承认错误，保证以后不再打人了。假如孩子反抗，妈妈可以采取进一步的约束法，即和孩子面对面，抓住他的手臂和肩，让他不能动弹，坚持一分钟之后松开。连续使用这种约束法，就能逐渐纠正孩子打人的不良行为。

另外，对于乱打人的孩子可以有一些惩罚措施，比如，短时间地剥夺孩子游戏的权利；将好吃的东西、好玩的玩具暂时没收，等等。让孩子认识到打人是不好的行为，大家都不喜欢。需要注意的是，妈妈要创造良好的家庭氛围，在孩子犯错误时，不要用简单、粗暴的方式和孩子交流。

孩子做事一般都缺乏耐心

叛逆期案例

莹莹今年两岁半了，她是个急脾气，做什么事情都没有耐心和长性，只有三分钟热度，还没做多长时间就跑开去做其他的事情了。

一天晚上，吃过晚饭后，莹莹要听故事，妈妈就拿出故事书讲给她听："很久很久以前，在一片茂密的大森林里⋯⋯"可是，妈妈刚讲了没几句，莹莹就不爱听了，她双手捂着耳朵使劲地摇着头，非要妈妈换一个。好，换一个。妈妈又开始讲了："在一个遥远的国度里，住着一个国王和王后⋯⋯"仍然是讲了几句，莹莹就不让妈妈再往下讲了，跑到一边去玩玩具了。

莹莹把积木拿出来玩，她想搭成个大高楼，可还没搭几层呢，积木就散落了下来。莹莹不高兴地把积木捡起来，搭了没几块，她就不愿意继续搭了，开始乱扔积木。这边积木还堆在地板上，莹莹又跑到那边去和洋娃娃玩了。妈妈一劝说她，她就不高兴，还哭鼻子。

妈妈现在很头疼莹莹做事没有耐心的问题，不知道应该怎样做才能让她把一件事情好好地做完，再去做另外一件事。

妈妈要懂的心理学：孩子做事没有耐心和年龄有关，妈妈要注意引导

像上述案例中莹莹一会儿做这一会儿做那的行为，几乎是每个妈妈都会遇到的问题。这是因为2~3岁的孩子对一些新鲜的事物喜欢亲自动手去探索、实践，但是在活动中却常常缺乏耐心，刚开始时跃跃欲试，劲头十足，可似乎只有几分钟的热情，随后便失去了耐心，于是放弃，不再继续做。这和孩子的注意力不集中有一定的关系，每个年龄段的孩子，注意力的长短都有所不同，在3岁左右，一般只能保持大约10分钟的注意力。如果孩子集中注意力的时间太短，说明孩子在做事情的过程中，被打断的次数比较多。

心理学上有一个半途效应，说的是人在激励发展过程中达到半途时，由于心理因素及环境因素的交互作用而导致目标行为中止。具体到孩子身上，就是事情做了没多长时间，想到其他事就放弃，遇到困难就停止。针对这种情况，妈妈可以利用日常生活中的一些小事情来引导孩子，逐步培养他耐心、认真做事的习惯，并形成良好的做事态度。

平时，孩子哭闹时，妈妈不要总是用转移注意力的方式去安抚他，否则容易影响孩子的注意力。在孩子专心致志地做某件事情时，要尽量避免干扰他，像玩具、食物、电视等容易分散孩子注意力的事物要远离他。当孩子对某些事物表现出浓厚的兴趣时，妈妈要适时引导、鼓励他坚持下去。久而久之，孩子就会变得有耐心。

叛逆期方法指导：

方法一：营造安静、简朴的环境，让孩子全神贯注地做事情

孩子的年龄小，稳定性差，注意力不集中，做事情时容易被新鲜、有趣的事物所吸引，这是2~3岁孩子的普遍特点。因此，父母要帮助孩子排除各种可能导致

他失去耐心的因素，让孩子全神贯注地做事情。

　　悦悦做事情没有耐心，经常是一会儿做这，一会儿又去做那了。为此，爸爸妈妈商量好，只要悦悦在做一件事情，哪怕只有几分钟，也不能随便地打断他。

　　一天晚上，悦悦一个人躲在卧室里，趴在桌子上，聚精会神地在看一本图画故事书。妈妈想问问悦悦吃饱了没有，可走过来一看，哟，小姑娘正看书呢，就赶紧走开了。过了一小会儿，爸爸倒了一杯果汁，想让悦悦喝，看到她正在看书，就转身出来把杯子放在茶几上，继续去做自己的事情了。

　　当悦悦从房间里走出来后，妈妈问她："宝贝，吃饱了没？""嗯。"悦悦点点头。"你刚才看的是什么？""不告诉你。"说完，悦悦就跑开了。爸爸重新端起杯子，对悦悦说："宝贝，过来喝点果汁。喝完果汁，肯定会告诉爸爸刚才看的是什么书。"悦悦咕嘟咕嘟喝了几口，喝完又跑开了。

　　看到悦悦在读书时能耐住性子，妈妈特意将家里所有的儿童图书都搬到了那张书桌上。像糖果、玩具之类的物品也被妈妈摆放在了比较远的地方，妈妈撕掉了书桌附近墙上过于花哨的贴画。只要悦悦能认认真真地看会儿书，妈妈连最爱看的电视剧也不看了。

在孩子专心做事情时，父母要注意自己的言行举止，最好与孩子形成良好的互动，也可以坐下来做些安静的事情，切忌随意地去打扰孩子。

方法二：明确具体的要求，促使孩子有始有终地做事情

在做某件事情之前，妈妈应当帮助孩子明确具体的要求和目的，因为妈妈不

可能强迫孩子去做什么，但可以让他知道为什么要做。激发孩子产生集中注意力去做完这件事情的愿望，如此一来，就能促使孩子有始有终地做事情。

　　昕昕做事情时，总是没有耐心，常常有始无终。比如说，妈妈让昕昕写字，可是他写几个就不写了，拿着本子前后地翻，不好好写。

　　有一次，昕昕在楼下的空地上看到一位老奶奶拿着铲子不知道在干些什么，他于是问妈妈。妈妈告诉他奶奶在种花，这引起了昕昕极大的兴趣，他拉着妈妈，也要在那儿"种"些什么。没办法，妈妈只好带着昕昕回家，翻找了半天，只找出一些花生种子，便拿出两三粒，让他去"种"。

　　妈妈用铲子挖了一个小坑，叫昕昕把花生种子放进去。之后，昕昕就忙着去看开得鲜艳的月季花了。妈妈把昕昕叫过来，让他帮忙把土填上。昕昕只好用笨拙的小手，一点一点地往坑里填土，还没完全填好，昕昕就跑到旁边的一棵小树下玩了。妈妈心想，还得再浇一些水，种子才能发芽。妈妈就对昕昕说："宝贝，我们先回家，弄一些水来浇种子，不然的话，种子就不会发芽了。""不要！"昕昕马上拒绝了妈妈。"你真的不去吗？那我回家了。"说完，妈妈转身就走。昕昕看到妈妈真的要走了，赶紧追了上去。回到家里，妈妈用昕昕当做玩具的小塑料桶，盛了一些水，让昕昕提着，和他一起再次下楼去浇水。

　　浇完水之后，妈妈告诉昕昕："现在呢，我要交给你一个任务。过不了多久，这颗种子就会长出绿色的叶子，你每天都要来看一次，如果看到它发芽了，就告诉我。"十几天过去了，一天下午，昕昕兴高采烈地跑回家里，对妈妈说："种子发芽了！"

在这个例子中，昕昕的妈妈做得就很好。需要注意的是，向孩子提出的目的和要求，妈妈一定要做到具体，必须有明确的指向性，不能过于笼统模糊。否则的话，孩子会感到无所适从，并不明白应当如何去做。

方法三：通过游戏，锻炼孩子的耐心

孩子的自我控制能力较弱，当有一些诱惑出现时，他们容易放下手中所做的事情。这时，妈妈可以通过一些游戏来锻炼孩子的耐心。

　　无论做什么事情，熙熙总是虎头蛇尾，刚开始时劲头很大，到后来就不行了。这不，妈妈教熙熙数数，但是还没教5分钟，熙熙就跑开玩玩具了。

　　这可怎么办呢？妈妈心想：不能单纯地为了让熙熙学会数数而教她，必须让她理解其中的含义才行。于是，上楼梯时，避免熙熙嫌累或者枯燥，妈妈就一边和她上楼梯一边数数。在等电梯的时候，看着上面正在变化着的数字，妈妈就一个一个地念给熙熙听。无论看到电话号码还是车牌号码，妈妈都会有意地念出来，听得多了，熙熙就越来越熟悉。过了没多久，聪明的熙熙看到数字就会读出来，再也不用妈妈费尽心机地去教了。

　　为了让熙熙能够长时间地做好一件事情，妈妈还发明了一个小游戏，叫做"交通指挥官"。就是让熙熙扮演交通警察，事先和她说好每班交通警察要站3分钟的岗，到时间之后才能换岗。从3分钟到5分钟，再到10分钟，熙熙坚持的时间越来越长。渐渐地，熙熙也能专注地去做一件事情了。

平时，妈妈要把多些精力放在孩子的身上，在孩子表现出要放弃当前的事情去选择新的活动时，妈妈应该及时地提醒，并提出明确的要求，让孩子集中注意力，把一件事情坚持做到底。

喜欢与大人对着干很正常

叛逆期案例

不知道为什么，尧尧越来越不听话了，妈妈说不可以的事情他偏要做。比如，告诉他不能吃太多凉的东西，会拉肚子，可他闹着就要吃。比如，阳台上种的花不让他摘，可他偏要过去揪下来几朵……这样的事情真的是太多了。

一天晚上，该吃晚饭了，妈妈让尧尧去洗手。然而，等了大半天，尧尧还在卫生间里没有出来。妈妈走过去一看，尧尧正拿着一只玩具小鸭子玩水呢。妈妈一边说着要吃饭不能再玩了，一边拿出毛巾给他擦手。可是尧尧不乐意，仍然抓着小鸭子不放，也不让妈妈给他擦手。可是再不吃饭菜就要凉了，最后，妈妈连哄带骗地把尧尧拉到了饭桌上。

开始吃饭了，尧尧面前是一碗蘑菇汤，他并不正儿八经地喝，一不小心，汤洒到了他的手上，还好汤已经不烫了，没有伤到他。这时，尧尧居然创造性地用手把汤往自己的脸上抹，他发现这样做很好玩，就又抹了几下。妈妈看到了，就训斥他，尧尧不仅不听还笑眯眯地继续肆无忌惮地抹。爸爸生气地批评了尧尧，以为这样他就会停止，没想到他反而更加变本加厉了，脸上、鼻子上、额头上抹得到处都是，劝也不行发火也没用。

唉！太令人苦恼了，尧尧每天都会这样捣乱，妈妈越不让他做的事情，他越喜欢做，有什么好的办法可以解决呢？

妈妈要懂的心理学：3岁孩子喜欢与大人对着干，妈妈要注意避免"飞去来器效应"

2~3岁是人生的第一个反抗期，这时的孩子想按照自己的意愿做事情，想探索周围的世界，发现和施展自己的能力。无论做什么，孩子总是否定大人的要求，几乎每个孩子都会经历这么一段时期，这很正常。妈妈不要误以为孩子这样做是在挑战父母的权威，而是因为他的自我意识正在发展，试图用反抗来证明自我。一方面，孩子是想引起他人的关注。另一方面，就是妈妈越是强调这件事情不可以去做，孩子就越是控制不住自己想去做。所以，妈妈不要一味地埋怨孩子不听话，而应该去理解他、尊重他，加以巧妙地引导，事情才会顺利解决。

社会心理学上有一个"飞去来器效应"，说的是行为反应的结果与预期的目标完全相反，这就像澳洲土著人使用的一种抛出去又会重新回来的飞去来器一样。在教育心理学方面，这个理论同样适用。比如，妈妈本来不希望孩子做某些事情，但批评和阻止的结果却是越不让做孩子越喜欢做。因此，教育孩子时，妈妈一定要注意不要总是想方设法阻止他的行为，以尽量避免此效应的发生。

孩子的运动能力在逐渐发展，他渴望扩大自己的活动空间，因此不断地去独立尝试新事物。这时，妈妈出于各方面考虑，就会监视着孩子，并且对他的"不当"行为加以阻拦和限制，殊不知这样做只会激发孩子更强的好奇心，一旦有机会他就会再去尝试。因此，在孩子最初要自己做些什么的时候，尤其是在他的能力范围内可以解决的事情，不妨满足他的合理要求，在必要的时候给予指导就可以了。这样做会使孩子获得愉悦感和成就感，也能避免逆反行为的产生。

当然，为了安全起见，妈妈可以为孩子提供其他的物品来替代危险的东西，在确保孩子远离危险品的情况下给他充分的自主探索空间，同时，也要给他设立一定的规则，对他的探索行为进行一定的限制。

叛逆期方法指导：

方法一：满足孩子的要求，让他尽情探索

2~3岁的孩子拥有丰富的想象力以及强烈的好奇心，坚持自己做事情是他急于探索事物的表现。对此，妈妈尽量不要经常阻止孩子的探索行为，可以在保证安全的前提下，适当地满足孩子的要求，鼓励他尽情探索。

楚楚今年3岁了，看到妈妈做什么，她也要跟着一起做。有些事情楚楚可以做，但是有些事情她根本不会做，也带有一定的危险性，妈妈不让她做，可她吵着非要做。

一天中午，妈妈正在厨房里做饭。楚楚也走了进来，看到妈妈正在切菜，她就拽着妈妈的衣角，说："我也要切菜。"妈妈告诉楚楚："你太小，还不会切菜，等你长大了，再帮妈妈。""不嘛，不嘛，我要切菜。"楚楚仍然不依不饶地请求。这可怎么办呢？妈妈想到了前段时间切生日蛋糕时用的塑料小刀还没丢掉，便找出来，又递给楚楚几片菜叶，让她在旁边的桌子上随便切。

妈妈一边做饭，一边和楚楚聊天："宝贝，你想做什么菜？"楚楚头也不抬地说："好吃的。""除了切菜，还得干些什么才能做成好吃的？"妈妈接着问楚楚。楚楚想了想，说："放点盐。""哦，楚楚真聪明，都知道往菜里加入调味料了。"

不一会儿，楚楚放下手中的刀，自言自语地说："切好了。"之后，她就跑到外面去玩了。几次过后，楚楚对切菜失去了兴趣，再也不嚷嚷着要妈妈手里的菜刀了。

案例中妈妈的做法既在安全的范围内满足了孩子的探索需求，也扩大了他想象的空间，启发了孩子的创造性思维。需要注意的是，妈妈一定不要用成人的标准来衡量孩子的所作所为，尽量别用禁止性的或者否定性的语言，避免孩子丧失自信。

方法二：让孩子亲身去体验一下接触某些危险物品的结果

许多妈妈都会明令禁止孩子做一些事情：电源插座不能玩，窗台不能爬，厨房的煤气不能动……可是，有许多潜在的危险孩子根本不知道，他并不明白这些事情为什么不能做，好奇心会驱使他非要去试试不可。这时，妈妈不妨让孩子去体验一下接触某些危险物品的结果，有了亲身感受，孩子就不会再轻易地去碰触不让他动的物品了。

霖霖是个活泼调皮的小家伙，他越来越不让妈妈省心了，家里的一些东西，比如插座、暖水瓶等，妈妈不让他动，可他总会趁妈妈不注意的时候拿过来玩一玩。

一天中午，霖霖在客厅里玩，他在桌子的抽屉里发现了一只打火机，就拿在手里把玩。只听见"啪"的一声，霖霖将打火机打着了，他看到一闪一闪的火光很兴奋，一直摁着打火机的开关不松手。妈妈看到后，赶紧将火吹灭了，并且一把将打火机夺了过来。霖霖哭着闹着非要妈妈手里的打火机。妈妈把打火机放到高处，告诉霖霖："打火机是很危险的，小孩子不能玩。"可霖霖根本不听，一个劲儿地缠着妈妈要打火机。

怎么办呢？妈妈倒了一杯开水，拉着霖霖的手让开水的热气轻轻地嘘了一下。"烫不烫？"妈妈问霖霖。霖霖摸着自己的手指，点了点头。妈妈继续对霖霖说："你玩打火机，万一被烧着了，比这还烫，会特别疼。"

这下，霖霖再也不敢随便地就把打火机给打着了。

由此可见，妈妈在给孩子提供安全的生活环境的同时，还要灌输给他"危险"的概念，让孩子亲身去体验这种方法能够给他留下深刻的印象，就能减少孩子接触危险物品的概率，也能减少他的逆反行为。

方法三：正确引导，让孩子知道为什么不能那样做

不让孩子做的事情，他却偏要做，这时妈妈就别再硬性要求了，一味干涉的后果只能引起孩子更加强烈的反抗。妈妈可以根据孩子的性格特点来进行正确引导，和他讲清楚为什么不让他那样做，一般情况下，孩子会服从的。

3岁多的贝贝也到了令妈妈头疼的逆反期，越不让她去干什么，她偏偏喜欢去做，每次都会牵动着妈妈的神经，却总也制止不了。

星期天，妈妈带着贝贝去超市购物。来到超市里，贝贝很高兴，她看到妈妈去推购物车，非要抢着自己推。妈妈对贝贝说："咱们两个一起推。""不要，不要妈妈。"贝贝一边说，一边打妈妈的手，不让妈妈碰购物车。这些购物车一推就走，真是太好玩了！只见贝贝推着车子横冲直撞，而且跑得特别快，有好几次都差点撞到别人的身上。超市是

公共场所，不能任由着贝贝的性子乱来。妈妈拉住了车子，告诉贝贝："你看，超市里的人这么多，你推着车子很容易撞到别人，那样的话，人家会不高兴的，就不喜欢你了。"贝贝撅着小嘴，并不说话。妈妈继续对她说："你看一看，超市里其他的小朋友有的坐在购物车里，有的跟在妈妈的身旁，没有一个是自己推着车子的。"

贝贝的小手仍然紧握着把手，不肯松开。妈妈只好接着和她商量："这样好不好？下次妈妈从商店给你买一辆小推车，让你在家里推个够。"这下，贝贝答应了，把购物车还给了妈妈。

案例中妈妈的做法既没有打击贝贝自己学习做事的积极性，还利用了她喜欢模仿的心理，暂时转移了她的注意力，并没有引起她的反叛行为。反之，这种情况下，如果妈妈简单呵斥、阻止孩子，那么不仅起不到好的效果，反而会惹得孩子大哭大闹，这样会更下不了台。

4

第四章

因势利导，悉心挖掘孩子的固有潜能

见什么模仿什么是孩子在学习

叛逆期案例

雯雯今年3岁了，见什么学什么，酷爱模仿别人的一举一动，一个动作，一句话，甚至一个喷嚏，她看到或者听到了也要学一学。

一天上午，妈妈带雯雯去商场购物。来到了商场，雯雯一眼就看见了一条粉色的儿童裙，嚷嚷着要妈妈给她买下来。雯雯已经有好几条裙子了，根本不需要再买一条，妈妈试图转移她的注意力，让她忘记裙子。可是，没想到，雯雯一直闹着要那条裙子。妈妈问她："为什么非要买那条呢？你不是有好几条很漂亮的小裙裙吗？"雯雯却不以为然，她告诉妈妈："那和丽丽的裙子一样，我也要。"雯雯口中的丽丽是她的同桌，只是因为丽丽穿着同样的一条粉色裙子，雯雯才非要不可。对此妈妈相当无奈。

有一次，妈妈带雯雯去超市买东西，妈妈拿什么她也拿什么。妈妈不让雯雯拿，她却像玩游戏一样，乐此不疲。没办法，妈妈只好将购物车里多余的东西拿出来重新放回货架上。哪料，雯雯居然也学着妈妈的样子，将同样的东西拿出来往货架上面放。妈妈一边整理购物车里的物品一边训斥雯雯："这孩子，别捣乱！"雯雯哪里能将这些话听进耳朵里呢，仍然是妈妈做什么她也跟着做什么。

雯雯的这种行为令妈妈既着急又担忧，她害怕雯雯见什么学什么，把不好的都学会了，也怕别人怎么样她也怎么样，长大以后会人云亦云没有主见。

妈妈要懂的心理学：模仿是孩子最基本的学习手段，妈妈要因势利导

2~3岁的孩子不仅处于人生的第一个叛逆期，而且正处在喜欢模仿的阶段。周围的人在不经意间的一个动作、一句话，甚至一个眼神，他都能模仿得惟妙惟肖。由于分辨对错的能力尚弱，在孩子的潜意识里，他并不懂得如何追求真善美，他只是简单地因为好奇而进行模仿。这时，父母应该正确地引导孩子，切不可简单粗暴地批评和阻止，不然的话只会增加孩子的好奇心和逆反心理。

从心理学上来讲，模仿是每个人都具有的一种心理机制，或者说是一种本能。在日常生活当中，每个人都有过模仿行为，即有意或无意地效仿和再现与他人类似的行为。可以这样说，"模仿效应"在教育中非常重要，它是最基本的学习手段，也是我们人类创造发明的基础。事实上，孩子在婴儿时期就表现出了爱模仿的天性，比如孩子的咿呀学语，就是对成人语言的模仿。孩子刚生下来就像一张白纸，之所以学会了各种各样的本领、思想以及行为方式，很大程度上都要归功于模仿。由此可见，养育孩子，就应该从培养他的模仿能力做起。

通过模仿，孩子不仅能够学会各种技能，更好地了解这个世界，获得许多认知经验，还可以在模仿的过程中获得许多愉悦的情绪感受。因此，对于孩子来说，模仿有着深远的意义，父母应该想尽办法，让模仿发挥最好的效用。

叛逆期方法指导：

方法一：利用模仿，增强孩子的各种技能

绝大多数的孩子从两岁开始就会对成年人如何使用物品产生浓厚的兴趣，这时，父母不要认为孩子是在添乱，利用这些模仿，孩子完全可以通过学习来熟悉、掌握一些以前不会的新东西。因此，父母一定要将这些机会进行有效地利用，以增强孩子的各种生活技能。

硕硕今年两岁半了，他现在最爱干的事情就是跟在大人的屁股后面，大人干什么他也学着干什么。每当这时，妈妈都会特烦地说他："你别老学我，真烦人。"然而，妈妈越不让硕硕学，他越学得带劲。

妈妈有事情给爸爸打电话时，硕硕也在一旁用小手摁电话机上的键。妈妈赶紧制止他："你别乱动，号码拨错了的话就不能和爸爸说话了。"说着，妈妈将硕硕的小手拿开了。电话拨通了，硕硕也用稚嫩的声音大喊："爸爸，爸爸……"妈妈就让硕硕和爸爸说话。在很长的一段时间里，硕硕对电话机和话筒产生了兴趣，时不时地摁摁键，说要给爸爸打电话。开始时妈妈不让硕硕碰，可越不让他碰，他越是想方设法地摁摁。妈妈就趁这时教给硕硕0~9这些数字，还告诉他只要拨出相应的号码就能和"里面的人"进行通话。

一天晚上，早已过了下班的时间，可是爸爸还没回家，妈妈可着急了。硕硕拉着妈妈指指电话机，妈妈明白了："儿子，你是要给爸爸打电话吗？"硕硕点点头。来到电话机旁，妈妈给硕硕念爸爸的电话号码，并指导硕硕用小手一个数字一个数字地摁。电话通了，那头传来爸爸的声音："儿子，爸爸加了会儿班，现在正在回家的路上呢，马上就到家了。你乖乖地，和妈妈等爸爸回来……"

当孩子模仿成人的行为时，父母千万不要嫌他碍事。正确的做法应该是在孩子想要模仿时尽量教给他如何去做。当然，前提是一定要注意安全。

方法二：注意自己的言行举止，给孩子树立一个良好的模仿榜样

俗话说："什么样的大人，什么样的孩子。"孩子出生以后，首先接触到的人就是父母及其家庭成员，孩子最初的行为习惯几乎都是模仿家长而形成的。父母是孩子的第一任老师，在孩子的成长过程中，父母起着全方位、立体化的示范作用。父母的一言一行，犹如一本没有文字的教科书，对孩子起着潜移默化的影响作用，尤其是正处在模仿期的孩子，更是如此。所以，父母在日常生活当中一定要注意自己的言行举止，给孩子树立一个良好的模仿榜样。

孩子的年龄还小，他的思维方式以具体形象思维为主，难以理解抽象的概念。榜样与示范可以让孩子有形可循，有样可学。因此，在教育孩子的时候，父母与其让孩子记住规则，不如注重身教，让孩子进行模仿。否则的话，单凭空口说教不仅收不到预期效果，有时还会使孩子产生逆反心理——你让他往东，他偏向西，对父母的话产生反感。比如，电视上曾经播出过这样一则公益广告：一位贤惠的儿媳，十分孝顺地为婆婆洗脚。这一切全被年幼的儿子看在眼里，他也效仿妈妈的样子，为妈妈打来了洗脚水。这位妈妈的行为就为儿子上了一堂生动的家庭教育课。

方法三：为孩子把关，让他有选择性地模仿

孩子喜欢模仿，往往与好奇心有关，看见别人做什么，自己也做什么。但是，孩子的是非观念模糊，对别人语言和行为的模仿并没有选择性。所以，父母要为孩子把关，引导孩子在模仿中学习正确的东西，摒弃错误的东西，不让孩子的模仿带来负面影响。

　　3岁半的菲菲是个爱美的孩子，她看见别人玩什么，自己也玩什么，看见别人有什么，自己就想要什么。

　　一天下午，妈妈接菲菲从幼儿园回家。菲菲告诉妈妈："我们幼儿园的小朋友丽丽，她姑姑给她买了一个好漂亮的书包。妈妈，我也想要，你给我买一个吧。"妈妈看看菲菲，说："宝贝，你现在用的这个书包也很漂亮，何况是新买的，不能再买另一个。""嗯，不嘛，我就要和丽丽一样的书包，那上面还有蝴蝶结呢。丽丽有，我也要买。"菲菲仍然在狡辩。妈妈问菲菲："那么，除了丽丽，其他的小朋友有那样的书包吗？""没有。"于是，妈妈理直气壮地对菲菲说："既然有更多的小朋友没有那样的书包，只有丽丽一个人有，你不一定也得有。"就这样，妈妈没有做出妥协，拒绝了菲菲的借口。

　　渐渐地，菲菲不再因为别人有的自己也想要了。因为她知道，即使自己非常想要，有时候妈妈也不会给她买的。

案例中的菲菲似乎很聪明地掌握了妈妈的心理弱点：不愿意孩子被别人瞧不起，别的孩子有的东西自己的孩子也应该有。而妈妈也更理智：对于孩子没有意义的虚荣心，不能助长，一定要将其扼杀在摇篮之中。当然，要避免孩子这种错误的模仿行为，父母首先不能有虚荣心，不要与他人互相攀比。

求知欲强的孩子对什么都好奇

叛逆期案例

瑶瑶现在两岁零4个月了，对什么东西她都感到特别好奇，总是喜欢东摸摸、西碰碰，出于各种因素的考虑，妈妈经常严肃地告诉她：这个不能碰，那个不能摸。尽管这样，但依然阻止不了瑶瑶。

爸爸新买了一套茶具，玻璃的，很精美。瑶瑶看到了，时不时地跑过去，趴在茶几上摆弄。爸爸担心瑶瑶会把茶具给摔坏，就不让她碰。于是，爸爸把包装盒拿来给瑶瑶玩，可是，瑶瑶玩了没一会儿，就对图画失去了兴趣，又去拿真的茶具了。爸爸看到了，把茶具放得高高的。瑶瑶非要用杯子喝水，爸爸就拿出一个杯子，给她倒上水，把其余的都放了起来。只见瑶瑶围着杯子从上面看了再从侧面看，还时不时地去抠抠上面的图案。

妈妈的梳妆台上有好多的瓶瓶罐罐，那些都是什么呢？妈妈每天上班前都会从瓶子里挤出些白白的东西往脸上涂抹，抹完之后，妈妈就更漂亮了。嗯，我要去看看。中午，趁妈妈在厨房忙碌的机会，瑶瑶偷偷地溜进了妈妈的房间。打开一瓶又一瓶的化妆品：哇！好香。怎么把里面的东西弄出来呢？瑶瑶又挤又倒，终于出来了，赶紧往脸上抹抹。这瓶抹点，还有那瓶，也要来点。手上的化妆品太多了，怎么办呢？衣服上，桌子上，哪儿能抹就往哪儿抹吧。"啪"的一声，坏了，妈妈的一个瓶子被瑶瑶碰倒了。赶紧扶起来，已经洒在桌子上好多。

等妈妈再次走进卧室时，看到瑶瑶已经变成了一个"小花猫"，化妆品也都被她抹得到处都是。

妈妈要懂的心理学：孩子天生对新事物感到好奇，妈妈不能压制他们

对于孩子来说，世界上所有的事物都是新鲜的、奇妙的，看到什么，他就会问无数个为什么，就想去看一看、摸一摸、玩一玩，甚至去拆、去搞破坏，非得弄个水落石出不可。所有的这一切，其实都是孩子好奇心的具体表现，也是他学习的最好方式。好奇心是孩子观察世界、了解世界、懂得世界的媒介，是孩子智力、思维、心理发育的催化剂。假如妈妈总是严厉禁止，虽然可以避免很多麻烦，但是肯定会压制孩子的好奇心，扼杀孩子因好奇而萌发的创造力与探究事物的能力。孩子可能会因此变得退缩，不敢主动地去探索，其心智及各方面能力的发展也会受到影响。所以，妈妈要爱护孩子的好奇心，并有意识地进行引导，不能轻易地伤害和压制它。

美国有一位艺术家摩西奶奶，她直到暮年才发现自己拥有惊人的艺术才能，于是75岁开始学画画，80岁举办了首次个人画展。这个大器晚成的例子，在心理学上被称为"摩西奶奶效应"。"摩西奶奶效应"告诉我们，一个人的潜能如果不去挖掘，就会自行泯灭。2~3岁的孩子正有着无限的潜能需要发掘，这个阶段的孩子对什么都感到好奇，这说明他们有强烈的求知欲。妈妈一定要正视孩子的这种好奇心，培养孩子广泛的兴趣，从而让孩子充分发挥自己的潜能。

孩子的学习是触摸式的学习，通过感官的刺激来认识世界。对于孩子的好奇心，妈妈一定要充分满足，让他多接触令他感到好奇的东西，给他讲，让他看，允许他摸。通过这些活动，孩子就能认识到各种事物之间的关系，逐渐就能学到许多东西了。也正是孩子的好奇心以及求知的强烈愿望，促使着孩子积极地面对每一天。

叛逆期方法指导：

方法一：不以成人的思维束缚孩子，做个和他一样好奇的妈妈

假如妈妈对孩子的好奇心不以为然、冷漠置之，甚至数落他："那有什么稀奇的！"那么孩子的好奇心必定会在无形中受到压制。因此，妈妈不妨在孩子面前做个童心未泯的大孩子，认真对待孩子的好奇心，不以成人的思维方式来要求孩子、束缚孩子，做个和他一样好奇的妈妈。

煊煊可喜欢在外面玩了，他喜欢跑过来跑过去地追着蜻蜓看它飞到哪儿去，喜欢吹散蒲公英让白色的小绒毛在风中飘舞……所有的一切对煊煊来说都十分奇妙。

这天，妈妈和煊煊一起，带着一些食物和水，来到了公园里。煊煊看各种花草树木，还看了湖里的小鱼儿在水里自由自在地游来游去。煊煊有点饿，妈妈就拿出饼干给他吃。吃着吃着，煊煊不小心将半块饼干掉在了地上。过了一会儿，妈妈指着旁边的地面，告诉煊煊饼干的香味引来了一群蚂蚁，它们来吃地上的饼干了。

煊煊和妈妈蹲下来，看到一只只蚂蚁一点一点地搬走了饼干屑。几只蚂蚁在前，另几只蚂蚁在后，轻而易举地搬走了一块大一点的饼干。

它们排着长长的队伍，有条不紊地往前爬，爬啊爬，一直爬到几米外的一个小洞里。哦，原来，蚂蚁的家在这儿呢，有好多的蚂蚁从这个洞里进进出出，搬运着饼干。

可是那块大一点的饼干呢，由于洞口太小，根本运不进去。看到这儿，煊煊找到一个小木棍，想帮蚂蚁把洞口捅大点。妈妈立刻制止了他："蚂蚁很聪明，它们能把大块的饼干分成一小块一小块的，然后每个蚂蚁搬上一小块，这样就能轻松地把饼干运进洞里了。"

煊煊趴在地上看啊看，他觉得这些蚂蚁很有趣，它们简直太能干了。

由于孩子的认知能力十分有限，当他对某种事物产生兴趣的时候，常常会产生很多奇怪的想法或者问到许多奇怪的问题，并会坚持不懈地打破沙锅问到底。面对孩子的好奇心，妈妈一定要尽量给予他科学、合理的答案，而不是敷衍或漠视。

方法二：不限制，满足孩子的好奇心

在孩子对一些事物产生了兴趣时，妈妈不必担心他损坏东西而进行限制，而应该提供机会和条件，教给他操作的方法，满足孩子的好奇心。而且，还有可能激发孩子深层次的好奇心，提高他探索事物的能力。

宁宁是个好奇心很强的孩子，拿着电视遥控器她就会纳闷，为什么一按键就能调换节目，看到沙发后面的拉链，她也会拉开看看里面都有什么。

一天中午，妈妈在厨房里忙碌着做饭。稍不注意，宁宁就溜进了厨房里。看到妈妈在洗西红柿，宁宁也要帮忙洗。妈妈表扬了宁宁："好孩子，你想帮妈妈的忙真是太懂事了。"接着，妈妈对她说："你太小，还不会洗呢，等你长大了，再帮妈妈吧。""不嘛，不嘛……"宁宁的小手仍然抓着西红柿不放。于是，妈妈接了一盆水，把西红柿放在里面，将盆子放在一张低矮的桌子上，让宁宁在那儿洗。

洗好了，不错，很干净。妈妈再次夸奖了宁宁，出于安全的考虑，就让她去客厅玩了。不一会儿，饭菜做好了，看着自己洗的西红柿被妈妈切成块，做成了西红柿炒鸡蛋，宁宁吃起来可带劲了，她感觉这味道，比以前的要香。

在上述案例中，妈妈没有全力阻止宁宁，而是安排她做了一些力所能及的事情，在这一过程中，宁宁了解了西红柿的特性，也观察到其生熟前后的变化等等。妈妈这样做，既可满足孩子的好奇心，也给了她锻炼的机会，有助于孩子更好地积累生活经验。

方法三：因势利导，让孩子在好奇的基础上学到知识

孩子的好奇心重，喜欢玩玩这碰碰那，妈妈应该因势利导，肯定、支持、激发、鼓励孩子的好奇心，千万不要阻碍或压制它。可以采取一些方法帮助孩子动手体验，让他在好奇心的驱使下找到答案，学到知识。

乐乐是个活泼好动的小男孩，最近这几天，他迷上了敲敲打打，总是喜欢拿着一个小木棍敲敲桌子，敲敲花盆，甚至敲敲窗户上的玻璃。

有一次，乐乐的木棍居然敲在了饭碗上，当听到清脆的声响后，他呵呵地笑了起来。"小心一点，别用太大的劲。"妈妈提醒乐乐，以防他把碗打碎。敲了几下碗，乐乐又敲旁边的盘子、盆子。看到乐乐那么高兴，妈妈对他说："宝贝，你听，用木棍敲在碗上和盆子上产生的声音不一样，是不是？""嗯。"乐乐点点头。"你用这根塑料管分

别敲敲它们，听一听是不是也不一样。"妈妈递给乐乐一根短短的塑料空心管。乐乐依次敲了个遍，"咦？"他发现，用塑料管敲出的声音也不一样。"现在呢，你用木棍和塑料管敲这个盆子，听听声音一样不一样。"乐乐就用木棍敲了一下盆子，又用塑料管敲了一下，发出的声音果然也不一样。

过了一会儿，蒙上乐乐的眼睛，妈妈敲敲打打，让他猜猜妈妈敲打的是什么。这下，乐乐知道了，不同材料的棍棒敲打在同一个物品上，产生的声音是不一样的，相同材料的棍棒敲打在不同的物品上，产生的声音也不一样。

好奇心常常会使孩子做出一些意想不到的事情，甚至有时候会闯出祸来，但也正是好奇心使孩子眼中的世界变得更加丰富多彩，更有朝气。只要妈妈引导得好，一定能让孩子在好奇的基础上探索出更多事物的奥秘。

孩子喜欢探索、尝试要鼓励他

叛逆期案例

如今，翰翰实在是太淘了，不是把小汽车给拆开玩里面的零件，就是把妈妈刚栽进花盆里的花连根拔起。这令妈妈十分头疼，不过翰翰确实比同龄的孩子显得聪明一些，他的探索兴趣很浓。

这不，翰翰又对冰箱产生了极大的兴趣，先是玩了几天冰箱上的贴画，最终又把贴画全揭了下来。当翰翰发现冰箱能把喝的水变成冰块时，在他的眼中冰箱更加神奇了。现在正值炎热的夏天，翰翰更加喜欢鼓捣冰箱了，他用力地把冰箱门打开，再使劲一关，让冰箱发出"嘭"的响声，一股冷气扑面而来。翰翰经常玩这个"开关冰箱门"的游戏，感觉那声响很刺激，冷气很舒服。翰翰还会把手伸进冰箱里玩冰，妈妈看到后，总会厉声地制止他。

翰翰知道，放在冰箱里的冰激凌仍然是冻着的，不会融化。那么为什么冰箱能把东西冻住呢？这个问题一直在翰翰的脑海里游荡，并且，他特别想知道答案。有一次，趁着妈妈在隔壁的房间里打扫卫生，翰翰瞅准时机，对冰箱进行了彻底的大改变。翰翰将冰箱里所有的食物全部拿了出来，转而将自己的小汽车、大货车、挖掘机、小坦克、大飞机、变形金刚等玩具全都放了进去。放眼望去，冰箱俨然成了一个玩具陈列柜。

正在翰翰扬扬得意地欣赏自己的"杰作"时，妈妈走进了厨房。妈妈看到了冰箱的模样，又看到已经化了的冰块，已经蔫了的新鲜蔬菜。惊呼之余，妈妈把所有的玩具都拿了出来，并告诫翰翰再也不能随便动冰箱了。

妈妈要懂的心理学：探索是孩子的天性，妈妈要注意引导和保护

2~3岁的孩子已经有了少许的生活经验，这时他对事物的认识已经进入到了另一个层次，他开始尝试用自己的方式来探索周围的世界。有些妈妈呢，特别喜欢把孩子圈在怀抱里，不放心他去独立探索，即便允许孩子去探索了，妈妈也会千叮咛万嘱咐，生怕孩子磕着碰着，甚至三下五除二，帮孩子做完了事。其实，正是妈妈这种强烈的"保护"意识，阻碍了孩子认识能力的发展。因此，妈妈在给予孩子很多关爱的同时，也不要忽视给孩子足够的空间，让他勇于尝试，积极进行探索。

贝尔纳是英国著名的科学天才，他总是喜欢抛出一种思想，自己先涉足一番，但是总是坚持不下来，最后却把创造出成果的机会留给了他人。如果贝尔纳深入研究自己提出的任何一个问题，都有可能获得诺贝尔奖。然而，贝尔纳终其一生都在为他人作嫁衣，自己却未能获得诺贝尔奖。这种行为被称为"贝尔纳效应"，它告诉父母：在孩子要尝试自己去探索事物时，一定不要担心孩子做不好，就替孩子做，或者阻止孩子去做，这会抹杀孩子的创造力。当然，在很多时候，孩子需要父母的帮助才能顺利地探索下去。这种情况下，父母要耐心地给孩子提供必要的帮助，但是一定要让他独立完成。父母所起的作用之一就是"脚手

架"，协助孩子完成他的探索。

培养孩子的探索能力，最好的办法就是让他通过亲身实践和亲身体验得到直接的经验。因为和机械记忆产生的经验相比，孩子对直接经验的印象比较深刻，也更容易掌握，且这种经验能轻松转化为个人能力的一部分。

叛逆期方法指导：

方法一：给孩子足够的自由，让他去探索世界

孩子渴望通过自己的方式去探索、尝试，去了解这个世界。所以，妈妈要给孩子足够的自由，不阻止他探索的本能，让他按照自己的步伐去探索奥秘，这才能给他带来真正的快乐，让他学到更多东西。

雨过天晴，外面的景色比下雨前要漂亮多了。妈妈看到天气这么好，就带着阳阳下楼去呼吸新鲜的空气。

路边的低洼处积满了雨水，趁妈妈不注意，阳阳快速地一脚踩入水中，一朵朵水花随之散播开来，溅到了阳阳和妈妈的衣服上。"水这么脏，不能踩！"对于妈妈的警告，阳阳充耳不闻，她跑着往另一片积水处踩去，四处飞溅的水花引得她"咯咯"直笑。见阳阳玩得这么开心，妈妈心想：最坏只不过弄脏衣服，就让她高兴地玩一玩吧。于是，妈妈任由阳阳跳进水坑里，激起高高的水花。

20多分钟过去了，阳阳全身上下没有一处是干的，妈妈赶紧拉着她回家洗澡。一边帮阳阳洗澡，妈妈一边对她说："你看，你把鞋子、衣服弄得又湿又脏，都不能穿了。而且你的小脚趾头也变得皱皱了。下次如果还想去踩水的话，要穿上水鞋，这样才不会弄脏衣服，也不会把脚

趾弄得这么难看了。"阳阳看了看自己的脚趾，十分不解地说："我的脚怎么了？"妈妈告诉她："小脚丫不能长时间地在水里泡着。"

第二天，再经过一片积水处时，妈妈问阳阳："还想不想去踩一踩？"阳阳摇了摇头说："不要，鞋子会湿的……"从那以后，阳阳再也没有故意往积水处踩过。

案例中的阳阳玩够了，对路边的积水有了一定的认识，不再好奇了，同时也知道了踩水会弄湿鞋子和衣服，探索出了这些经验，她自然不会轻易地再玩踩水的游戏了。

方法二：正确引导，和孩子一起探索

孩子有着强烈的好奇心，再加上观察能力、思考能力以及动手能力与日俱增，孩子进行探索、尝试的范围和深度也空前增大。那么，应该如何对待这一时期的孩子呢？妈妈要充分运用自己的智慧，最好和孩子一起探索。

在威威的小脑袋里，每时每刻都会产生一些奇思妙想，他能把花盆里的花和土全都抠出来，也能把玩具手枪扔进抽水马桶里，还能把鱼缸里的金鱼给撑死。

这天，奶奶送来一些五香蚕豆给威威吃。吃完之后，威威开始想了：这种好吃的蚕豆是怎么做出来的？把它埋进土里能不能长出来呢？想到这儿，威威便拿起剩余的蚕豆跑到了阳台上，准备种到花盆里。正挖着花盆里的土，妈妈走过来了，看到威威的举动，妈妈问："宝贝，你在干什么呢？""种这个。"威威头也不抬地回答妈妈。妈妈听到后呵呵地笑了，她告诉威威："这些蚕豆不是生的，没法种。"接着，妈妈问威威："你是不是没吃够，还想吃蚕豆？""嗯。"威威点点头。"宝贝，你刚才吃的蚕豆不是这样种出来的，而是用生的蚕豆煮出来的。咱们不种了，等有空的时候，妈妈买来蚕豆，做给你吃好不好？""好啊，好啊。"说着，威威就让妈妈去买蚕豆。没办法，妈妈只好买来了蚕豆，和威威一起，把蚕豆放到水里浸泡了两个多小时。泡好之后，就捞出来，用刀在蚕豆上轻轻地划一下。下一步就是将花椒、八角、桂皮、盐、味精等和蚕豆一起放入锅里，直到煮烂。再捞出来，盛在烤盘上，放入烤箱中烤到半干，拿出来就好了。

可以吃了！闻着香味浓郁的蚕豆，威威知道了它们制作的全过程。

由此可见，和孩子一起探索，不仅满足了他探索的欲望，也丰富了孩子的生活经验以及社会经验，何乐而不为呢？当然，这就需要妈妈引导着孩子说出他所作所为的动机，然后再和他一起做更多的探索，这样一来，孩子就会因此受到较好的启蒙教育了。

方法三：鼓励孩子的想象力，不过多地解释道理

孩子喜欢探索、尝试，并且可以在任何常见的现象和事实前面加上一个"为什么"。这时，妈妈应该保持耐心，促使孩子继续思考，进一步引导孩子去探索，从而找到问题的答案。当然，孩子的想法可能与现实背道而驰，也可能毫无根据，不过没关系，只要孩子能想到，就是想象力丰富的体现，应给予鼓励。

2~3岁的孩子探索、尝试，并不是真的想要去追究事物背后的真理，更多的时候只是想得到一种说法。对于孩子提出的问题，也不是每个成年人都能够解答得出来的，即使能给出科学的解释，孩子也未必能够理解。所以，让孩子说出自己的见解和想法，鼓励孩子去想象比给他一个科学的答案更加重要。比如，孩子问："太阳为什么会落下去？"妈妈可以充分发挥自己的想象力，告诉他一个童话故事般的答案："太阳公公困了，要回家睡觉了。"然后再让孩子说说他是怎么想

的，没有必要给他解释地球公转和自转的科学道理，即使讲了，估计这个年龄段的孩子也不会明白。

总之，探索、尝试是孩子的天性，假如孩子能够将这种乐趣保持下来，将会学习到更多的知识，发现并解决更多的问题。只要妈妈引导得当，孩子喜欢探索的爱好就能得到更好的发展，成为他探索事物奥秘最强劲的动力。

多数孩子都喜欢涂涂画画

叛逆期案例

自从会拿笔之后，祥祥就喜欢在地板上涂涂画画。妈妈给他买了一盒油画棒，祥祥喜欢得不得了，想画的时候就会拿出来摆弄一番。

妈妈给了祥祥一些白纸，让他在上面画。开始时，祥祥还规规矩矩地在纸上画，谁知没几天，他就开始在地板上、墙上、沙发上随便地画。

一天，妈妈忙着做家务，让祥祥自己玩。等妈妈把事情做完，就想到祥祥今天怎么这么听话，他在干什么呢？于是，妈妈走进卧室，一看，惊呆了——只见柜子上、门上、桌子上、甚至床单、衣服上，几乎所有可以画的地方都被祥祥抹了几把，尤其是雪白的墙壁上，全是红红绿绿的一片，还歪歪扭扭的。妈妈看到这些火气立马上来了："你看看你把家里弄得又脏又乱，哎哟，这些墙和门可怎么擦？天哪，这床单，你还想不想在床单上睡觉了？还有这衣服，这么脏都不能穿了……"

经过妈妈这一通训斥，祥祥十分委屈地哭了起来。这时，妈妈也后悔自己不应该那么严厉地批评他。之后，妈妈要求祥祥必须在纸上画，还示范给他看。但是，祥祥始终喜欢到处涂涂画画，越不让他画吧，他越

191

画，不然就哭闹。妈妈想知道，有什么办法可以让祥祥不再到处乱画呢？

妈妈要懂的心理学：涂涂画画使孩子获得了无穷的乐趣，妈妈应支持和引导

乱涂乱画是2~3岁孩子的特点，他就是喜欢用笔随心所欲地到处涂涂画画，这是令许多妈妈很伤脑筋的一件事。其实，涂涂画画正是孩子探索世界的一种手段，认识世界的一种表现，这说明了孩子的自我意识正在发展。在这个过程中，孩子获得了无穷的乐趣，也产生了创造力的萌芽。

社会心理学中有一个"阿伦森效应"。说的是在生活中，随着奖励的减少会导致态度逐渐消极，而随着奖励的增加会导致态度逐渐积极。对于孩子的涂涂画画而言，妈妈可以灵活运用此效应，对孩子先贬后褒，引导孩子在合适的地方画。

当然，妈妈一定不要过于限制孩子涂涂画画的行为，因为涂涂画画对孩子的发展有着诸多好处。在涂涂画画的过程中，孩子不仅对自己所画出的各种图形感兴趣，更对这种运动方式感到兴奋，因此，涂涂画画能够充分满足孩子动手的兴趣，还可以提高孩子的绘画能力，还可以精细孩子手部的动作，促进手、眼的协调发展。更重要的是，涂画还可以培养孩子的观察力、注意力、记忆力、想象力、创造力等各种综合能力。所以，妈妈要提供相应的材料，让孩子充分展示他的才艺和杰作。

值得注意的是，在孩子涂涂画画时，妈妈只要及时地为他提供笔和纸，鼓励他画就可以了，不必过于关心孩子画的是什么。因为这时孩子所画的奇形怪状的物体大都是妈妈看不懂的东西，然而，其中那些歪歪斜斜的线条兴许就是未来画家的灵感之源。当然，孩子画画时，妈妈可以适当地加以引导，但要以不左右、束缚孩子的想象力和创造力为前提。另外，对于孩子的画，妈妈要以欣赏的眼光给予肯定，并经常表扬、赞美孩子的创作天分。

叛逆期方法指导：

方法一：创设条件，满足孩子涂涂画画的愿望

在孩子开始喜欢涂涂画画时，不要制止他，否则会扼杀他的绘画艺术细胞。正确的做法是创设条件，给他提供涂涂画画的场地以及相应的材料，满足孩子涂涂画画的愿望。这样，孩子就不会随意地到处乱画了。

　　两岁半的妍妍开始喜欢画画了，但是，她不在纸上画，而是喜欢在墙上画，不让她画吧，她就会和妈妈闹，让她画吧，她又瞎画，留下一大片没有美感、歪歪扭扭的线条，弄得墙壁上乱七八糟的。

　　现在，妍妍已经将画画的范围扩大到了地板上、沙发上、门上等各个能够画画的地方。这可怎么办呢？聪明的妈妈想出了一个好办法，她在妍妍喜欢画画的墙面、沙发、冰箱以及门上都贴上了白色的大纸，大纸贴在妍妍刚好够得着的地方，这张大纸画满了，就揭下来换另外一张。

　　妈妈发现，家里浴室的墙壁是用瓷砖贴成的，于是，妈妈把浴室整理了一下，将一些杂物搬了出去，买了一些水彩笔给妍妍，让她在上面随便画。浴室的墙壁可真是画水彩画绝佳的地方，画完之后只要用水一冲就能变得干干净净了。并且，水彩笔的颜色多种多样，如今的妍妍已经能分辨出墨绿色、浅绿色、粉红色、玫红色等细微的颜色了。

　　自从妈妈实行了上述方法，母女间再也没有因为乱涂乱画的问题而发生"大战"了。

给孩子规定好涂涂画画的区域，让他在一定的范围内作画，如此一来，不仅满足了孩子喜欢涂涂画画的愿望，而且保持了房间的干净整洁。

方法二：和孩子交流，鼓励他充分地表达涂画的内容

2~3岁的孩子喜欢涂涂画画其实是他的一种特殊表达方式，通过涂画，孩子可以宣泄自己的喜怒哀乐，表现自己心中的所想。因此，当孩子将画作好后，妈妈可以和他交流一下所涂画的内容，鼓励孩子充分地表达，创造性地说出自己画的是什么。

只要一拿起笔，承承就不肯放下，总是画好多奇形怪状、莫名其妙的图画。稍有空闲，妈妈就会时不时地看看承承画了些什么。

"你画的这是什么呀？"妈妈指着墙上一团黄黄的圆圈问承承。"苹果。""那这个呢？"妈妈指着一个长的、不规则的图形又问。承承回答："那是大汽车。""这些呢？这些都是什么？"妈妈看着一些乱七八糟的线条，看起来那些就是胡乱堆砌在一起的。承承想了想，说："那是奶奶家的草地。""哦。"妈妈想起来了，前段时间带承承去奶奶家时，承承特别喜欢在奶奶家门前的一片草地上玩，可能是印象很深刻，承承才把草地画成画的吧。由于根本不知道怎样去描绘美丽的草地，承承笔下的草地也只能是这个样子了。

只要承承画了画，妈妈都会关心地问问他画的是什么。时间长了，承承有时还会主动地让妈妈看他画的一些东西，并且告诉妈妈"这是爸爸在开车""那是小朋友在写作业"，等等。

在孩子将画画好后，妈妈应该主动和他交流画的内容，并且鼓励他用自己的语言大胆地表达出来。与此同时，妈妈要肯定和表扬孩子的涂画，让他得到快乐和成就感。需要注意的是，在孩子涂涂画画时，妈妈要防止因光线不好而影响孩子的

视力，也不要让孩子把笔放在嘴里。

方法三：陪孩子一起画画，增强他画画的兴趣

这个时期孩子的涂涂画画只是为了满足自己的情感需要，是漫无目的的，他也不知道自己要画什么。在这一过程中，妈妈可以陪孩子一起画画，以增强他的兴趣，

　　盈盈特别喜欢拿着笔到处涂涂画画，她的画根本没有任何规律可循，形状、大小也都不一样。然而，盈盈总是乐此不疲地画啊画，画了好多好多。

　　有空的时候，看到盈盈在涂画，妈妈就会走过来，和她一起画。妈妈很有智慧，总能在许许多多、乱七八糟的线条中挑出和某些物品相似的图形。一次，妈妈瞅着盈盈的画仔细地看来看去，然后指着一个大大的、丑陋的、勉强可以称得上是圆圈的图形，问："宝贝，这个是不是太阳？我们再给它加上几笔光线，就更像太阳了。"说着，妈妈拿起笔在周围画了一些直线作为阳光。"嗯，太阳。"盈盈摸着图画呵呵地笑了起来。接着，妈妈又看了一会儿，这次指着另外一个被"孤立"的图画，问盈盈："那这个呢？宝贝，告诉妈妈，你画的这个是什么？"盈盈想了想，说是小鱼。"哦，原来是小鱼呀，小鱼的嘴巴在哪儿呢？再让小鱼吐点泡泡吧。"于是，在盈盈所指的鱼的嘴巴的上方，妈妈画了一些大大小小的圆圈，作为小鱼吐出来的水泡。

　　每当盈盈在纸上画了一些图画，妈妈就会帮她写下画画的日期和时间，好好地保存，留作纪念。积攒一些之后，就装订起来作为盈盈的画册，还时不时地拿出来翻看，这样就能看出盈盈的成长轨迹了。

在孩子涂涂画画的过程中，妈妈要善于用鼓励、表扬的语气赞赏他的作品，以激发孩子继续创作的动力。对于孩子的涂涂画画，妈妈不必讲究画得像不像，应着重于锻炼孩子肌肉的精细动作，培养他绘画的兴趣。

喜欢反复做同一件事很正常

叛逆期案例

妈妈发现，3岁的陌陌总是喜欢重复做同一件事情，像听一个故事、看一本书，甚至一个动作、一句话，陌陌也经常是重复了一次又一次。

还有许多事情，同样是如此。陌陌总是拉着妈妈和他玩一个已经玩过许多次的小游戏，妈妈实在是烦透了，忍不住抱怨："老玩一个游戏多没意思啊，有什么好玩的？""玩，我就要玩。"陌陌固执地一定要玩。看动画片时，陌陌每天都会要求妈妈放同一张光盘，看了快一个月了，还是不肯换别的，妈妈在旁边听得相当郁闷。还有，陌陌会猜几个谜语，经常和妈妈一起猜，可猜来猜去总是那几个，已经让妈妈猜过好多遍了，只要陌陌一张口，妈妈立刻就能说出答案，但他仍然坚持着一定要妈妈猜。

一个周末，妈妈带陌陌去逛书店。陌陌喜欢上了书架上的一本图画书，妈妈拿给他，他认真地看了起来，俨然一个小大人。见陌陌这么乖，妈妈索性坐在他的旁边，陪着他一起看。然而，妈妈没有想到，在看完一遍之后，陌陌又重新翻开书，继续看下一遍。妈妈早就看够了，但陌陌还是翻来覆去地看。妈妈实在是忍不住了，便"警告"他："这是最后一遍啊，看完咱们就回家。"可是，陌陌好像没听见一样，继续一遍又一遍地看。陌陌的这种行为令妈妈十分不解：都看了多少遍了，怎么就看不够呢？有什么好看的？

妈妈认为，陌陌一直这样反复地做同一件事情，毫无意义，因为他根本学不到更多的新知识。更令妈妈担心的是，陌陌的这些行为到底正常不正常？会不会有心理方面的问题呢？

妈妈要懂的心理学：孩子反复做同一件事情是为了从固有的经验中获得快乐

像上述案例中陌陌反复做同一件事情的行为，是大多数2~3岁孩子身上具有的普遍现象，也是这个年龄段孩子共有的特点。有的妈妈对这种情况，通常持不理解甚至是反对的态度，认为孩子这样做是徒劳的，便忍不住要抱怨孩子，要求他去做一些新的事情。

然而，事实并非如此。孩子的认知能力以及各方面的经验都十分有限，只有在重复的过程中才能不断地复习旧知识，才能发现和学到许多新的知识。其实，在大人们的眼里毫无意义的重复对于孩子来说却不是简单的重复，而是每重复一次都会有新的感受和收获，而孩子在这个过程中也能获得认知的快乐。另外，孩子的记忆力有限，不可能像成人一样在较短的时间内接受大量的信息，因此只能通过一次又一次的重复来加强记忆，并从信息对照中体会到成就感。所以说，反复做同一件事情对孩子的发展是至关重要的。

对于孩子的这种行为，著名的教育家蒙台梭利认为：反复练习，能完善孩子的心理感觉过程，是孩子的智力体操。因此，妈妈对这种行为不必担心或抱怨。

当然，孩子真正不断重复所做的事情是非常有限的，这些事情也是他特别喜欢的。随着年龄的增长，孩子自然就不会反复做这些事情了，所以妈妈也不必过于担心这样会影响孩子学习新东西。相反，妈妈完全可以充分利用孩子的这一认知特点，教他多学一些英语、数学、绘画甚至科学方面的知识，这可是个相当不错的时机。

叛逆期方法指导：

方法一：满足孩子的要求，让他在重复中学到知识

孩子喜欢反复做同一件事情是他这个年龄段再正常不过的现象，妈妈没有必要大惊小怪，只要孩子乐意，妈妈就应该不厌其烦地满足他的要求。俗话说"熟能生巧"，只要妈妈正确引导，孩子就能在重复中学到更多知识。

　　每次出差回来，爸爸都会给典典带不同的动画片。可是，妈妈却发现典典只对一盘叫《乌龟和兔子赛跑》的动画片感兴趣，而且是百看不厌。对于其他新的动画片典典看都不看，全放在一边。

　　一天上午，典典看完了《乌龟和兔子赛跑》的动画片之后又接着看。这时，妈妈问典典："宝贝，兔子跑得那么快，可为什么却输给了慢吞吞的乌龟呢？"典典看了看动画片，又想了想说："它睡大觉了。""对了，因为兔子太骄傲了，它认为自己跑得快，乌龟根本赶不上它，索性睡起了大觉。这样一来，即便乌龟跑得再慢，也比它先到终点。就像动画片里说的，这说明呀，人要谦虚，不能骄傲，一骄傲就会失败。""哦……"典典似懂非懂地点了点头。

　　还有一次，典典和表哥一起比赛拼图，每回都是表哥拼得又快又

好。表哥高兴地说："哈哈，我已经赢了好多回了，下一回肯定还是我赢。"出乎意料，典典竟然"批评"表哥："妈妈说不能骄傲，骄傲就会失败。"这下，表哥无言以对，得意不起来了。

在日常生活中，孩子常常会有意无意地进行模仿，动画片、电影、图书等都是孩子主动模仿的对象，这是整个幼儿时期孩子进行学习的主要方式之一。让孩子反复地去学、去听、去看，恰好是为孩子的学习提供了良好的途径。

方法二：故意留出空白，让孩子补充相应的情节

许多孩子都喜欢反复听一个故事或看同一本书，在这个过程中，孩子一直享受自己能"预测"下面的情节。因此，在给孩子讲故事的时候，可以故意留出空白，让他补充相应的情节。虽然孩子还不能很好地复述故事，但妈妈可以和孩子一起互动，激发孩子学习的兴趣。

每天晚上，妈妈都会在晓茜睡觉前读童话故事给她听。可是呢，晓茜只让妈妈读那一个《小马过河》的故事，不准妈妈换。妈妈只好听从晓茜的命令，反复地读那一个故事。

然而，已经读了N遍的故事再继续读实在是很无聊，有时候妈妈一点都不想给晓茜读了，尤其是情绪不佳或又困又累时，就很想蒙混过去，跳过几个情节，应付一下。没想到的是，晓茜很快就能发现妈妈漏读了，会大声地喊叫："错了！错了！"然后非要妈妈补上不可，甚至会要求妈妈从头再来。

有一次，依然是躺在床上，依然是一成不变的《小马过河》。读着读着，妈妈突然想到卫生间里的热水器还没有关，便告诉晓茜妈妈必须去关热水器，故事就暂停一下。妈妈回来之后，继续给晓茜读。这

时，妈妈忘记刚才读到哪儿了，拿起书看到一段就读了起来。晓茜立刻提醒妈妈："不对，不对！到小松鼠了。""哦。小松鼠对小马说了什么？"妈妈故意问。"河水深。""那牛伯伯说了些什么？"妈妈又问。"不知道了。""牛伯伯是不是说河水很浅呢？""嗯。"晓茜点了点头。

妈妈也不知道晓茜明不明白"深""浅"的意思，不管了，先给她灌输这两个字，让她有个印象。现在，妈妈经常一边读，一边向晓茜发问，无论她答得上来还是答不上来，都没有关系。目前来看，晓茜还是很喜欢回答问题的。

和孩子一问一答的小互动能让孩子在阅读中找到成就感，还能增进亲子间的感情。当孩子喜欢一遍又一遍地听同一个故事或看同一本书时，这表明他对语言和文字有着真挚的热爱，妈妈一定要认真对待这个现象。

方法三：给孩子充分的自由，让他反复去做

当看到孩子在反复做同一件事情时，妈妈一定不要惊讶，更不要懊恼，而应该给孩子充分的自由，让他去做，这才是对孩子最好的爱和教育。因为孩子对世界的认识是从感觉开始的，当他不断地进行听、看、摸等感知活动后，他才会对所接触到的事物进行组织、分类和总结。最后，形成一种具体的概念。在孩子掌握了某个概念之后，他会把这个概念和另外一个概念进行联系和整合，这种结果都和孩子反复地做同一件事情有关。

比如，孩子摸到一个球，他会不断地摸，通过手上摸到的这个东西，孩子再和自己大脑中的感觉联系到一起，于是就形成了一个具体的和球有关的概念。后来呢，孩子又接触到了圆，其他人只要稍微一提醒，孩子就能把球和圆联系到一起了。再比如，开始时孩子只能说简单的字，像"妈妈""爸爸""不""好"

等等。孩子多次地听到这些话，也经常咿咿呀呀地反复说，当他的经验越来越多时，就能说一些简单的语句了，像"妈妈，饿""好爸爸"等。时间一长，孩子就会说一串的句子了。

聪明的妈妈可以趁热打铁，借此机会赶紧"灌输"知识。比如，当孩子不断地重复一个听到的词语时，妈妈可以赶紧用这个词造一些句子说给他听。当孩子一遍又一遍地重复猜一个谜语时，开心地应答他，然后再给他猜个其他的小谜语。

孩子不喜欢去幼儿园怎么办

叛逆期案例

　　3岁的晓科在上幼儿园小班，他一点儿都不喜欢去幼儿园，每天早晨都哭闹着不肯起床，嘴里还一直说着不要去幼儿园。

　　吃过早饭后，妈妈把晓科送到幼儿园，他就哭着不让妈妈走。妈妈把晓科送进了幼儿园大门，就狠狠心离开了。到了下午，妈妈去幼儿园接晓科回家。一看到妈妈，本来好好的晓科居然又"哇"的一声哭了起来，抱着妈妈不肯松开，像是受了多大的委屈似的。妈妈焦急地问："怎么了，你别哭，有什么事就告诉妈妈。你哭什么，说话啊！是不是想妈妈了？"老师也不知道晓科这是怎么了，她告诉晓科妈妈除了上午来的时候晓科哭了一会儿，其他的时间都好好的，和小朋友也玩得很开心。过了一会儿，晓科慢慢地不哭了，妈妈给他擦了擦眼泪，然后带着他回家。

　　在回家的路上，妈妈见晓科的心情好了很多，便给他讲"每个小孩子都要上幼儿园，幼儿园里有老师，还有许多小朋友，还能玩各种各样的游戏，上幼儿园真好"，等等。妈妈还和晓科商量好，以后都要按时去幼儿园上课，和小朋友们一起玩。

晚上睡觉时，晓科睡得特别不安稳，他边睡边哭泣，还不停地说："妈妈，我不上幼儿园，不上幼儿园……"看到晓科情绪这么抵触，妈妈很着急，也很心疼，只好对他说："好，好，宝贝，明天我们不去啊。乖，快点睡觉吧。"晓科这才渐渐地睡着了。

爸爸说要坚持送晓科去幼儿园才行，过一段时间习惯了就好了。可是，看着晓科大哭的可怜样，妈妈很难受，真的不想再坚持下去了。

妈妈要懂的心理学：孩子习惯了自由和妈妈的怀抱，上幼儿园要给他一个适应的过程

从出生开始，孩子就一直在家庭中和爸爸妈妈生活在一起。突然从一个熟悉的环境到一个全新的、自己完全陌生的环境中，孩子无法对周围的事物产生安全感，也不知道怎样和周围的人相处，不知道自己应该做些什么，怎样去做。在家里，孩子被大人们众星捧月般地呵护和照顾着，享受着妈妈一对一的关爱。但是在幼儿园里，他不再是大家瞩目的中心，并且被要求和其他的小朋友共同使用玩具。老师要同时照顾好多小朋友，不会对他特别关注。敏感的孩子能够察觉到各种待遇上的差异，心理上产生巨大的落差和压力。于是，孩子会通过哭泣来表达自己恐惧不安的情绪，并对幼儿园失去兴趣，不想再去。

心理学上有一个暗示效应，说的是在没有对抗的条件下，用含蓄的方法对他人的心理和行为产生影响，从而间接地诱导人按照一定的方式去行动或接受一定的意见，使他的思想和行为与暗示者的意愿相符合。一般情况下，孩子很容易受到暗示效应的影响。因此，妈妈可以适当地暗示孩子：其他的小朋友很乖，听妈妈和老师的话，每天都高高兴兴地去幼儿园……从而激励孩子向其他的小朋友学习。

在家里，妈妈要训练孩子学会自己吃饭、穿衣，学会自己上厕所等，这样即便幼儿园的老师在生活细节上照顾不周，孩子也能很好地自理。要让孩子养成良好的习惯，不能随心所欲，毫无规则意识，否则的话孩子面对幼儿园的各项要求会无所适从。教孩子用语言表达自己的愿望，有什么需求主动跟老师说，使孩子的要求得到满足，不然会影响孩子上幼儿园的情绪。在幼儿园里，孩子将与许多小朋友一起生活，妈妈要教孩子怎样与他人融洽相处，提高孩子的交往能力。总之，对于刚上幼儿园的孩子，妈妈要想办法努力让他尽快建立新的生活习惯，尽快适应幼儿园生活。

叛逆期方法指导：

方法一：帮助孩子熟悉幼儿园的环境，使他迅速地适应幼儿园生活

对于初上幼儿园的孩子来说，因为环境不熟悉，所接触的人发生了巨大的改变，会使孩子感到陌生、不习惯，从而产生恐惧心理，引发不安全感，这是孩子入园时所面临的一道大关。所以，妈妈要做的第一件事就是帮助孩子熟悉幼儿园的环境，使他迅速地适应幼儿园生活。

涵涵满3岁了，妈妈准备过一段时间就送她去上幼儿园。为了拉近孩子与幼儿园的距离，妈妈经常带涵涵到将要去的幼儿园里参观。

每次去的时候，涵涵都特别高兴，连蹦带跳的。远远地，就能看到幼儿园漂亮的大房子。走近了，低矮的院墙上画着蓝天、白云、太阳、大树、花草，还有一群可爱的小朋友。看到什么，妈妈都会给涵涵讲一讲。走到教室里，有的孩子在折纸，有的在练习写字，有的在翻看图画书。幼儿园里有滑梯，有秋千，有跷跷板，哦，还有哈哈镜，真好玩！

妈妈一边带涵涵参观，一边告诉她，这儿就是她将要来的幼儿园，这里的一切都非常好，有很多玩具，还有很多的小朋友。

现在，涵涵特别向往去幼儿园。在家里，涵涵常常背着个小书包，告诉妈妈："我去幼儿园了。"然后跑到隔壁的房间，拿出笔和本子玩一会儿。再整理好，背起书包，跑到妈妈面前："妈妈，放学了。""在幼儿园里你都干了什么呀？"妈妈问。这时，涵涵又打开了她的话匣子。

带孩子考察幼儿园，熟悉环境、老师以及小朋友们，让孩子感受幼儿园生活的快乐，这样做能提高孩子的适应能力。同时，妈妈要给孩子讲明道理，让他初步理解上幼儿园的重要意义，从而使他自愿地上幼儿园。

方法二：表现出积极的态度，对孩子的不良情绪进行正确的疏导

早晨送孩子去幼儿园时，妈妈与孩子的告别应该既亲切又简短。假如孩子焦虑地哭泣，表现出不良的情绪时，妈妈的态度一定要积极，对孩子进行正确的疏导。千万不要心软地把孩子再接回去，否则不仅不能培养孩子的独立性，还会使他产生更强的依赖心理，而且不利于孩子的健康成长。

3岁的翔翔在上幼儿园小班。开始时，妈妈总是想在幼儿园里多待一会儿，多陪陪翔翔，然后才依依不舍地离开。这时呢，翔翔更不愿意让妈妈走了，没办法的时候妈妈就偷偷地溜走。

后来，老师告诉妈妈："您应该相信我们有办法哄好孩子，帮助他很快地平静下来。如果延长和孩子的告别时间，那么孩子跟您就更难分开了。"妈妈仔细想了想，认为老师说的有道理。于是，再送翔翔去幼儿园时，妈妈把他交给老师，微笑着抱抱他，就转身离开了。这时，翔

翔大声哭着跑了过来，搂住了妈妈。妈妈帮翔翔擦了擦眼泪，对他说："宝贝，你看，幼儿园里有这么多的老师和小朋友，还有这么多好玩的玩具可以玩，多好啊。妈妈要去上班了，下午就过来接你。"翔翔已经不像刚才哭得那么厉害了，妈妈告诉他："我有悄悄话要对你说。"说着，妈妈凑到翔翔的耳边，轻声地说："妈妈喜欢你。今天妈妈第一个来接你。"

这时，老师走了过来，抱起了翔翔，妈妈笑着朝他挥挥手。翔翔看到后，也摆了摆自己的小手，虽然他的脸上还挂着泪花，但已经停止了哭声。

孩子入园后，要实现由家庭到幼儿园的环境转换，因而心理上难免会有一定的挫折感。这时，妈妈一定要坚决果断地马上离开，不让孩子讨价还价地讲条件。这样能培养孩子的独立性，促使孩子快速地适应环境。

方法三：安慰鼓励，减少分离焦虑

把孩子送到幼儿园，会让孩子产生一种被抛弃的感觉，从而引起孩子心理上的焦虑、不安、不愉快等情绪。这时，妈妈可以通过安慰和鼓励的方式，给孩子以心理上的爱抚和补偿，以减少这些不良情绪。让孩子知道，自己并没有被"抛弃"，仍然是妈妈的小宝贝。

晶晶不喜欢去幼儿园，每天早晨都会哭。这时，妈妈都会抱着晶晶，说："我知道了，宝贝不想去幼儿园，是因为在幼儿园里想妈妈。妈妈上班的时候也很想宝贝呢，可是，每个人到了3岁的时候都得去幼儿园，在幼儿园里能学到许多知识和本领，也能很开心地和小朋友们一起玩……"

渐渐地，晶晶不再哭了，妈妈就把她格外喜欢的洋娃娃，放在晶晶的书包里，让洋娃娃陪着她。并且告诉晶晶，想妈妈了，就和洋娃娃说话或者玩。有了洋娃娃的陪伴，晶晶好多了，在幼儿园很少拉着妈妈的手不放，哭着要和妈妈一起走了。

有空时，妈妈就会陪晶晶做一些在幼儿园里老师和小朋友们一起做的游戏。这下，晶晶和老师走得更近了，她发现，妈妈会玩的游戏，老师也会玩。每天接晶晶回家的时候，妈妈都会关切地问："宝贝，今天在幼儿园过得开心吗？""你最喜欢和幼儿园的哪个小朋友一起玩？"

老师反映说，晶晶在幼儿园里哭的次数越来越少。妈妈给晶晶买了一些小礼物，如果她在幼儿园里很听话，没有哭，就会奖励给她一件小礼物。三个星期过去了，晶晶的表现很好，不再哭闹着不去幼儿园了。

2~3岁的孩子很敏感，在家里，他已经建立了一套固定的生活习惯和秩序，一旦被打乱，他就会感到害怕和不安，从而不愿意去幼儿园。针对这种情况，妈妈要安排好孩子的作息，可以有意地按照幼儿园的作息时间来安排他的活动。

孩子不喜欢看书学习正常吗

叛逆期案例

诚诚已经3岁半了，他是个调皮的小男孩，用妈妈的话说，就是只知道贪玩不知道学习。这不，妈妈给诚诚一本书，想让他认认真真地看会儿书。

妈妈把书桌收拾好，椅子也放好，拉着诚诚让他坐下了。只见诚诚翻开书，只盯着中间的那幅图画。看了没一会儿，楼下的一只小狗"汪汪"直叫，这引起了诚诚极大的兴趣。于是，诚诚扔下还没看几眼的书，迫不及待地跑到窗台，看看到底是怎么回事。妈妈在旁边不停地抱怨："这孩子，每次让你看书，你连几分钟都坐不住。"诚诚像是没听见一样，依然看着楼下。"你看看邻居家的妹妹，比你小1岁呢，人家已经能背十多首儿歌，认识十几个字了。"

见诚诚对自己的话仍旧置之不理，妈妈很生气，她把诚诚拉过来，郑重地对他说："宝贝，不要再玩了，你必须得好好学习。来，妈妈教你背古诗，我念一句，你也跟着念一句。'春眠不觉晓……'"后半句诗都没等妈妈念完，诚诚就挣脱开妈妈的"魔掌"，再次跑到了窗前。

诚诚如此不爱学习，妈妈该怎么办呢？

妈妈要懂的心理学：孩子的学习就是玩，玩就是学习，妈妈不必拘泥于形式

一提到学习，在大多数妈妈的脑海中呈现的便是孩子正襟危坐，在书桌前看书、写字的场景。如果孩子不喜欢做这些事情，妈妈就会冠之以不爱学习的帽子。事实上，妈妈所说的孩子不爱学习只是人为地、主观地定义了学习的概念，并没有正确地运用方法，让孩子乐于学习。规规矩矩坐在书桌前学习的方式不仅起不到应有的积极作用，反而有可能会扼杀孩子的天性，这是错误的，对孩子称得上是构成了一种伤害。其实，孩子天生是喜欢学习的，假如他不爱学习，那么极有可能是因为妈妈的教育方式有问题，因此，首先需要反省的应该是妈妈。

学习对孩子的成长很重要，其实孩子从出生以来就开始了主动学习。寻找妈妈的乳头，用眼睛看东西，跟着妈妈的逗弄学习微笑等等，这些行为都是孩子学习的表现，而不只是局限于我们平常所说的看书识字。所以，妈妈要通过各种方式和方法让孩子去学习，尽早开发孩子的智力和潜能。

很少有妈妈知道，孩子的潜能培养遵循着一种奇特的规律——天赋递减规律。也就是说，孩子的天赋随着年龄的增加而递减，教育得越早，越容易造就天才；教育得越晚，孩子与生俱来的潜能就发挥得越少。这是科学家们经过大量的研究发现的。由此可见，孩子的早期教育极其重要。

对于2~3岁的孩子来说，家庭和社会就是一个大课堂，周围的一切事物都是他学习的工具和内容。妈妈应该学会抓住一切机会和条件，培养孩子学习的兴趣，并且逐渐让他学会自主探索、思考，积累丰富的学习经验。同时，妈妈要给孩子创造学习的环境和氛围，给他买一些学习用具，引导他去主动学习。

叛逆期方法指导：

方法一：尊重孩子，让他学习感兴趣的知识

妈妈千万不要强迫孩子必须按照"最佳"的方式来学习，要根据孩子自身的特点以及他的兴趣爱好，来选择学习的内容。否则，孩子就会在心理上感觉到压抑，对于所学的东西很快就会兴致全无。只有尊重孩子的选择，让他学习感兴趣的知识，才能使孩子持久地保持学习的激情。

　　妈妈想让晓美成为一名画家，于是，从晓美能拿笔开始，妈妈就对她寄予了厚望，买来许多笔和纸，想着她能好好地练习画画。

　　然而，晓美对于画画却不感冒，她常常扔掉画笔。晓美最喜欢的是小动物，像小花猫、小狗、小兔子等，无论是在公园里还是在电视上，晓美看到之后就会一直盯着看。见自己的希望有些泡汤，明智的妈妈没有强制性地让晓美按照大人的意愿去学习。因为妈妈知道，兴趣是最好的老师，如果没有兴趣，孩子是学不好的。于是，妈妈给晓美买来了一些小动物的模型，有小老虎、小青蛙、小乌龟、小老鼠等等，晓美很高兴，天天爱不释手地玩。妈妈还买了一些介绍小动物的图书和光盘，每次晓美都看得津津有味。看这些小动物时，妈妈会让晓美数一数乌龟有几条腿，小猫有多少根胡子。也让晓美说一说，老虎身上都有哪些颜色，牛爱吃什么。通过这些小动物，妈妈教会了晓美一些儿歌："红眼睛，白皮袄，小兔子，相貌好，后脚长又大，前脚短又小……""一只小老鼠，瞪着小眼珠，龇着两颗牙，长着八字胡。"

　　妈妈发现，和这些小动物联系起来，晓美学东西真是又好又快，尽管没有学习画画，但学到了许多其他的东西，这些同样是收获。

对于孩子学习的知识，妈妈应该顺其自然，当发现孩子在某一方面有兴趣和特长时，就应该因势利导，给孩子创造条件，进一步发挥他的潜能。当然，孩子会有累或者厌倦的时候，妈妈要注意观察他的反应，一旦孩子失去了兴趣，就马上停止。

方法二：寓教于乐，让孩子在玩中学到知识

所有的孩子都喜欢玩，也正是在玩的过程中，孩子增长了知识和能力。因此，妈妈要让孩子有充分的玩的时间，给他提供一些材料，有目的地让他玩。同时，要注意方式方法，寓教于乐，从而让孩子在玩中学到知识。

哲哲就爱玩，一点都不喜欢学习。妈妈十分重视对哲哲的教育，经常教他认字、数数、背诗等，可每次还没教几分钟，哲哲就跑开去玩了。

最近，哲哲迷上了玩扑克牌，经常拿着一张张牌自言自语："花花""桃桃"……妈妈灵机一动，要教给哲哲扑克牌的玩法，哲哲可高兴了！妈妈从扑克牌中随便抽出一张，和哲哲一起数点数，让他猜出扑克牌上的数字。渐渐地，哲哲认识了1，2，3，4……10。妈妈把牌平均分成两叠，每人轮流出一张牌并依次排好。看看只要能碰到有和上面牌中相同数字的牌，那么两个数字之间的牌就归赢者所有。刚开始时，哲哲根本看不到相同的牌，但玩了几天之后，哲哲对相同的数字特别敏感，一眼就能认得出来。再后来，妈妈就和哲哲玩"比大小"，教给哲哲谁大谁小，大多少小多少，让哲哲学会了初步的加减法。

妈妈巧用哲哲爱玩的扑克牌教他认识数字取得了很好的效果，妈妈还利用积木教给哲哲形状、大小、色彩等。这样，哲哲不仅玩得很开心，而且从中学到了许多知识，真是一举两得呀。

玩能给孩子带来愉快的心情，通常会使他全身心地投入。玩能促使孩子通过观察、模仿等进行探索，从而发现问题、解决问题，这十分有益于孩子的智力活动。由此可见，孩子不仅需要玩，而且需要在玩中学习。

方法三：用合适的方法，调动孩子学习的积极性

在让孩子学习时，切忌采取填鸭式或死记硬背的教学方法，而要用合适的方法，引导他学习，让孩子充分感受到学习的乐趣，调动他学习的积极性，来逐渐培养孩子自主学习的好习惯。

朵朵今年3岁了，她不怎么爱学习，特别是对认字、看书、背古诗之类的不感兴趣，如果让她学很快就坐不住。

一天上午，妈妈带朵朵上街闲逛。路过一家商店时，妈妈指着招牌上的两个字对朵朵说："宝贝，这两个字是'北京'。""跟妈妈念'北京'。"妈妈引导朵朵跟读，朵朵照做了。没有想到的是，第二天，朵朵拿着一张报纸走到妈妈的面前，说："妈妈，这是'北京'。"妈妈一看，果然没错，高兴地夸奖朵朵："对了，宝贝真聪明，教了两遍就能认识这两个字了。"这让妈妈感到很惊喜，从那以后她就想着法儿地用一些既简单又有趣的方法教朵朵学习。

朵朵喜欢玩小汽车，妈妈就在纸上写了一个"车"字，然后贴在玩具汽车上。每当朵朵玩车的时候，妈妈就会告诉她："这个字念'车'。"没有几次，朵朵就记住了。有一段时间，朵朵喜欢拿着一支录音笔玩来玩去。在朵朵读儿歌时，妈妈就把她的声音录了下来，之后再放给她听。朵朵觉得很好奇也很好玩，更加喜欢了，每天从幼儿园回

来就会吵着让妈妈给她录音。于是，妈妈就趁机教给朵朵念一些古诗。

就这样，朵朵在不知不觉中学会了许多她不爱学的东西。

在引导孩子学习的过程中，妈妈可以利用他的好奇心，给他创设一些有趣的问题，再帮助他根据提出来的问题去探索，从而让孩子主动学习。

孩子注意力不集中怎么办

叛逆期案例

然然今年3岁了，刚上幼儿园没多长时间，她是个活泼开朗的小女孩，很惹人喜爱。可是，妈妈发现然然注意力集中的时间很短。

一天中午，妈妈给然然纸和笔，让她写字。可是，写了还没几个字，然然就开始捣乱了，她一会儿咬咬笔杆，一会儿抠抠橡皮，还把写字的纸撕得一块一块的。

让然然看书吧，她也坚持不了多久，并且看着看着就要喝水或玩玩具。即便玩，然然也不能长时间地专心致志地玩，妈妈和她一起做游戏时，做着做着她就不想继续了，或者小脑袋里开始想其他的事情，不听从妈妈的教导。

幼儿园里的老师也反映然然总是喜欢招惹小朋友，一会儿和这个交头接耳，一会儿又拽那个的衣服。老师讲课时，然然时听时不听，认真听课的时间坚持不了几分钟她就去做其他的了。

然然总是这样，除了坐在电视机前看她喜欢的动画片之外，做什么都不能集中注意力坚持5分钟以上，这让妈妈觉得很头疼。这是怎么回事呢？妈妈也没有很好的方法改变她。

妈妈要懂的心理学：3岁左右的孩子注意力在5分钟左右，妈妈不要期望过高

儿童心理学家研究表明，2~3岁孩子的注意力只能保持很短的一段时间，大概在5分钟左右。即便是6岁的孩子，集中注意力的时间平均也只在15分钟左右。在实际生活中，不同的孩子也存在着个体间的差异。这时，有些妈妈或许就产生疑问了：既然孩子集中注意力的时间这么短，那为什么看动画片时却能坚持比较长的一段时间呢？这就牵扯到和兴趣有关的问题了。孩子在感兴趣的事物面前，集中注意力的时间会奇迹般地增长。妈妈可以利用这一特点，想一些巧妙的方法，促使孩子集中注意力。

需要注意的是，妈妈不要在无意中强化孩子注意力容易涣散的弱点。不要给孩子贴上"注意力不集中"的标签，千万别逢人就说："我们家这孩子，什么都好，就是注意力不太集中。"这样的话，时间一长孩子就会在心理上认同妈妈的说法，认为自己天生就是个注意力不集中的孩子，很难改变。所以，在孩子面前，妈妈要尽量弱化他的这些特点，并引导他慢慢纠正。

许多妈妈都认为，玩具多、书籍多，能帮助孩子增长知识，能带给他更加愉快的心情。其实，从另外一个角度来看，这种做法恰恰是导致孩子注意力不集中的因素之一，也在无形中增加了孩子不能集中注意力的概率。因为一般情况下孩子很快就会厌倦，他有足够的条件一本一本地乱翻书，不断地更换玩具。久而久之，孩子容易浮躁，注意力不集中的习惯也就形成了。

注意力是孩子在学习和生活中必备的能力之一，注意力能否集中直接影响孩子各方面的发展。所以，妈妈应该根据孩子自身的特点，有意识地培养孩子的注意

力。孩子的稳定性及自控能力差，容易被新颖的刺激所吸引而导致注意力转移，因此，妈妈应该为孩子创造安静、简单的环境。在孩子全神贯注地做某件事情的时候，不要随意地去打扰他。

叛逆期方法指导：

方法一：根据孩子的兴趣爱好，训练他的注意力

发现孩子有注意力不集中的情况时，妈妈应及早给予帮助。首先，找到孩子的兴趣爱好，然后挑选文静的活动进行训练，每天多次，每次几分钟，当孩子的注意力不能继续集中时停止。

> 文博总是不能集中注意力，一件事情做不到3分钟就去做其他的事情了。妈妈发现，文博比较喜欢听故事，有时候一连能听十来个小故事。于是，妈妈就从故事开始，让文博集中注意力。
>
> 每次，当妈妈说"讲故事了，哪位小朋友想听好听的故事"时，文博都会兴高采烈地马上回应："我！"然后，文博就快速地跑到妈妈跟前，坐下来仔细地听。妈妈绘声绘色地开始讲了，文博也听得津津有味。可是，过了没几分钟，文博就开始东张西望。看了文博一眼，妈妈知道他的注意力又开始分散了。妈妈就再问一些问题来吸引文博，"你知道接下来怎么样了吗？""你知道大灰狼想说什么吗？"这么一提问，文博就会继续聚精会神地听故事了。
>
> 当然，在文博实在不想坚持听故事的情况下，妈妈就会立即停止："今天的故事到此结束，明天继续。"妈妈的适可而止不仅没有令文博厌倦听故事，还能让他期待明天的故事。渐渐地，文博听故事的时间越

来越长。

需要注意的是，训练的内容一定要围绕着玩，千万不能以课堂的方式训练。训练时间的长短要根据孩子的年龄与心理发展特点而决定，切勿以成人的标准来要求孩子。如此一来，训练才能收到良好的效果。

方法二：安排好孩子的生活作息时间，促使他提高注意力

注意力不集中，易分心，会被各种事物所吸引，几乎是大多数2~3岁孩子的共性。一般情况下，年龄越小，孩子能够集中注意力的时间越短。这时，妈妈不必过于担心，但要注意安排好孩子的生活作息时间，调整各项活动的时间，以促进他提高注意力。

依依是个注意力不能很好地集中的孩子，她经常做着这件事想着其他的事。为此，妈妈经常督促、要求依依做好一件事情再做别的。

一天下午，妈妈在接依依从幼儿园回家的路上告诉她，爸爸出差回来了，还给她带来了各种颜色的画笔。依依听到后很高兴，下了车就一路小跑着上了楼，进了家门。和爸爸一阵亲热之后，依依要看她的画笔。爸爸从行李包中拿出来给了依依，只见依依高兴地打开包装，爱不释手地玩来玩去。

这时，爸爸拿来一些纸，让依依在上面画。可是，依依仍然喘着粗气，而且她还没有玩够呢。只见依依坐在椅子上，一边画画，一边看看装画笔的漂亮小盒子，似乎对画画兴趣不太，反而对画笔兴趣盎然。见状，妈妈就让依依接着玩画笔，过一会儿再画画。这下，可顺了依依的心思，她把画笔全倒了出来，一支一支地排列好，还拿着包装盒看了又看，研究了好长时间。最后，依依又重新将画笔按照顺序一支一支地放

了回去。

一旁，妈妈轻声告诉爸爸，刚才依依很兴奋地跑上楼，回到家后她很难立刻画画。对她的要求不合理，依依自然不能集中注意力去画画了。听了妈妈的话，爸爸明白了。

由上述案例我们可以了解到，在孩子进行不同性质的活动之间，转换时要尽量平和，给孩子一个过渡的准备，这样孩子的身体器官运作才能更加协调，孩子的生活才能有张有弛、动静交替，更加有规律性。

方法三：巧用游戏，培养孩子集中注意力

绝大多数的孩子爱玩游戏，在游戏的过程中，孩子一般能保持长时间的注意力。针对这种情况，妈妈可以有意识地利用一些游戏，来培养孩子集中注意力。

用妈妈的话来说，煦煦这孩子有点"笨"，给他一样东西他看一下就能记得住，但是多了就不行。从书上妈妈了解到，煦煦的这种表现也是注意力不能集中的一种。而且，妈妈从书上学到了几个游戏，来帮助煦煦培养注意力。

有了方法就要赶紧试，妈妈拿出三张不同的扑克牌，让煦煦记住其中的一张。然后，妈妈随意翻转调换，重新排列扑克的顺序，再让煦煦找出之前记住的那一张牌。煦煦每次都能认得出。于是，妈妈就逐渐增加让煦煦认牌的张数，从三张，到四张……

妈妈在桌子上摆放了小汽车、铅笔、皮球、杯子这四种物品，让煦煦看了半分钟，然后让他闭上眼睛，趁机悄悄地拿走其中一样东西。再让煦煦睁开眼睛，让他说出哪些东西不见了。直到第三次，煦煦才说对了，"很棒"，妈妈夸奖了他。接着，妈妈更换了物品，继续和煦煦做同样的游戏。

渐渐地，这些游戏已经不能难倒煦煦了，当然，他的注意力也正逐步地提高。

事实证明，一些游戏能够锻炼孩子的注意力以及快速反应的能力。同时提醒一下，妈妈应当注意孩子的年龄以及个体间的差异，随着孩子注意力的提高，可以适当地增加难度。

不听老师话的孩子如何教

叛逆期案例

璐璐3岁了，在上幼儿园小班。她挺喜欢去幼儿园的，每天早晨都高高兴兴地去，下午开开心心地回家。然而，令妈妈没有想到的是，有一天接璐璐回家时，两个老师围着妈妈，向她反映璐璐如何不听老师的话，不配合老师的教学活动。

每次上课时，其他的小朋友都会老老实实地坐在那里认真地听老师讲故事，或者学一些边跳边唱的儿歌。璐璐呢，总是喜欢在教室里跑来跑去，老师叫她坐下来她也不配合。有时候还会非常好奇地去玩弄老师的各种教具或者教室里的一些器材、设施。老师交代不能动的东西，璐璐偏要去玩玩，贴在墙上的装饰花、挂在镜前的中国结，都被璐璐撕扯下来，还弄得教室里到处都是。

所有的小朋友都在老师的带领下跳舞，璐璐也不跳，只在一旁观看。吃饭的时候，璐璐喜欢到处跑，老师喊她也不听。上手工课的时候，璐璐就会捣乱，抢小朋友手里的工具，弄坏小朋友的作品，甚至在背后推小朋友一把，真是个十足的"小坏蛋"！

回家之后，妈妈问璐璐在幼儿园里都学了些什么，璐璐回答"不知道"。妈妈又问她为什么不听老师的话，璐璐也说不知道。怎么办呢？妈妈就告诉璐璐，只要在幼儿园里听老师的话，就给她买好多玩具，如果不听话就什么也不买，动画片也不让看。当时，璐璐答应得很好，可是过了一段时间妈妈问老师她的表现，老师说还是那样。为此，妈妈又给璐璐换了一家各方面条件更好的幼儿园。可是，情况依然没有改变，璐璐还像以前那样不听老师的话。

现在，妈妈很着急，担心璐璐上学之后也会这样，没大没小地不守规矩，惹得老师不喜欢，学习成绩也不好。但是又没有好的办法，应该怎么办呢？

妈妈要懂的心理学：孩子不听老师的话可能是想引起老师的注意，妈妈要注意和老师沟通

在入园之前，父母在孩子的心里具有权威性的位置，但是入园之后，情况就发生了改变，老师在孩子的心里有着不可替代的地位。当受到老师的表扬和鼓励时，孩子就会非常高兴，而一旦受到老师的批评或训斥，孩子就会十分难过。这种情况下，就有可能造成孩子不听老师的话，不配合老师的现象。

心理学上有一个"非零和效应"，它来源于"零和效应"，本意就是说，实力相当的双方在谈判时做出大体相等的让步，方可取得成功。可喜的是，社会发展的历程越来越趋向于"非零和"，即现在常说的"双赢"。因此，"非零和效应"也被人们称之为"双赢效应"。在对待孩子不听老师的话这件事情上，妈妈可以引导孩子和老师进行合作，实现"双赢"。平时，妈妈要多和孩子交流，了解他的所想所做，并时常和老师沟通，让老师深入地了解孩子，帮助孩子更加快乐地成

长。

让孩子从感情上接受自己的老师，尊敬老师并喜欢老师，对他以后的发展是十分重要的。可是，孩子为什么会不听老师的话，不配合老师的教学活动呢？主要是想引起老师的特别关注，于是故意和老师过不去，用另外一种方式引起老师的注意。假如老师不理解孩子的这种心理，会认为他在扰乱课堂秩序，是个难以管教的坏孩子而讨厌他。这时，妈妈可以让老师对孩子的这种情况置之不理，在孩子表现好时，及时地对他好的行为进行表扬。渐渐地，孩子就能配合老师，并喜欢上老师。

妈妈和老师是同事的关系，因为大家都做着同样的一件事情，那就是把孩子教育好。所以，妈妈要和老师搞好关系，应该重视老师反映的孩子在幼儿园的表现，然后和老师一起教育孩子，尽量做到家园同步，避免孩子在家一个样在学校是另外一个样。妈妈可以经常给孩子讲一些幼儿生活故事，从而引导他做一个讨人喜欢的好孩子，时间一长，孩子的一些不好行为就能慢慢改正。

叛逆期方法指导：

方法一：引导孩子喜欢老师，帮他建立起良好的师生关系

只有孩子喜欢老师时，才会愿意接受老师的教育，快乐地学习知识。假如孩子不喜欢老师，他就会对老师所讲的课感到厌倦，甚至产生抵触情绪。因此，妈妈要引导孩子去喜欢老师，帮他建立起良好的师生关系。

堂堂是个活泼好动的小男孩，他在家里一分钟也闲不住。一会儿，堂堂把垃圾筒给掀翻了，一会儿又把妈妈的杂志撕成了条状，并弄得到处都是。

223

看到堂堂把家里弄得乱七八糟，妈妈会很生气，无论怎么说堂堂都不听，照旧我行我素地淘气。有一次，妈妈厉声对堂堂说："再不听话，我就把你交给老师，让老师把你关起来。"堂堂立刻停止了所有的动作，乖乖地跑开了。妈妈发现用老师吓唬堂堂这一招特别管用，于是，每当他不乖的时候妈妈就对他说："不吃饭我就告诉老师，让老师批评你。""再捣乱就让老师打你屁股。"……

没过多久，妈妈就发现堂堂不像以前那样活泼了，见到老师也不打招呼了，甚至对妈妈说不想去幼儿园。这时，妈妈才意识到了事情的严重性，她反思了自己的教育方法，看来用老师吓唬堂堂已经给他的心理造成了负面的影响。

于是，妈妈注意自己的言行，再也没有说过老师的"坏话"。同时，妈妈还经常对堂堂说："老师的脾气真好，都不舍得批评你们这群淘气鬼。""老师今天夸你了，她说她特别喜欢你。""老师像妈妈一样疼爱着你们，每天都和你们一起唱歌、玩游戏。"

在妈妈言语的暗示下，过了好长一段时间，堂堂终于知道了老师的好，忘记了老师的"坏"。

由此可见，在日常生活中，千万不要用老师来威胁孩子听话，否则，就会在无形中增添孩子对老师的惧怕，使孩子讨厌老师，并有可能导致他不喜欢去幼儿园。只有让孩子感觉到老师十分平易近人，并十分喜欢自己，孩子才会喜欢老师，听老师的话。

方法二：经常提醒孩子老师对他的关心，帮他消除对老师的不满。

因为孩子的年龄比较小，难免会因做错事而受到老师的批评，这时的他往往不会理解也不能接受，因而会对老师产生抵触情绪。所以，妈妈要经常提醒孩子老师曾经对他的关心，帮助他消除对老师的不满。

霄霄今年3岁了，刚上幼儿园那阵子，每当妈妈问她："幼儿园里的老师最喜欢谁呀？"霄霄总会高高地抬起头，骄傲地说："我！"可是，最近妈妈发现霄霄的态度有了一些转变。这天，妈妈问霄霄："宝贝，你喜欢老师吗？""不喜欢！"霄霄不假思索地说。

看样子，霄霄和老师闹情绪了，妈妈没有立刻问霄霄为什么不喜欢老师了。而是对她说："宝贝，你还记不记得第一天上幼儿园时，你把裤子尿湿了，是老师给你换上了干净的裤子，还把你尿湿的裤子洗干净了？""记得。"霄霄小声地回答。见有效果，妈妈继续说："老师是很爱你的，其实，即使老师批评了你，也是为了你好。现在的你就像一棵刚刚开始成长的小树苗，需要有人扶着才不会长歪。老师如果批评了你，就像是在把小树扶正，为的是让你健康成长。你仔细想一想，老师对你好不好？"

"好。"霄霄睁大眼睛看着妈妈。"那你喜不喜欢老师？""喜欢！"

在孩子和老师闹矛盾或对老师不满时，妈妈要及时地帮孩子回忆老师对他的关心和帮助。这样，孩子就能理解老师，即使受到了批评也知道老师是在帮助自己。

方法三：让孩子记住老师的爱，教他学会感恩老师

幼儿园的老师需要同时照顾许多个孩子，必须得付出大量的爱心、耐心和精力才行，并且要时常注意到每个孩子的感受和需求，会十分地辛苦。所以，妈妈要让孩子记住老师的爱，并教他学会感恩老师。

225

一天下午，妈妈临时有点急事没能按时去幼儿园接君君。看着旁边的小朋友们都陆续地回家了，妈妈却还不来，君君着急地哭了起来。

老师看到了就走过来，抚摸着君君的头安慰她："孩子，不哭，老师向你保证，妈妈一会儿肯定会来接你的。"可是，所有的孩子都回家了，妈妈仍然没有来，君君拉着老师的手问："老师，妈妈怎么还没来接我呀？"老师蹲下来告诉君君："老师给你讲个故事，听完故事妈妈也许就会来了。"说着，老师就开始给君君讲童话故事。故事讲完了，妈妈还没有来，老师又陪君君玩游戏。

天快要黑的时候，妈妈终于来到了幼儿园。君君一下子扑到妈妈的怀里，说："妈妈，你怎么才来？老师给我讲故事了。"妈妈对君君说："宝贝，妈妈来晚了。老师陪你等了这么长时间，还给你讲故事听，老师真好，你是不是应该抱抱老师，然后再对她说声'谢谢'呢？"君君跑了过去，抱着老师说："谢谢老师！"

当知道老师关心、爱护自己的孩子时，要不失时机地让孩子对老师说出感谢。这样，不仅能让老师觉得自己的付出得到了应有的尊重和回报，也能培养孩子的感恩之心。孩子会因此更加喜欢老师，老师也会因妈妈的通情达理和孩子的乖巧懂事而更喜欢这个孩子。

5

第五章

循循善诱，让孩子快乐融入交际圈

孩子不叫人、不懂礼貌怎么办

叛逆期案例

每当听到其他的孩子大大方方地称呼自己"阿姨"时，妈妈就十分高兴，同时，也感到羡慕并自责。因为菲菲已经3岁了，只在家里人面前很活泼，每次带她出去碰到妈妈的同事或者邻居的时候从来不叫人，即便是亲戚朋友来家里做客，菲菲也表现得很拘谨，总是不叫人，显得没有礼貌，这令妈妈感觉有些尴尬。

星期天的上午，妈妈的好朋友李阿姨来家里玩。妈妈赶紧请李阿姨坐下，并倒上茶水。这时，菲菲拿着一个洋娃娃走了过来，让妈妈帮她缝洋娃娃的衣服。妈妈赶紧对菲菲说："宝贝，你看李阿姨来咱们家玩了，快和阿姨打招呼。"可是，菲菲只看了李阿姨一眼。妈妈推了推菲菲："快说'阿姨好'！"菲菲看了看妈妈，又面无表情地看了看李阿姨。

"叫阿姨，阿姨这儿有棒棒糖。"说着，李阿姨从包里拿出两支棒棒糖。可是，菲菲根本不稀罕，仍然不叫。妈妈只好向李阿姨解释："这孩子腼腆，怕生，不爱叫人。"李阿姨笑了笑，说："小孩子嘛，到了她这个年龄都这样。"说着，李阿姨把棒棒糖放到了菲菲的小手里。"快谢谢阿姨！"妈妈在一旁教菲菲，没想到，菲菲拿着棒棒糖就跑开了。无论是引诱还是说她，"阿姨好"三个字菲菲始终都没说出口。妈妈皱起眉头，朝李阿姨耸耸肩："这孩子，真拿她没办法。"

妈妈对待客人特别热情主动，但是菲菲不叫人，这让妈妈觉得自己在客人面前很没有面子，她想客人一定会觉得菲菲没有礼貌，并认为妈妈没有教育好孩子。这可怎么办呢？

妈妈要懂的心理学：孩子不喜欢叫人有心理原因和性格原因，妈妈要注意引导

遇到上述案例中的情况时，完全能够想象得出妈妈在客人面前是多么尴尬和为难。孩子出现这种情况是由于，2~3岁的孩子正处于自我意识形成、发展的初期，他常常以自我为中心，很少关注外界的一些事物，他关注更多的是自己，同样也希望别人多多地关注他。然而，家里一旦来了客人，爸爸妈妈都忙着端茶倒水，陪客人聊天，孩子就失去了"宠爱"，被晾在了一边。客人呢，成为了大家关注的中心和重点，无形之中就成了孩子的"竞争对手"，孩子自然比较抗拒。假如是陌生的客人，对孩子不是很亲近，就更引不起孩子的好感，还怎么期望孩子去称呼他呢？

还有就是，孩子年龄小，在交往经验上有很大的不足，认生、害羞等情况在所难免，而妈妈每次都非要让孩子叫人，没准还三令五申地逼迫孩子叫，结果呢，激起了孩子的逆反心理，越让叫越不叫。为此，妈妈向客人解释："不好意思，孩子不懂事。"然后，妈妈再训斥孩子一番，孩子的心里就会有不愉快的深刻体验，迫使客人成为了孩子的敌人——都是因为你，妈妈才骂我的。非常不好的是，给孩子戴上了"不懂事，不会叫人"的帽子，这对孩子有一定的心理暗示作

用，孩子就更加不叫人了。

2~3岁孩子的可塑性非常强，在以后的生活、学习中会发生很大的变化。所以，在孩子叫人这个问题上，妈妈没有必要对孩子做出硬性要求，必须以尊重孩子为前提，不要给他太大的压力。其实，绝大多数的客人都不会介意孩子叫不叫人，倒是父母经常硬让孩子叫，反而把场面弄得很僵，气氛很紧张。

总之，孩子不喜欢叫人是有原因的，可能是心理方面的，也可能是性格方面的，还有可能是环境造成的。无论哪种原因，妈妈都要认真分析和总结，然后针对具体原因采取相应的解决办法，而不能简单命令或强制孩子改变。

叛逆期方法指导：

方法一：培养孩子的社会交往意识，让他礼貌地叫人

孩子不叫人，妈妈千万别勉为其难地硬要他叫。孩子成长的过程是漫长的社会化过程，并非一朝一夕能够完成的，妈妈不要急于求成。在日常生活中，妈妈可以有意识地培养孩子的社会交往意识，并教他掌握必要的交往技能，以增强孩子的自信，让他礼貌地叫人。

飞飞现在两岁零5个月了，在外面遇到熟人时从来不叫人。妈妈教育了飞飞好多次，可他就是不听。

一天下午吃过晚饭，妈妈带着飞飞出去散步。正好，遇上了同事小徐。妈妈和小徐打过招呼之后，给他介绍："这是我的儿子——飞飞。""飞飞小朋友，你好！"小徐一边问好一边抚摸了一下飞飞的头。转而，妈妈给飞飞介绍："儿子，这是徐叔叔，是妈妈的同事。快叫徐叔叔。"可是，无论妈妈怎样引导，飞飞就是不开金口。没办法，

妈妈只能退让："你不喊徐叔叔，那就对他笑一笑，点点头吧。"飞飞就照做了，妈妈高兴地搂了搂他的肩膀。然后，妈妈和徐叔叔寒暄了一番，就要告别。妈妈对飞飞说："儿子，我们要走了，你跟徐叔叔说再见吧。"

飞飞终于开了金口，只见他摆摆手，微笑着说："徐叔叔再见！""再见，飞飞！"徐叔叔也同样地挥挥手，转身离开了。妈妈趁机夸奖了飞飞："好宝贝，你真棒！"

在遇到熟人时，妈妈要以身作则，坚持跟别人打招呼，在孩子面前树立良好的榜样，这样可以起到良好的示范作用。孩子在耳濡目染下，就会模仿妈妈的行为，同样能主动、热情地和人打招呼。

方法二：讲明道理，让孩子知道叫人是一种礼貌

一般情况下，两岁左右的孩子都喜欢叫人，过了3岁以后就会害羞，并且有自己的主见。孩子不爱叫人，妈妈可以跟他讲道理，对他说明叫人是一种礼貌。千万不要动不动就批评孩子，这会让他更加讨厌叫人。

文文是个活泼可爱的小姑娘，对于叫人，她有时候会主动地去叫，有时候怎么引导她都不叫，真令妈妈捉摸不透。

一天下午，妈妈带文文在小区里玩耍，隔壁的王阿姨高兴地过来逗文文。妈妈让文文向王阿姨问好，可文文就是不叫，无论妈妈怎么说她都不叫。当时，妈妈就把文文拉到一旁，问她："宝贝，告诉妈妈，为什么不叫阿姨？"文文说王阿姨走过来就掐了一下她的脸蛋，很疼，她不喜欢王阿姨，就不叫。知道了文文的心思，妈妈就对她说："宝贝，王阿姨那样做是喜欢你，如果她不喜欢你，才不会过来逗你，摸你的脸

蛋呢。她是觉得你好可爱，想和你亲近亲近。你不叫人的话，王阿姨就不喜欢你了。"文文眨了眨大大的眼睛，然后，妈妈继续对她说："你不叫王阿姨，别人会怎么说呢？别人会说这个孩子真没有礼貌，她的妈妈一定没教她。知道了吗？别人会说妈妈没教你懂礼貌，是妈妈不好。但是我问你，妈妈有没有教你什么是礼貌啊？"

听了妈妈的话，文文点了点头，她走到王阿姨的身边大声地说："阿姨好！"妈妈和王阿姨都夸奖她："真是个有礼貌的好孩子！"

假如孩子在平时会主动地叫人，可在某一天或者对于某个特定的人他就是不叫，妈妈就要和孩子进行交流沟通了，可以直截了当地问他是怎么回事，为什么不叫人，了解孩子的想法之后再实施有效的办法就能很好地解决。

方法三：合理地引导，改善孩子不爱叫人的习惯

为了自己的面子问题而勉强孩子叫人并不是妥善的举措，在孩子不愿意开口叫人时，妈妈不必表现得过于急切，甚至威逼利诱，这样做更容易造成孩子的逆反心理。在遇到熟人时，或利用客人来访的机会，妈妈要及时、合理地进行引导，逐渐改善孩子不爱叫人的习惯。

鸣鸣今年3岁了，每次家里有客人来时，他总是不愿意叫人。妈妈对鸣鸣说过许多次，小孩子要懂礼貌，来了客人得打招呼，等等，可他就是不听。为了让鸣鸣叫人，妈妈常常"威胁"他："和客人打了招呼才有巧克力吃。""你越来越不听话，都不肯叫人，妈妈不喜欢你了。"然而，鸣鸣仍然不叫人，甚至家里一来人就躲到自己的小房间里。既然这样，妈妈就不再勉强鸣鸣叫人了，而是一点一点地教。

有一次，妈妈的一位远房亲戚赵阿姨来家里做客。赵阿姨进门

时，呜呜正坐在沙发上看电视，妈妈就对赵阿姨说："这是呜呜，我儿子。"然后，妈妈又告诉呜呜："宝贝，这是赵阿姨，快问好。"可是，呜呜只看了看赵阿姨，一句话也没说。见状，妈妈就对呜呜说："宝贝，快请阿姨坐下。"呜呜依然没有说话，他站起来往自己的房间走去。正在倒水的妈妈赶紧叫住了他："儿子，你给阿姨拿苹果吃吧。"呜呜就从冰箱里拿出来两个苹果，放在茶几上。这时，赵阿姨问他："呜呜，告诉阿姨，你几岁了？""3岁。"呜呜头也不抬地回答。"上幼儿园了吗？""嗯。"然后，呜呜就跑开了。

过了一会儿，赵阿姨要走了，妈妈带着呜呜一起送送她。这时候，呜呜和赵阿姨已经有点熟了。妈妈就鼓励呜呜和赵阿姨道别，并教给他说"阿姨下次再来玩"。呜呜照做了，妈妈很高兴，奖给他一支棒棒糖吃。

有时候孩子不肯开口，只不过是因为性格内向，或者有些小情绪，妈妈不必过于担心。假如强迫孩子叫人，往往会适得其反，孩子通常会用一声不吭作为回应，而循序渐进地耐心引导，孩子就不会再金口难开。

孩子为何怕生人、不和生人交往

叛逆期案例

晓志现在两岁多了，从小是被保姆带大的，他很少外出，特别怕生人。为此，妈妈每天都会带着晓志到楼下和一些孩子玩，有空的时候也带他去邻居、朋友家串门。

然而，晓志依旧很怕生，去熟悉的人家做客时就紧跟在妈妈的身后，有客人来家里玩他也怕得不行，一逗他就会哭。一天上午，爸爸的同事白叔叔来找爸爸谈事情。晓志正在玩两个弹珠，白叔叔走过来和他一起玩。开始时，晓志只是紧张地看了看白叔叔，并没有特别反感他。接下来，白叔叔把其中的一个弹珠拿在手里，两只手同时往身后一藏，再伸出手来时，弹珠就不见了，白叔叔笑着对晓志说："没有了！"晓志左看右看，也看不出白叔叔把弹珠藏在哪儿了。怎么找都找不着弹珠，加上本来对白叔叔就有陌生感，晓志很害怕，"哇"的一声哭了起来。妈妈哄他："白叔叔和你玩呢，你快喊叔叔，他就把弹珠还给你了。"可晓志就是不喊，还一边哭一边说着："坏，坏……"白叔叔哈哈大笑了起来，拿出弹珠还给晓志，还把准备好的礼物——一个玩具小汽车送给了他。"快谢谢叔叔。"妈妈提醒晓志，但他就是不说"谢谢"。白叔叔让晓志笑一笑，可他也不笑，仍然哼哼地小声哭泣。

晓志总是这样，有陌生人来家里总要哭上一会儿。如果是到了陌生的地方，再有陌生人逗他玩，他就更怕了，一脸惊恐的表情，哭个不停非要妈妈一直抱着才行，根本放不下来。这是怎么回事呢？妈妈应该怎么办才好？

妈妈要懂的心理学：大多数孩子都怕生，原因多种多样，妈妈要"对症下药"

像上述案例中，孩子会对陌生人和陌生的环境感到恐惧，这是由于孩子社会性发展到了一定的程度，感知、辨别、记忆以及人际交往等能力逐步提高的表现。这时的孩子已经有了独立意识，对任何事物都会产生好奇心理，再加上活动范围慢慢扩大，使他有了去探索周围世界的欲望。但是，孩子一旦遭遇他从未见到过的人或物体，就可能表现出胆怯的样子。

这一时期，孩子的独立性和依恋性这两种情绪是共同存在的，依恋的另外一种表现就是分离焦虑。因此，当孩子遇见陌生人时，只要妈妈在身边，就不会特别害怕，至少怕生的情绪没有那么强烈。假如妈妈和陌生人有说有笑，交往很密切，时间一长，这位陌生人便转变为孩子熟识的人了。

孩子怕生、不爱和陌生人交往的原因有很多，主要有以下几个方面：一是缺乏安全感，对妈妈或主要照顾者产生极其强烈的依赖感。而妈妈或主要照顾者又不注意用正确的方式教育和影响孩子，就容易使他造成对人产生畏缩、不信任他人的心理，间接会影响孩子以后的人际关系。二是父母的教养方式不对，过分担心孩子的安全，或者怕孩子受到他人的欺侮，怕吃亏、学坏而不让他出去和小伙伴玩。甚至有些父母担心孩子与人接触会传染疾病，就经常把孩子关在家里。三是孩子性格内向、害羞，不善交往，孩子没有掌握人际交往的方法，不知道如何与人交往，或者曾经有过失败的交往经历，都会让他产生交往退缩，害怕见陌生人。

当然，由于遗传因素的差异、家庭环境以及所受教育的不同，每个孩子怕生的程度也存在着很大的区别。可以说，怕生是这个年龄段孩子的一种正常现象，但是，如果父母任其自然发展，将来就有可能影响孩子的社会化进程。所以，父母要注意引导，一定要用正确的方式方法来教育孩子，让孩子对陌生人既要有一定的警惕性同时又能大方得体。

叛逆期方法指导：

方法一：循序渐进，逐步扩大孩子和陌生人交往的范围

孩子在和陌生的人交往时，喜欢离对方远一点，最好有一定的距离，不喜欢让陌生人接触自己的身体。因此，对于怕生的孩子，妈妈可以先从他比较熟悉的人开始，然后再逐步扩大孩子和陌生人交往的范围，用这种循序渐进的方法让孩子一点点适应与陌生人交往。

恬恬现在两岁零3个月了，她很怕见生人，不喜欢和陌生的人说话。无论在哪儿遇到了陌生的人，恬恬都会躲在妈妈的身后。

一天下午吃过晚饭，妈妈带恬恬到外面散步。走着走着，遇到了妈妈的同学方阿姨。恬恬从来都没见过这位方阿姨，就只是忽闪着大眼睛看她，也不说话。好长时间不见，妈妈和方阿姨热情地打招呼，边走边聊天，各自说说近况。"这是你的女儿？都这么大啦，长得真漂亮。"方阿姨向前走了一步，想拉拉恬恬的手。可是恬恬不乐意，一双小手紧

紧地拽着妈妈的衣角。妈妈只好解释："呵呵，认生了。没错，我女儿，快3岁了。恬恬，这是妈妈的好朋友——方阿姨。"说完，妈妈继续和方阿姨谈天说地，还把方阿姨请到家里做客。

渐渐地，恬恬和方阿姨熟悉了。方阿姨临走时，妈妈提醒恬恬："宝贝，方阿姨要走了，你要不要和她拥抱一下呢？"恬恬张开双臂，很开心地和方阿姨拥抱了一下道别。

尽管妈妈很熟悉，但千万不要很突然地将孩子交给他不熟悉的陌生人照顾或让陌生人抱，以免增强孩子的戒备心和紧张感，这样会让他更加恐惧、害怕。

方法二：不强迫，让孩子以轻松愉快的态度面对陌生人

孩子怕生，妈妈想很快地改变。但是，解决这个问题时决不能一厢情愿地勉强孩子和陌生人亲近，否则只会进一步加深孩子的排外心理。如果孩子怕生，就允许他熟悉后再逐渐和陌生人接近、交往，这样可以帮助孩子消除顾虑，以轻松愉快的态度和心情面对陌生人。

皮皮已经两岁多了，他还很认生，初次见不认识的人总是警惕心很重。家里来了客人时，皮皮就会躲在妈妈的身后，不愿意亲近，但是，也总时不时地偷偷窥视客人。

有一次，爸爸的一位同事宋叔叔来家里玩。看到皮皮站在不远处打量自己，宋叔叔伸出双手，让他过来，想要抱抱他。可是，皮皮却把脸扭到一边，不看宋叔叔了。见状，妈妈告诉宋叔叔："孩子认生，先别理他，我们聊一会儿，他肯定会主动过来找你的。"然后，爸爸妈妈和宋叔叔就开始聊天。皮皮呢，在旁边玩着玩具，隔一会儿就会看看大人们。过了一段时间，皮皮将自己手中的一支玩具手枪递到宋叔叔面前，

宋叔叔刚想接过来时，皮皮又缩手拿了回去。又过了一会儿，皮皮把他的积木、小汽车还有皮球都一件一件地拿过来，全部堆在了宋叔叔的怀里。宋叔叔和皮皮开玩笑："皮皮，你是不是把这些玩具都送给叔叔了？等会儿叔叔就把它们全都拿走啦。"一听这话，皮皮又赶紧把所有的玩具都搬了回去，惹得大人们哈哈笑了起来。

慢慢地，皮皮和宋叔叔熟悉了，并且成了好朋友，他也不再认生，宋叔叔走的时候，皮皮还主动给宋叔叔开门，说："宋叔叔再见！"

由此可见，其实孩子是有与人交往的愿望的，与陌生人进行磨合、交往的机会多了，孩子的恐惧心理自然就能够得到缓解并最终得以克服。

方法三：投其所好，从孩子比较喜欢的陌生人开始接触

一般情况下，孩子比较喜欢年轻的女性和小朋友。因此，当带孩子到户外玩耍、去亲戚朋友家或有人来自己的家里做客时，妈妈可以根据孩子的这些特点，投其所好，从孩子比较喜欢的陌生人开始接触，渐渐地扩展孩子的社交圈子。

珊珊是个很害羞的小女孩，她总是喜欢自己一个人在家里玩，不大出门，见到陌生人就会害怕，甚至有时候还会哭，这么大了还经常让妈妈抱着。

为了改变珊珊的这种性格，妈妈经常带她出去逛街，去公园、商场或超市。妈妈发现，小区花园附近的空地上，经常有许多妈妈带着孩子在那儿玩。于是，妈妈每天都会领珊珊到那个地方去玩。刚开始时，珊珊不敢和别人说话，她总是静静地坐在旁边的椅子上。妈妈就先引导珊珊和比她小的孩子打招呼："告诉妹妹，你叫什么名字，多大了。""你看，妹妹的粉红色衣服多漂亮，你要不要和她拥抱一

下？""弟弟刚学会走路，你是姐姐，要扶着他哦。"渐渐地，珊珊不仅和一些小孩子熟悉了，还敢和许多阿姨主动打招呼。

时间一长，珊珊很喜欢和小朋友们一起玩游戏，要是哪一天妈妈不想出去，珊珊就非得拉着妈妈的手要出去玩一玩。

从上述案例中我们可以看出，让孩子先和漂亮的阿姨或小朋友打招呼，能让他逐渐意识到除了家里的亲人之外，周围还有许多的人，他们也都是和蔼可亲的，用不着害怕。

孩子不喜欢与小朋友分享怎么办

叛逆期案例

梦舒现在两岁零9个月了，在上幼儿园小班，她在家里可是个宝贝，大人们对她宠爱有加，什么好吃的好玩的全都给她留着。长期以来，使梦舒形成了一个习惯：好吃的就应该是她的，从来不与别人分享。

有一次，妈妈买了一袋QQ糖，梦舒很喜欢吃，拿着袋子不放手。最后，妈妈说："宝贝，现在只剩下一块糖了，给妈妈吃吧。"梦舒把糖攥得更紧了，不肯给妈妈。妈妈开导她："妈妈对你那么好，疼爱你，照顾你，你不能给妈妈吃吗？"梦舒听后，觉得很委屈，眼泪就掉了下来。见到这情况，妈妈只好作罢："好，好，不给妈妈吃，梦舒吃。"

姑姑家的小表妹比梦舒小1岁多，一天，妈妈把梦舒小时候的衣服、鞋子、玩具等整理到一个箱子里，准备送给小表妹。一听说自己的东西要送给别人，梦舒不干了，她紧紧地抱住箱子，说："这是我的，不给她！"妈妈对她说："这些都是你小时候用过的旧东西，现在你长大了，用不着了，正好妹妹能穿，能玩，就给她吧。""我不！这是我的！"梦舒仍然不同意，抱着箱子不松手，就是不让妈妈把那些东西拿走。

在幼儿园里，梦舒也非常小气。据老师反映，梦舒不随便拿别人的东西，但是也不让别人拿她的东西。有时候同桌的文具没带全，想向梦舒借画笔或橡皮，梦舒却把自己的东西护得紧紧的，怎么都不肯借给别人用。

妈妈试了许多方法来引导梦舒，让她学会分享，可是没有用。现在的孩子，怎么都那么自私呢？妈妈应该怎么办？

妈妈要懂的心理学：孩子认为分享就是失去，从而不愿意与人分享，妈妈要注意诱导

孩子不懂得分享，不懂得礼尚往来，不懂得拓展良好的人际关系，往往让妈妈觉得既尴尬又生气，认为孩子小气，同时也担心孩子在以后的待人处世中能力不足。其实，教孩子学会分享是要有个过程的，这时的孩子没有所有权的概念，他的东西是他的，别人的东西也是他的，他的东西就是不能给别人……孩子不愿意与人分享，是因为他觉得分享就是失去，自己就没有了。因此，妈妈一定要让孩子明白分享不是失去而是互利这个概念，让孩子在感受爱的温暖和快乐的同时，也要帮助他学会爱别人、帮助别人。

鲁迅先生曾经在《无声的中国》一文中写道："这屋子太暗，说在这里开一个天窗，大家一定是不允许的。但如果你主张拆掉屋顶，他们就会来调和，愿意开天窗了。"这种先提出不合理的要求，接着提出较小、较少的要求，就容易被人们所接受了，在心理学上这被称为"拆屋效应"。在孩子不喜欢与人分享这件事情上，妈妈可以照此效应，先对孩子提出较大的分享要求，孩子不答应时，再提小的要求，一般情况下，孩子就会答应了。

话再倒回来，孩子为什么不愿意分享呢？其中有什么样的心理原因呢？造成

孩子不愿意分享的原因主要有以下四点：其一，孩子的占有欲强，是他的东西就不允许别人碰。其二，孩子总是以自我为中心，只接受不愿意付出。其三，孩子不懂得"借"的意义，深怕自己的东西一借给别人就不再属于自己。其四，孩子以前借东西给别人，有被弄坏了或没有还回来等不愉快的经验。了解了以上几种原因之后，妈妈还要判断孩子小气是属于哪种原因，然后再调整教养方式和方法，适当引导，就能逐步帮孩子调整。

叛逆期方法指导：

方法一：从小培养，让孩子愿意同别人分享

孩子不愿意分享，妈妈不要一味地责怪他，因为这和父母的教育方法有直接的关系，妈妈一定要先反省自己。从小，父母就应该培养孩子的分享意识，让他慢慢地养成一个好习惯，愿意同别人分享。

天天今年3岁了，他特别喜欢听妈妈讲故事。从很小的时候，妈妈就给天天讲"孔融让梨"的故事，并且每次需要他与别人分享的时候，妈妈就会以孔融为例，引导他分给别人。

一天上午，隔壁的周阿姨有急事出去了，把儿子伟伟拜托给妈妈照料一下。伟伟比天天小半岁，他们经常在一起玩，天天很知道让着伟伟。妈妈让天天陪着伟伟玩一玩，并让他把玩具借给伟伟玩。天天很懂事地把自己的变形金刚、小汽车等玩具都拿了出来，很慷慨地给伟伟玩。伟伟不会玩变形金刚，天天就教给他怎样玩。两个孩子在一块玩得很开心。

中午要吃饭了，妈妈做了天天最爱吃的油焖大虾。虾上桌了，妈妈剥好一个，天天就迫不及待地吃掉一个。妈妈看到了，及时地提醒他："天天，伟伟也喜欢吃虾，妈妈剥好的你们俩一人吃一个。""好吧。"说着，天天把已经拿在手里的虾给了伟伟，自己坐在一旁等下一个。

晚上，周阿姨把伟伟接走了。妈妈伸出大拇指夸奖天天："宝贝，你能把玩具和吃的都分给伟伟，做得真好！"受到表扬，天天也非常高兴。

在孩子有了分享的举动时，妈妈要及时给予鼓励和赞扬，使孩子从精神上得到满足，感受到分享乐趣。妈妈要用正确的方式方法让孩子明白，好的东西不能只顾自己，在他接受爱的同时也应学会付出爱。

方法二：在满足孩子的基础上，教育他与别人分享

一般情况下，如果孩子有足够多的东西，他都不会小气，喜欢跟别人分享。因此，在给孩子买东西时，如果条件允许可以多买一些。在满足孩子的同时，再教育他与别人分享。

梵梵是个两岁多的小女孩，如果手里只有一点儿东西，无论怎样开导，她都不会分给别人。但是只要手里有许多的东西，梵梵还是十分乐意分给别人的。

有一次，妈妈带梵梵出去玩，出门前，梵梵拿了一个小面包放在口袋里。在外面，梵梵和小朋友们玩得很开心。过了一会儿，梵梵想起自己的小面包，便拿出来要吃，让妈妈帮她打开包装。这时，旁边的一个小哥哥也和他的妈妈闹着要面包吃，妈妈就掰开一半，分给了那个小朋友。眼睁睁地看着自己本来就没多少的面包减少了一半，梵梵不乐意了，非得跟小哥哥要回来。小哥哥的妈妈想给两个孩子再买些面包，

可附近根本没有商店。妈妈就告诉梵梵，咱们家还有好多呢。听了妈妈说到还有好多，梵梵才不再闹了，开心地让小哥哥把面包吃了。从那以后，每次外出前，妈妈都会让梵梵多带一些好吃的东西，以便于分给别的小朋友一起吃。

在家里，妈妈买好吃的东西时，经常是尽量多买一些，然后分成多份，让梵梵一一送到每个人的手中，这时，梵梵总会高兴地照做。

有一样东西孩子十分喜欢，可是这样的东西只有一份，孩子肯定不愿意给别人。因为自己的需求都无法得到满足，自然就不会跟别人分享。因此，教孩子学会分享应该建立在满足他自己需求的基础上才行。

方法三：不能强制执行，应该让孩子自己决定是否要和别人分享

在教育孩子让他与别人分享某些东西的时候，应该用商量的口吻和他谈，让他心甘情愿地与他人分享，千万不能强制执行。如果强制孩子把自己的东西和别人分享，让他不情愿地把东西分给了别人，会给他的心灵造成伤害，给他带来巨大的恐惧感和危机感。还有可能会让孩子产生这样的想法：我的东西被强行分给了别人，我也可以强行得到别人的东西。如此一来，分享变成了交换，甚至是霸占，造成了适得其反的效果。在以后的生活中，孩子会把自己的东西看护得更紧，使孩子与父母之间产生隔阂，影响亲子关系。

孩子是自己东西的主人，他有权决定是否分享。分享是优点，不分享也没有错。所以，妈妈教育孩子时，不能要求孩子把自己的东西无限分享。可以教给孩子分享的好处，能够表示友好，可以交到更多的朋友，等等。还有，妈妈应该给孩子提供分享的机会和条件，比如，买一些东西让他带给幼儿园的小朋友，引导他主动将自己的玩具或用品借给其他的孩子……假如孩子无论如何都不肯分享，妈妈也不必着急，到了一定的年龄段，他必然会愿意分享，因为他的心理发展已经日趋

成熟。

　　除此之外，父母应该以身作则，在日常生活中慷慨大方，乐于与亲朋好友分享，以自身的良好行为来潜移默化地影响孩子。

不喜欢和小朋友合作怎么引导

叛逆期案例

颖颖现在两岁零8个月了，她经常一个人在家里玩，很少和其他的小朋友一起玩，不懂得合作，遇到困难时，也不知道去求助别人。

一天上午，邻居家的孩子霖霖来家里玩。颖颖正在搭积木，她想搭一座城堡，可搭来搭去都失败了，城堡一次又一次倒塌了。急得颖颖皱起了小眉头，摔起了积木。霖霖看到了，走过来想帮忙，颖颖却不领情，一把推开了霖霖的手。妈妈看见了，告诉颖颖："霖霖哥哥会玩积木，能搭很多漂亮的城堡，快请他帮帮你吧。""不要！"颖颖一边说，一边将搭了一些的城堡全部给推倒了。

过了一会儿，颖颖抱着洋娃娃玩，给洋娃娃穿好衣服之后，她突然想到要给娃娃做饭吃。于是，颖颖把小碗、勺子、塑料刀等全套的仿真厨房用具全部拿了出来，还到厨房里拿了几片菜叶子。霖霖也想参与到做饭的游戏中来，便对颖颖说："咱们俩一起做饭吧，我来切菜。"颖颖还是不同意："我切。"说着，抢过霖霖手中的刀，自己切了起来。塑料刀根本不锋利，切起菜来特别不好用，实在切不动了，颖颖就用小手撕，就是不请霖霖帮忙。

颖颖总是这样，一点儿合作意识都没有，很多事情完全靠她自己根本做不好。妈妈想要改变她，可不知道用什么样的办法好。

妈妈要懂的心理学：孩子不懂合作是独生子女的共性，妈妈要巧妙诱导

分析上面的案例之前，先明确一下什么是合作。合作，指的是两个或两个以上的个体或群体为了实现共同目标或共同利益而自愿地结合在一起，通过彼此之间的相互配合而实现共同目标或共同利益的一种联合行动。对于2~3岁的孩子来说，合作就是在做游戏、学习的过程中，能够主动配合、分工合作，使活动能够顺利进行下去，同时每个人都能从中实现自己的目标。可是，在现代家庭生活当中，绝大多数是独生子女，他们之间的合作互助行为较为少见，更常见的是孩子自私、自利、霸道、专横等行为。然而，如果孩子不懂合作，那么将会严重制约他今后的发展。由此可见，培养孩子养成良好的合作习惯，对他有着极其重要的意义。

在自然界中，有这么一种现象，一株植物单独生长，就会矮小，而与众多同类植物一起生长，就会根深叶茂、生机盎然。人们把这种相互影响、相互促进的现象，称之为"共生效应"。妈妈可以充分利用这种效应的原理，教孩子在相互合作中获得发展。

妈妈可以通过增强孩子合作意识的方式，激发孩子的合作愿望。当孩子一个人玩的时候，可以引导他和别人一起，让孩子通过合作获得更多的乐趣。比如，游戏是提高孩子合作能力最直接有效的活动，妈妈要鼓励孩子积极参加。在游戏的过程中，孩子可以逐步摆脱以自我为中心的思想，从一个人独自玩发展到与伙伴共同游戏，自然而然地就发展了孩子的合作能力。当然，假如孩子在游戏等活动中与伙

伴发生了争执或矛盾，妈妈应及时疏导，帮助孩子协调关系，确定共同的目标，使活动顺利进行。总之，只有提高孩子各方面的能力，让他学会与伙伴相互合作，才能使其健康、活泼地成长。

叛逆期方法指导：

方法一：为孩子提供、创造合作的机会和条件

日常生活中，妈妈要多多地为孩子提供、创造与伙伴合作的机会和条件，激发孩子合作的动机，让他在实践中逐渐学会相互协商、配合以及友好合作。

有空的时候，妈妈就带博艺到公园、小区的绿地上玩，那儿有许多的小朋友可以一起玩。当然，妈妈也会经常邀请博艺的小伙伴到家里来玩。

星期天的上午，铭铭被妈妈送到博艺家里来玩。半小时后，艳艳拿着一只气球也来了，孩子们看到气球就想要玩"拍气球"的游戏。可是，气球只有一只，怎么能让三个人一起玩呢？博艺就让妈妈给他们买气球。想到孩子们难得聚在一起开心地玩，妈妈就特意下楼去商店买了两只，还帮他们吹了起来。这下，一人一只气球，他们玩得很带劲。然而，不一会儿，艳艳的气球碰到锐物，破了；博艺的气球被他踩了一脚，也坏了；只剩下铭铭手里的一只气球，三个孩子开始抢了起来。妈妈见状，给他们出了一个好主意，三个人轮流拍气球，一个人拍一下，这样气球就会一直在空中，不会掉下来了，如果谁没接准，气球掉了下来，就由谁负责把气球再拍上去。说着，妈妈做了示范。孩子们马上就明白了，然后就开始玩游戏。

直到第三个气球也玩坏了，他们才开心地结束了这个游戏。妈妈就

请三个孩子共同把破碎的气球全都收拾起来，扔进了垃圾桶里。

案例中的妈妈给孩子们提供了游戏时所需要的材料，并及时地给他们制定了游戏的规则，让孩子学会了合作，从而培养了合作精神，同时，也使孩子们明白了，只有相互配合才能使游戏进行下去。

方法二：教给孩子合作的方法，指导他怎样合作

许多孩子可能不知道如何去合作，这就需要妈妈教给他们合作的方法，指导他怎样合作。如此一来，孩子在不断地游戏过程中，就能自觉地与伙伴们合作。

桓桓、运运和莉莉三个孩子是邻居，年龄差不多，一起长大，现在上了幼儿园，他们也经常在一起玩。

这天，运运和莉莉又不约而同地来到了桓桓的家里一起玩。玩什么呢？"玩变形金刚打仗。"桓桓提议。"又打仗，我不玩。"莉莉表示反对。"那玩剪刀·石头·布吧。"运运说。桓桓又不同意了："不好玩！"一时间，三个孩子没了主意，便跑过来问妈妈。妈妈说："你们自己商量吧，想玩什么就玩什么。"莉莉想了想，说："我们玩娃娃家吧。""那好吧。""我来当'妈妈'。"桓桓说。"不行，我来当。"莉莉赶紧说。"我要当'妈妈'。"运运也说出了自己的想法。见他们吵了起来，妈妈就问："你们都想当'妈妈'，可是这个家里没有了'娃娃'和'爸爸'，怎么办呢？"这时，桓桓就说："那我来当'娃娃'吧。""我当'爸爸'。"运运也选择了自己的身份。"那好，你们一起把需要的东西都拿过来，然后玩吧。"妈妈对他们说。三个孩子便行动起来，洗衣服、做饭、看娃娃。这时，妈妈看到运运费劲地搬着一个大箱子，就问他："运运，你搬箱子做什么？""这里

是娃娃的玩具，要搬过去让他玩。""你给他拿一两个玩具不就行了吗？""不行，娃娃哭了，要所有的玩具。"见运运这么执著，妈妈只好说："桓桓，快过来帮运运搬箱子。"桓桓跑了过来，帮运运把箱子搬了过去。

就这样，三个孩子愉快地合作组成了一个"家庭"，并且很好地分工，将"娃娃家"游戏顺利地进行了下去。

通过妈妈教给的方法进行合作，孩子能做得更好，玩得很开心，孩子就能明白合作有很多好处，从而更能激发孩子合作的积极性。

方法三：体验合作成功的喜悦，从而更积极地参与合作

在活动中，孩子之间的合作常常会使他们的活动变得快乐而有趣，合作成功也能增进孩子之间的友情。可是，孩子自己感觉不到，他并不懂得合作的重要性。所以，在孩子有合作行为，并有一定的成果时，妈妈要及时给予表扬，让孩子体验到合作成功的喜悦，从而更乐于合作。

欣欣和美美是好朋友，她们俩经常在一起玩游戏。有一次，在欣欣的家里，两个小姑娘搭起了积木。

没过一会儿，欣欣大声叫了起来："我的好，你看我垒得多高。""我的才是好房子呢。"美美也不甘示弱。原来，两个孩子在比谁搭的房子漂亮，并为这事吵了起来。妈妈听到了，走过来，看到两个孩子的成绩，鼓励说："你们两个人搭得都很好。这回呢，你们俩一起搭，肯定能搭出更好、更漂亮的房子。"

"好啊，好啊。"听了妈妈的话，欣欣和美美都表示赞成，她们不再争吵了，而是把所有的积木都拆开，重新开始搭房子。过了不久，

欣欣让妈妈看她们搭成的大房子，妈妈过来一看，好漂亮的一座大房子，旁边还有一个大大的彩虹桥。妈妈朝欣欣和美美竖起大拇指，夸奖她们："你们两个合作伙伴搭的房子可真漂亮，真像白雪公主住的宫殿。"

听到妈妈的夸奖，欣欣和美美都高兴极了，她们两个商量："我们再搭个比这还大、还漂亮的房子吧。"

让孩子感觉到合作的好处，尤其让他清楚合作与不合作之间的差异，这样能激发孩子进一步合作的想法和合作的意识，逐渐让合作成为孩子的自觉行为。

和小朋友争抢玩具是正常现象

叛逆期案例

宣宣已经两岁零7个月了，他有一个坏习惯，就是看到其他的小朋友有新的、好玩的玩具，就会一把抢过来，抱在怀里不放，然后把别人的玩具拿回家。

一天上午，比宣宣小几个月的表妹来家里玩。一开始，宣宣还知道让着妹妹，但很快地，他就不干了，自己的小汽车、玩具手枪等都不让妹妹碰。妹妹自己带来了一个漂亮的洋娃娃，宣宣看到后，跑过去一下子抢了过来。妹妹自然不乐意，也和宣宣抢，他就用力地把妹妹推开了。妹妹大声哭了起来，妈妈听到后赶紧跑过来，生气地从宣宣手里夺过洋娃娃还给了妹妹。

小区里有好几个和宣宣差不多大的小朋友，经常在一起玩。宣宣特别能抢玩具，每当他抢了别人的玩具，大人们就会拿其他的玩具去哄被抢了的孩子。妈妈经常教育宣宣要跟小朋友友好相处，不能抢别人的玩具。但是不管用，见到有小朋友拿来新奇的甚至家里有但他都不怎么玩的玩具，他也会抢。抢不过就会又哭又闹，这时候，人家的家长看到了这种情况一般都会劝自己的孩子让着宣宣，把玩具让给他玩一会儿。

让妈妈不解的是，每次妈妈带宣宣去文具店或是商场，他对各种文具和玩具都没有多大的兴趣。可是，一到了幼儿园，宣宣看到其他小朋友很好看的学习用具或者好玩的玩具，就很想要，并且经常是不由分说，上去就抢。为此，经常和小朋友发生争执，挨老师的批评。然而，即便拿到自己想要的东西后，宣宣也不会格外喜欢和珍惜，总是随意地扔在角落里。

妈妈经常对宣宣说，如果有自己喜欢的玩具，可以告诉妈妈，到时给他买，不能随便抢别人的东西。可是，效果微乎其微。妈妈想知道：应该如何做才能正确地教育好宣宣呢？

妈妈要懂的心理学：玩具越不是自己的，孩子越觉得好

2~3岁的孩子正处于自我意识的萌芽时期，这个时期，刚建立"我"的概念，还不能很好地将自己跟其他事物区分开，不会站在别人的角度去思考问题。孩子认为，不管谁手里的玩具都是自己的，自己都可以随便玩。所以，孩子抢玩具的行为就发生了。然而，孩子这种不为他人着想、不顾及别人的想法和感受的做法，是自私、霸道性格的表现，影响着孩子之间的交际。

美国经济学家凡勃伦注意到了这样一种奇特的消费倾向，即商品的定价越高，越能受到消费者的青睐，人们反而越愿意购买。人们把这种现象称之为"凡勃伦效应"。对于孩子来讲，他也有这样一种心理：玩具越不是自己的，孩子越觉得好。比如说，某个玩具，根本没有人玩，一直扔在角落里，孩子看到了也不玩。当有一个孩子拿起来玩时，他就觉得好了，认为这个玩具十分有趣，就会想方设法地抢到手里自己玩。类似的情况在生活中是很常见的，对此，妈妈一定要注意自己的

教育方式和方法，正确对待，并有意识地进行引导，避免孩子的个性朝不良方向发展。

其实，孩子抢夺玩具的行为并不是蛮横霸道、不能教育的。假如孩子强行抢走别人的玩具，妈妈要马上介入，并告诉他：那是别人的玩具，想要玩必须得征得别人的同意才行。经过劝说，如果孩子既不去和玩具的主人商量，又霸道地不归还，妈妈就要强行把玩具还回去了，给他树立这样一种观念：抢别人的东西是不对的。一旦孩子抢别人的玩具成了习惯，就会面临这样一个后果：其他的小朋友都不喜欢跟他在一起玩，他将失去好多朋友。针对这种情况，妈妈就可以让他体验由此带来的失落感，同时告诉他：因为你总是抢人家的玩具，人家才不跟你玩了，以后不能抢人家的玩具了。这样的自然后果教育法对孩子有一定的效果。

另外，妈妈可以鼓励孩子和小朋友一起玩玩具或轮流玩，让他多多体验合作游戏带来的愉悦感，孩子就能学会分享和合作。只要妈妈耐心指导，孩子就能学会为他人着想，同时也学会与同龄的小伙伴进行交往。

叛逆期方法指导：

方法一：教孩子分清物权，从而帮他改掉抢玩具的坏习惯

成人能很清楚地辨别事物的所属关系，可是孩子就不一样了，要让他理解就需要一个过程。因此，在日常生活中，妈妈不仅要让孩子认识自己的东西，还要不失时机地让他记住属于别人的东西，教他分清物权，从而改掉抢他人玩具的坏习惯。

雯雯今年两岁了，以前，雯雯就是见不得别的小朋友拿玩具，看到了就必须得抢过来，不然就哭。不过，现在雯雯长大了，不那样做了，因为妈妈经常教雯雯认识哪些是自己的东西，哪些是别人的东西，还让她指认出来。并且告诉雯雯，不能随便拿别人的东西，更不能抢，如果

要用，也一定要征得别人的同意才行。

　　雯雯能识别自己的东西，像喝奶的瓶子，红色的小袜子，盖的小被子等等都能认得清清楚楚。不仅如此，家里所有的东西，雯雯也都知道谁是它的主人，玻璃杯是爸爸的，皮包是妈妈的，拖鞋是奶奶的，老花镜是爷爷的，等等。每次收衣服时，妈妈一件一件地从衣架上拿下来，雯雯就站在旁边看，嘴里还嘟囔着："这是奶奶的……爸爸的……这是妈妈的，这是雯雯的……爷爷的……"

　　走出家门，妈妈也会明确地告诉雯雯：小童车是明明的，粉红色的洋娃娃是菲菲的，飞机是翰翰的……有一次，翰翰骑着小童车在小区里一直玩，明明想要回去，可翰翰偏不给。妈妈问雯雯："小童车是谁的？"雯雯说："明明的。""可是，翰翰不给明明，他做得对不对？""不对。"

　　通常情况下，孩子不仅能认识、记住属于自己的东西，并且会强烈地维护自己的东西，还往往会把周围并不属于自己的物品也误认为是自己的，尤其是他喜欢的，更是迫不及待地要抓在手里。因此，帮孩子分清物权能从根本上解决孩子抢夺玩具的行为，让他明白，不能随便抢别人的东西。

　　方法二：教孩子礼貌地说出自己的要求，杜绝他抢夺

　　对于自己想要的东西，2~3岁的孩子没有办法完全说清楚，这时，动手直接抢过来是最有效的办法。因此，对于孩子的不当行为，妈妈在及时制止的同时，也要教他用文明的语言礼貌地说出自己的要求，来杜绝他抢夺别人的东西。

　　辰辰才两岁零3个月，年龄不大，可是却在周围的小朋友中以蛮横霸道闻名。因为辰辰在和小朋友一块玩时，只要看到别的小朋友手上有

新的玩具，在根本没得到允许的情况下，就去动手抢。小区里的小朋友都防备着他，有时候一见到辰辰就躲得远远的。

为此，妈妈经常教育辰辰："儿子，我们不能去抢别人的东西，那样做是不对的。"妈妈还教给辰辰一个方法，就是在想玩小朋友的玩具时，先礼貌地问问行不行。为此，妈妈特意说给辰辰听："你去跟小朋友说，给我玩一下好吗？待会儿就还给你。"辰辰照做了，一些小朋友就将自己手中的玩具给辰辰玩。这样，辰辰就知道了，玩别人的东西时，要事先说一下才可以。

如今，妈妈很少看见辰辰抢小朋友的东西了。每次辰辰喜欢别人的东西时，就会看着妈妈，说："妈妈，我喜欢小朋友的东西。"于是，妈妈就告诉他："你可以跟他商量商量呀，你自己想办法吧。"这时，辰辰就会很礼貌地上前说："请你把玩具借给我玩一下好吗？"

很多时候，并非孩子天生喜欢抢夺东西，只是他不知道如何用正确的方式方法去借。所以，教孩子说出自己的要求，是很有效的办法。同时，也加强了孩子的礼貌观念，让他明白了，讲文明懂礼貌才能成为受欢迎的孩子。

方法三：帮孩子建立交换的意识，从而让他不再抢夺

在请求玩其他小朋友的玩具未果时，孩子的心理就是：不给我，我就抢！这时，妈妈要及时提醒，禁止用否定性的评价，也不要喝斥孩子。可以指导孩子建立交换的意识，为他积累交换的经验，从而教孩子不再抢夺。

琪琪今年两岁多了，无论在家里还是在外面都经常抢其他小朋友的玩具，人家玩什么她就抢什么。有时候，妈妈为此特别苦恼。

一天上午，妈妈和琪琪一起，带着小桶和铲子到小区里玩。邻居

家的孩子莎莎拿着一个兔子形状的毛绒玩具，琪琪看到了很喜欢，自己也想要玩一会儿，可是，莎莎抱着玩具不松手，不想让琪琪玩。正当琪琪想抢过来时，妈妈赶紧拦住了她，并且说："宝贝，你是想看看莎莎的小兔子和你的小兔子有什么不同，想玩一玩是吗？那好，宝贝就用自己的小桶和铲子跟她换过来玩一下吧。"于是，妈妈一手拿着小桶和铲子，一手牵着琪琪，走到莎莎面前："莎莎，琪琪想借你的小兔子玩具玩一下，我们用小桶和铲子跟你换，好吗？"莎莎犹豫了一下，把手里的小兔子给了妈妈。"谢谢你，莎莎！给你小桶和铲子，去玩吧。"

拿到了小兔子玩具，琪琪很开心，她玩了一会儿就还给了莎莎。以后，每次出门时，妈妈就会让琪琪带一件玩具出门，用于和小朋友交换。

在孩子有了第一次成功交换的经验之后，他一定会乐于用这种方式跟小朋友交往的。在为孩子做了一次引导后，就要支持、鼓励孩子自己去进行交换，来提高他的语言表达能力和人际交往能力。

孩子和小朋友打架如何处理

叛逆期案例

舜舜现在两岁零8个月了，最近这段时间，他只要和小朋友一起玩就会打架，甚至一提到小朋友的名字他就会说打。

这天下午，妈妈去幼儿园接舜舜。可是，舜舜看到妈妈来了，说："我还要玩一会儿。"妈妈站在门口，对舜舜说："不行，我回去还要做饭，得赶紧走！"舜舜不同意："我要玩！"妈妈生气地说："你要不走，那我走了。""不嘛，我要玩一会儿……"说着，舜舜撅起嘴快哭了。见状，妈妈只好说："那好吧，就玩一小会儿。"舜舜高兴地答应了。活动室里有一个黄色的大皮球，舜舜看到了就跑过去玩。正好，另外一个小朋友鸿鸿也拿到了这个球。两个孩子你不让我，我也不让你地争了起来。舜舜说："是我先拿到的。"鸿鸿说："不对，是我先拿到的。"妈妈看到了，走过来对他们说："你俩商量一下，想个办法看怎么玩。不然的话谁也玩不起来。"于是，鸿鸿用商量的口气对舜舜说："我先玩，等一会儿你再玩，行吗？"舜舜松开了抓着皮球的手，妈妈以为他同意了，正要夸奖他，没想到舜舜往前走了两步，狠狠地打了一下鸿鸿的胳膊。鸿鸿一下子哭了起来，他也不甘示弱，使劲地朝舜舜的胳膊上乱抓一气，舜舜接着还手。妈妈赶紧把他俩给拉开了，给了鸿鸿几颗糖，把他哄不哭了，才罢休。

在回家的路上，妈妈一遍又一遍地告诉舜舜，无论在什么时候都不能和小朋友打架，玩具要友好地商量着玩。可是，任凭妈妈如何苦口婆心地劝说，舜舜都好像没听到一样。

妈妈要懂的心理学：当孩子之间发生利益冲突时，他们就会用打骂的方式来解决，这是一种自然的竞争行为

孩子总爱和小朋友打架，这是他的一种攻击性行为，是不能友善处理和小朋友之间关系或争执的表现。这是由于孩子的年龄小，判断力和解决问题的能力有限，再加上经常看一些打打杀杀的动画片，就会令他有意无意地模仿其中的人物。因此，在孩子和小朋友打架时，妈妈先要从孩子的角度考虑，不能一味地训斥自己的孩子，也最好不要为了"替孩子出口气""不能受他的欺负"等等卷入孩子之间的纠纷。

心理学上有一个"零和博弈法则"，说的是在严格的竞争环境下，一方的收益必然意味着另一方的损失，博弈各方的收益和损失相加总和永远为"零"。因而，双方都想尽一切方法以实现"损人利自己"的目的。当孩子之间发生利益上的冲突，却又没有更好的办法来解决时，孩子只有选择以打架论输赢的方式来争取自己的利益不受损失。妈妈不要因此给孩子扣上"坏孩子"的帽子，这个阶段的孩子不能用品质优劣来进行评价。因为在孩子的潜意识里并没有善良或凶恶的观念，他所表现出的是一种最本性、最自然的竞争行为。然而，习惯性的攻击行为严重地影响孩子人格和品德的发展，甚至有可能导致孩子成人后的犯罪行为。所以，妈妈一定不能忽视，要用正确、有效的方法进行扼制。

一般情况下，孩子打架无非是以下三种情况，妈妈要根据具体情况判断准确，再有针对性地加强指导。其一，其他的小伙伴在哪方面比自己优越，孩子就采取破坏性的行为攻击别人。这时，妈妈要帮助孩子摆正心态，提高其相应的能力。其二，有的孩子自尊心很强，别人对他稍有微词，他就会控制不住自己，与人发生冲突。对于这种孩子，妈妈要培养孩子宽广的胸怀，引导他的自尊心往正确的方向发展。其三，有的孩子脾气火暴，和小朋友发生了一丁点儿的矛盾就会动手打架。这就需要妈妈平时多与孩子交流，教育他学会冷静地思考和解决问题。

俗话说："一个巴掌拍不响。"孩子经常打架，妈妈既不能偏向别的孩子，也不能把责任全部推到其他孩子的身上。比较理性的做法是，让孩子充分倾诉，了解相应的细节，然后找到问题的关键所在，教给孩子妥善处理的方法。

叛逆期方法指导：

方法一：正面指导，化解孩子之间的冲突和矛盾

孩子不可能事事和别人保持一致，冲突是极为正常的。可是，有些孩子特别喜欢与别人争执、打架。虽然爱打架的孩子有各种情况，但是用拳头解决问题并不是最好的方式。妈妈可以进行正面指导，给孩子讲讲道理，化解孩子之间的冲突和矛盾。

有一次，妈妈带婧婧到楼下玩，邻居家的芸芸和她的妈妈也在那儿玩。于是，两位妈妈在一起拉家常，两个孩子在一起做游戏。

不知道什么原因，婧婧和芸芸打了起来。婧婧的手重，把芸芸打哭了。婧婧妈妈就安慰芸芸，把随身带的好吃的全都给了她吃。芸芸妈妈

把婧婧拉过来说："婧婧，你们这样做是不对的，不能和小朋友打架。你要是再打其他的小朋友，阿姨就要打你的小屁股了！"然而，婧婧照样不听，趁大人不注意，又打了芸芸两下。妈妈就教训她："你打了芸芸，以后她就不会和你玩了，阿姨也不喜欢你了。"芸芸的妈妈拉住婧婧，说："你是个不听话的孩子，阿姨生气了。"然后，芸芸妈妈就装着样子拍了两下婧婧的屁股。然后把芸芸拉过来，对她们说："好朋友拉拉手，婧婧，你要照顾好妹妹。"

婧婧就真的拉着芸芸的手去玩了，后来，两个人的关系一直很好，也不打架了。

在孩子和其他的孩子发生打架事件时，妈妈要及时地制止，然后可以让每个孩子心平气和地说明他们各自的理由，然后再提出相应的解决方法。另外，孩子之间的关系就像多变的天气，可能这会儿打得不可开交，过一会儿就好得不能再好了。所以，孩子的事情，最好交由他们自己去处理，妈妈只需要在保证安全的前提下站在旁边善加引导就可以了。

方法二：限制孩子观看电视节目，避免他模仿一些暴力行为

孩子的攻击性行为主要是通过模仿学习而获得的，也就是说，孩子在各种情境中，通过观察他人的行为，间接地学会了攻击行为。因此，动画片对孩子的影响是不容忽视的，妈妈要注意到这一点，尽量限制孩子观看带有暴力成分的节目，避免他模仿一些暴力行为。

韦韦今年3岁了，平时，他最喜欢看的动画片就是《奥特曼》，而且是百看不厌，还经常学着上面的角色做一些危险的动作。

一天上午，晓坤来家里找韦韦玩。韦韦刚用纸折了一把"宝剑"，

并拿着这把剑在晓坤面前晃来晃去，说："我是奥特曼，杀了你这个怪兽。"说完，韦韦就用宝剑刺向晓坤的胸口。宝剑断了，韦韦就用手当宝剑，在晓坤的身上乱打。打得疼了，晓坤就还了手。就这样，两个孩子由开玩笑变成了实实在在的打斗。晓坤打不过韦韦，只好大声喊："阿姨，韦韦打我。"妈妈赶紧过来把韦韦拉到一边，可他还舞动着双手，嘴里说着："奥特曼打怪兽了！……"听到韦韦这样说，妈妈明白了，是因为他看多了动画片，对里面的暴力场面有了深刻的印象，就学会了，今天在晓坤的身上做"实验"。妈妈批评了韦韦，叫他不要学奥特曼，并且给晓坤道歉。

从那以后，妈妈虽然管不了电视里动画片的播放，但她能限制韦韦看电视的时间。为此，妈妈还特意买回来一些没有暴力场景的动画片光盘让韦韦看。渐渐地，转移了韦韦的注意力，把他拉回了现实，他就很少模仿那些暴力行为了，也没再因此和小朋友打过架。

妈妈的教育态度对孩子性格的形成以及人际关系的发展都有着重大的影响。所以，在处理孩子打架的事情上，妈妈应当公平合理地对待，说服孩子向被攻击的一方赔礼道歉，让孩子认识到自己的做法是错误的。

方法三：适当惩罚，使孩子不再打架

妈妈的教育方式直接影响着孩子打架行为的发生和发展，用放任自由或过度惩罚来管理孩子的打架行为都是不正确的，因为这两种方式都鼓励或强化了孩子的打架行为。正确、有效的方法是适当惩罚，促进孩子改正不良的行为。

星期天的上午，表妹蕾蕾来家里玩，妈妈拿出来一些洗好的小番茄，让蕾蕾和雅雅一起吃。到最后，只剩下一颗小番茄了，雅雅想要吃，蕾蕾也想吃。

蕾蕾人虽然小一点，可眼疾手快，她一下子就把小番茄送进了嘴里。眼睁睁地看着番茄就要被蕾蕾吃掉，雅雅很不服气，伸手"啪"的一声打在了蕾蕾的额头上。蕾蕾没有哭，也不怕雅雅，同样给了雅雅一巴掌。两个孩子就这样你一拳我一掌地打了起来，尽管都快哭了，可谁都不肯认输。妈妈走到客厅看到这一幕，赶紧制止："你们两个在干什么，住手！"可谁都不听，没有停下来的意思。妈妈只好快步走过去，用两只大手拉住她们的两双小手，警告说："不许再打了，谁打我就处罚谁！"妈妈看看雅雅，又看看蕾蕾，在确定她们两人的情绪都稳定了一些后，才放开了手。可是，手一放开，雅雅又打了蕾蕾一下。妈妈抓住雅雅的手，说："你又打人，妈妈就惩罚你去自己的小房间里待着去，什么时候承认了错误什么时候才能出来。"说着，妈妈就拉着雅雅，把她关进了房间里，并锁上了门。

任凭雅雅在里面踹门还是哭闹，妈妈都不理她。直到雅雅说："我错了。"并且保证不再和蕾蕾打架之后，妈妈才放她出来。

对孩子的惩罚并不能"以其人之道还治其人之身"，不然会给孩子造成这样一种误解：打架能解决所有的问题。可以采用暂时没收好玩的玩具，短时间剥夺其游戏权利或禁止看动画片等方法，使孩子认识到打架对自己和别人都是不好的，大家都不喜欢。

6

第六章

大胆放手，让孩子越玩越聪明

孩子为何越不让玩什么越玩什么

叛逆期案例

滢滢是个活泼好动的小女孩，她像男孩子一样淘气。最令妈妈头疼的就是，无论是水、米、石头、泥巴，还是啤酒瓶、插座、开水壶等，她都十分好奇，什么都要玩一玩。

夏天的天气可真热，奶奶怕热，把一台电风扇放到桌子上吹。滢滢看到了，觉得很稀罕，跑过去看风扇是怎么样吹出风来的，它还能左右地摇摆呢。妈妈见滢滢跑到了电风扇跟前，便厉声告诉她："宝贝，只能在远处吹风扇，可不能靠近它。"而且，妈妈用"吓唬"的方法来避免滢滢去玩风扇，妈妈将手伸到电风扇边上碰一下，就立刻缩回手，痛苦地说："哎哟，哎哟，打到我的手了，好疼。"妈妈想，滢滢知道风扇打到手会痛应该就不会去玩了。

可是，滢滢仍然围着电风扇转，她踮着脚一会儿在电风扇前面看看，一会儿又跑到电风扇背后去看看。滢滢想碰碰风扇的叶子，看它能不能停下来。于是，滢滢拿着一根小木棍，往电风扇里伸。幸好，被妈妈及时发现了，在最后关头，妈妈抓住了滢滢的小手，告诉她："危险！千万不能把手指或其他的东西伸进电风扇里。否则的话，不仅会把风扇弄坏，还会伤到自己的。"说着，妈妈就把滢滢手中的木棍夺了下来。滢滢玩不着风扇了，委屈地撅起小嘴，不理妈妈了。

电风扇的事情暂时告一段落，滢滢又出问题了——她有事没事就爱往厨房里钻，妈妈越不让她进，她越要进去玩。菜刀、煤气灶，看到什么，滢滢都要摸一摸，碰一碰，玩一玩。然而，这些东西都太危险了，妈妈越不让她玩，她却偏要玩。为此，妈妈很担心，害怕造成不可挽回的伤害。

妈妈要懂的心理学：妈妈越禁止玩什么，孩子越对什么感到好奇，从而越爱玩什么

2~3岁的孩子喜欢玩各种东西，把牛奶倒在地毯上，把食用油倒进垃圾筒里，甚至以来回开关打火机为乐。面对孩子玩这些危险的物品，妈妈的第一反应就是禁止，可越是不让玩什么，孩子越玩什么，孩子的行为总是和妈妈想要的背道而驰。这是怎么回事呢？应该怎么办才好？

俄罗斯有一句谚语："禁果格外甜。"也就是说，禁果能引起强烈的好奇心以及逆反心理。而在心理学上，有一个"禁果效应"，指的是一些事物由于被禁止，反而更加引起人们的关注，促使更多的人参与或注意。"禁果效应"反映在孩子的身上，就是大人越禁止玩什么，他对什么越感到好奇，从而越爱玩什么。

当孩子不考虑后果地一味玩不让玩的物品时，妈妈不要妄加指责，试图完全控制住孩子。妈妈正确的做法是注意和孩子说话的语气和方式，最好别用否定性的语言。一般情况下，妈妈教育孩子时，只能让一方如愿。也就是说，妈妈批评了孩子，强迫着孩子不再玩禁止玩的物品了，妈妈开心了，可孩子就不开心了。而妈妈

耐着性子使自己接受，让孩子随便玩，这下，孩子高兴了，妈妈却非常担心。其实最好的方式是，寻找一种玩法让妈妈和孩子都高兴，实现双赢。对于孩子的各种行为，妈妈总是在有意或无意中进行强化。通常情况下，妈妈以为告诉孩子不要怎样做是在弱化他的行为，其实不然，事实上这种禁止与限制，会产生强化的效果。这就解释了为什么越不让孩子玩什么，他就越爱玩什么。所以，妈妈要赞赏、鼓励孩子，强化他好的行为。

现实生活中，妈妈总会为孩子越不让他玩什么他却越玩什么而苦恼，然而这种情况下并非全是孩子的错。有时，孩子不听话时，正好赶到妈妈不开心或烦躁的时候，这就刺激了妈妈的不良情绪。有时，孩子可能是在用这种特别的方式来引起妈妈的注意，希望得到妈妈情感上的关注，等等。因此，在孩子出现类似的叛逆行为时，妈妈要客观冷静地看待，不能完全迁怒于孩子。

叛逆期方法指导：

方法一：讲清道理，让孩子明白不让他玩的原因

许多妈妈都习惯于用否定性的语言禁止孩子玩，却并不告诉孩子其中的原因。殊不知，这样做会更加引起孩子的好奇心，使他想方设法地去玩。所以，在孩子非要玩不让他玩的东西时，妈妈最好给他讲清道理，让他明白不让他玩的原因。

下雪了，雪花漫天飞舞，好漂亮啊。两岁零3个月的宇宇看到外面白茫茫的一片，兴奋得不得了，当他从阳台看到楼下有小朋友在雪中玩时，他更在房间里待不住了，吵着要到外面玩。

妈妈担心这种天气带宇宇出门会令他受凉感冒，万一因为玩雪让他生了病，就不好了。再说，那么多孩子一起玩，天冷路滑，对于走路

还不太稳固的宇宇来说，肯定不安全。何况雪景以后也会经常有，没什么稀奇的。于是，妈妈问宇宇："宝贝，你上次感冒了输液，难不难受啊？"宇宇点点头。"昨天在卫生间里摔了一跤，膝盖疼不疼？"宇宇摸了摸自己的膝盖，咧了咧嘴。"那么，如果你现在出去玩雪，外面很冷，还有可能会感冒。雪地是很滑的，就像有水的卫生间的地面，你想想，如果再摔一跤，会怎么样？"妈妈继续告诉宇宇："宝贝，妈妈担心你，才不让你出去玩的。等你长大了，还会下雪，到时候再去玩。"

听了妈妈的话，宇宇不再闹着出去玩了，大概是因为感冒难受，摔跤很疼，他自己也害怕吧。

不要以为和这么小的孩子讲道理他听不懂，这样就太小看自己的宝贝了。在大多数的情况下，对于妈妈所说的一切，2~3岁的孩子都能听得懂。所以，妈妈千万不要动不动就批评、指责孩子，一定要耐心地和他讲道理。

方法二：利用某些技术手段，让孩子玩不到

对于不能玩的事物，妈妈可以利用某些技术手段，让孩子玩不到。也可以把孩子要玩的东西藏起来，告诉他没有了，时间一长，孩子就会忘记。

晓瑾3岁了，一天到晚总喜欢在电脑那儿玩，她似乎是无师自通，很快就学会了开关机等基本的操作。现在，妈妈让晓瑾干些什么，她几乎都要以玩电脑为条件。

长时间对着电脑屏幕，不仅对眼睛有害，影响身体健康，而且会对心理和思维有负面影响，长大之后还有可能导致孩子迷恋电脑游戏。为此，妈妈把电脑搬进了自己的房间，尽量不让晓瑾看到。可是呢，聪明的小家伙经常赖在妈妈的房间里不出去。于是，妈妈就又另想了一个办法，那就是说电脑的坏话，让晓瑾认为电脑是不好的东西。妈妈摸着自己的脸说："电脑对身体不好，有辐射，老是用它就变得不漂亮了，出门会让人笑话的。"晓瑾听到了，就推开妈妈："我很漂亮，我玩。"妈妈叹着气说："真不想用电脑，这么多的工作，真不想做。希望和宝贝女儿一起看书，那多有意思啊！"结果，晓瑾拿来一本书给妈妈看，自己非要坐到电脑前。

都没有效果，妈妈只好采取最后一个方法：把电源拔掉！无论怎么开，电脑屏幕都不亮了，急得晓瑾拉着妈妈的手，让妈妈帮她开。妈妈假装开了好大一会儿，告诉她："电脑坏了，不能用了。""不嘛，没有坏！"说着，晓瑾低声哭泣了起来。"好了，宝贝，不哭了。电脑坏了咱们就不玩它，妈妈陪你一起玩别的。"在妈妈的哄劝下，晓瑾不再哭了。

以后，妈妈只能在晓瑾睡觉或不在家的时候使用电脑。过了一段时间，晓瑾彻底地摆脱了电脑，不再整天把要玩电脑挂在嘴上了。

方法三：在一定的条件下，适当地允许孩子玩

越是不让玩的东西，孩子越想玩，妈妈不能只是禁止，而要让他真正明白为什么禁止，不然的话，就为以后埋下了隐患。所以，妈妈可以在一定的条件下，在安全的前提下，满足孩子玩的欲望，适当地允许孩子玩。

一天晚上，家里突然停电了，爸爸就出去买了几支蜡烛回来。雨泽看到跃动的烛光后很兴奋，非要自己拿着蜡烛，还把所有的蜡烛都点燃了，一个房间里放一支。妈妈觉得这样浪费，更担心会引发火灾，便吹灭了几支，可雨泽不干了，非要点燃。在妈妈告诉他火如何如何危险的

情况下，雨泽才同意只剩下客厅的一支。

后来，雨泽无聊了，他趴在桌子上玩蜡烛。妈妈本不想让她玩的，可担心越不让他玩他越玩，万一以后他再一个人玩。于是，妈妈趁机教给雨泽认识烛火的外焰和内焰，聪明的雨泽一下子就明白了。妈妈还告诉他，蜡烛的外焰是最烫的，但是如果把手指很快地从中间穿过去，就一点也不烫，必须得快。说完，妈妈还示范给雨泽看，把手指从火焰里面穿过。告诉雨泽真的一点也不烫，还问他要不要试试。雨泽犹豫了半天，最终还是放弃了，他说："妈妈，我怕烫。""那好吧，等宝贝长大了再试试。"妈妈心想：雨泽在不知道是否安全的情况下，并不会轻易地尝试，有时候，大人过度的紧张和保护反而会激起他的冒险精神。

为了让雨泽玩得过瘾，妈妈特意买了大大小小颜色各异的多种蜡烛给他玩。并且提醒雨泽："想玩蜡烛的话，要和妈妈一起玩，不能一个人玩，一个人玩太危险了。"雨泽同意了，妈妈再也没有发现他偷偷地玩过。

比较危险的东西，在父母的看护下是可以让孩子玩的，但条件是，必须和父母一起玩，父母不在旁边，一定不能玩。孩子了解了相关的知识，就知道其危险性，在父母的权威指导下，孩子会遵从管制的。

这么小的孩子为何喜欢看电视

叛逆期案例

两岁零3个月的晓晓可喜欢看电视了，每次在电视机前一坐就是半天，两只小眼睛直直地盯着荧光屏，对其他的活动都不感兴趣。

一天中午，妈妈有空想和晓晓说说话："宝贝，咱们不看电视了。""看！""妈妈给你讲个故事吧。"一听到妈妈要讲故事，晓晓很高兴，不再看电视了。于是，妈妈把晓晓抱在怀里，给她讲起了故事。然而，妈妈的故事讲了还没一半，晓晓就不愿意听了，挣脱妈妈的怀抱转过身又去看电视。

"宝贝，你快看，咱们家阳台上的太阳花开了好多呢。"妈妈告诉晓晓，想转移她的注意力，可是晓晓只是看了妈妈一眼，连句话都没说，就继续看电视了。妈妈看到楼下有好几个小孩子在玩游戏，就想带着晓晓一起去玩："宝贝，莉莉她们几个在楼下做游戏呢，可开心了，咱们也去玩好不好？""不！""别再看电视了，看多了对眼睛不好。和小伙伴们一起玩多有意思啊，走吧，妈妈陪你一起去。"说着，妈妈就把电视关掉了。因为没得到晓晓的允许，她便大哭大闹起来。没办法，妈妈只好再次把电视打开。

晓晓经常这样长时间地看电视，妈妈担心会对她的眼睛不利，也限制她的语言能力发展。但晓晓根本不让关电视，应该怎样制止呢？

妈妈要懂的心理学：电视节目更直观、生动、有趣，小孩子都喜欢

细心的家长会发现，2~3岁的孩子竟然也会对电视节目有浓厚的兴趣。可是，如果孩子长时间看电视会造成眼睛疲劳，视力下降，也会干扰孩子有规律的生活作息，导致孩子消化和睡眠等一系列的问题。电视对孩子的心理及性格的发展有着深远的影响，远远地超过了伙伴、老师和图书的影响，仅次于父母对他的影响。对此，妈妈应该高度重视起来，帮助孩子处理好与电视的关系。

孩子看电视时，妈妈要注意让他保持良好的姿势，并和电视拉开适当的距离。电视机的亮度要适中，不能太亮或太暗，也不能让孩子关着灯看电视，不然容易损伤眼睛。妈妈还应该控制孩子看电视的时间，并为他提供丰富的书籍，让孩子形成良好的阅读习惯。不然的话，电视中常常播放一些比图书和老师课堂上讲的更直观、生动、有趣的节目，会使孩子对书本和课堂学习逐渐失去兴趣。另外，妈妈要多让孩子进行一些户外活动以及和伙伴玩的活动，从而减少他看电视的时间，训练孩子的体力以及创造性思维能力。

国外有专家经研究后发现，近年来患"电视孤独症"的儿童患者有所增加，这是由于2~7岁的孩子过多看电视造成的，具体表现为：性格内向，语言表达能力有限，注意力不集中，不爱和周围的小伙伴玩耍等。患有"电视孤独症"的孩子，即使经过教育和治疗，将来仍会有一部分人不能很好地适应社会，不能正常地生活。因此，妈妈要有决心限制孩子看电视的时间，防患于未然。

当然，电视节目中同样有许多具有教育意义的动画片或故事片，对孩子有着

273

积极的影响。比如，弘扬真善美，强调勤劳节俭、孝敬父母、帮助他人、热爱大自然等行为特质。所以，妈妈在适当控制孩子收看电视的同时，也要正确引导，充分利用电视媒介，使其成为孩子学习的一种途径。

叛逆期方法指导：

方法一：严格控制孩子看电视的时间，帮他养成按照规定的时间看电视的习惯。

孩子看电视时，在时间的安排方面妈妈要做到心里有数，必须严格控制孩子看电视的时间，2~3岁的孩子每天看电视的时间最好不要超过半个小时。妈妈可以把孩子看电视的时间固定下来，允许他只有一个时间段看，其余的时间并不是想看就可以看的。时间久了，就能帮孩子养成按照规定的时间看电视的习惯。

因为电视更生动有趣，在看了《天线宝宝》动画片之后，两岁半的烨烨说："我要看电视上的《天线宝宝》。"于是，他就把《天线宝宝》书丢在一边去看电视了。

妈妈看到烨烨把看书的时间都给了电视，认为这样很不好。妈妈就给烨烨规定好："《天线宝宝》每天晚上6点半开始播放，那咱们就到了时间再打开电视，7点结束的时候，就必须把电视关上。其他的时间就玩玩具或者看书，不能看电视。"为了很好地配合烨烨看电视的时间，妈妈把吃饭的时间提前到5点半，6点钟吃完，再陪烨烨玩一会儿，就到了该看电视的时间。有一次，烨烨吃过饭就要看电视，妈妈告诉他："刚吃饱饭就看电视，会消化不良，肚肚疼。"听妈妈这么一说，烨烨就不敢看了。

《天线宝宝》看完了，电视就必须关上，再想看的话，就只有等到明天了。许多时候，烨烨都意犹未尽，仍然想看。妈妈就告诉他，电视台的叔叔阿姨不播放了，还想看就看书吧，和电视上一样。说着，妈妈就把烨烨丢掉的《天线宝宝》图书拿过来让他看。一般烨烨就不再拒绝看书了，翻着书津津有味地看起来，嘴里还时常念念有词。

就这样，烨烨每天都看完电视再接着看相应的图书，精彩的电视节目没错过，良好的阅读习惯也形成了。

如果孩子将太多的时间用于看电视，挤占了阅读的话，对孩子的长远发展是不利的。从孩子喜爱的电视节目出发，带动他进入阅读是一个绝佳的好办法，能够电视、图书两不误。

方法二：陪孩子一起看电视，同时帮他精心挑选合适的节目

孩子看电视时，妈妈最好陪着他一起看，和孩子谈论自己的看法，发表一下对节目的意见，给孩子解释相关的内容，帮助他理解。同时，妈妈要把遥控器拿在自己的手中，帮助孩子精心挑选合适的节目，像知识性、趣味性较强的都能让孩子看，一定要避免电视里暴力、色情、犯罪等镜头影响到孩子。

瑶瑶很喜欢看电视，她总会一边看电视，一边自言自语，有时候能说得清楚明白，有时候却语不成句。看到有趣的节目，瑶瑶会自己呵呵地笑起来，她还时不时地指着电视屏幕，示意让妈妈也看看。

有一天夜里，瑶瑶突然哭着惊醒了，嘴里还语无伦次地说着："妈妈，怕怕……妈妈……"看这情形，估计瑶瑶做噩梦了。妈妈把她抱在怀里，对她说："宝贝乖，不怕，妈妈在这儿呢。"是什么让瑶瑶做噩梦呢？妈妈想到白天发生的一些事情，只有下午的时候爸爸打开电视看了一个警匪片，瑶瑶也凑过去看了一会儿。应该就是那个电视剧的某些

情节让瑶瑶害怕, 半夜里做噩梦的。

于是, 妈妈告诉了爸爸, 不让他再看类似的电视了。当瑶瑶看电视时, 妈妈就尽量抽时间和她一起看。重要的是, 妈妈能为瑶瑶所观看的节目把关, 凡是不适合她看的, 妈妈就抓紧时间换频道, 一秒钟都不停留, 坚决不让她看。给瑶瑶看的都是一些幼儿类的节目, 很有意义, 像一些动画片、木偶片、知识小品、智力竞赛等。

现在, 瑶瑶再也没有做过噩梦。对于瑶瑶来说, 电视不仅仅供于娱乐, 还能增长见识, 活跃思维。

妈妈陪着孩子一起看电视, 其作用就如同给孩子讲课一样。看过电视之后, 妈妈还可以让孩子简单地复述一下内容, 这样既可以帮助孩子尽快地回到现实生活中, 又能培养孩子的表达、记忆、分析等各方面的能力。

方法三: 多和孩子进行感情交流, 让他不再迷恋电视

其实, 孩子并不像我们想象的那样喜欢看电视。孩子过度迷恋电视的直接原因是孤独、寂寞, 缺少大人的陪伴, 没有小朋友一起玩耍。因此, 妈妈要多和孩子进行感情交流, 多让他和小朋友一起活动, 从而减少他看电视的时间, 让他不再迷恋电视。

昕昕特别依赖看电视, 他不爱说话, 不喜欢和小朋友一起玩, 只顾看他的电视。妈妈看到这种情形, 特别担心他会变成一个呆呆的"小傻子"。

想到以前妈妈都是把电视当做保姆, 拴住昕昕, 一是不让淘气的他捣乱, 二是便于自己做些家务。妈妈这才发现, 正是由于自己的这种错误做法, 才使昕昕越来越木讷, 不像以前那样活泼好动了。

于是, 妈妈不再让昕昕一直坐在电视机前了, 她自己也尽可能地少

看电视，以免昕昕跟着看。妈妈经常和昕昕在一起玩耍，给他讲故事、共同做游戏，来转移他对电视的注意力。有时候，妈妈会拿出一本好看的书，和昕昕一起看，或者读一些故事，或者看一些图画，让昕昕有事可做，不再只想着去看电视。

妈妈总是找机会带昕昕出去，逛超市，去楼下坐摇摇车，到公园玩蹦蹦床……有时，出门的时候妈妈会带一点玩具或吃的东西，让昕昕和小朋友一起玩，还鼓励他把吃的东西送给小朋友分享。

渐渐地，昕昕不再纠结于只看电视了，现在，他的兴趣广泛，读书、游戏、户外活动都是他的爱好。

看电视时，孩子总是被动地接收电视节目，和电视之间进行单向的交流。因此，孩子根本不欢迎电视，他更喜欢活蹦乱跳地去做一些互动活动。妈妈要肯花心思，多给孩子安排各种有趣的活动，尽量让孩子的生活更加丰富多彩。孩子才不乐意对着一台冷冰冰、没有感情的电视机呢！

喜欢玩各种游戏是小孩子的天性

叛逆期案例

航航今年3岁了，活泼调皮的他特别喜欢玩游戏，经常自己在家或出去和小朋友玩各种各样的游戏。

航航很会自娱自乐，他经常从衣柜里把妈妈的衣服拿出来，穿在自己的身上，装扮成大人的模样。妈妈曾经说过他"装样儿"，航航就给自己发明的这个游戏叫做"装样儿"。有一次，航航戴着一顶镶着花边的大帽子，穿着一双对他来说过于肥大的高跟鞋，像个小丑一样一歪一扭地走到妈妈面前，说："老太太来了，老太太来了……"妈妈看到后哈哈笑了起来，问航航："你这是又演的哪一出？""嘿嘿，装样儿。""别把我的鞋弄坏了，回头再崴了你的脚，别再玩了，赶紧脱下来。"然而，航航根本不听，他转过身去接着玩。

一天下午，妈妈正在厨房做饭，从外面回来的航航吵着跟妈妈要粉笔。忙碌的妈妈找出一根粉笔就给了他，然后继续回去做饭。等妈妈做好饭菜重新走到客厅时，看到航航在地板上用粉笔画了玩跳房子用的格子，并且摇摇摆摆地在蹦跳着玩呢。航航怎么会玩跳房子了？妈妈问过他，才知道刚才在楼下和小朋友们玩了，是刚学会的游戏。马上就吃饭了，妈妈就不让航航玩了，可航航偏要玩。"整天就知道玩，玩，连饭也不吃了。你怎么不看书了？让你画的画呢？""哦……哎"航航一边学着奇怪的声音，一边朝妈妈扮出了鬼脸。

航航一玩起游戏来，什么都不干，妈妈很担心，长此发展下去，以后上学了，只知道玩不知道学习，成绩肯定不好，这可怎么办呢？

妈妈要懂的心理学：玩游戏是孩子的天性，妈妈要尽情陪他玩儿

几乎所有的孩子都爱玩游戏，随着他逐渐长大，所玩游戏的种类越来越多，难度也越来越大。一般情况下，父母不应该以成人的思维方式来定义孩子，认为游戏占据了孩子大部分的时间，从而规定孩子可以玩什么或不可以玩什么。但是从另外一方面讲，孩子的社会经验以及生活经验较少，哪些是对自己有利的，哪些是对自己不利的，他往往不能从根本上辨别出来。所以，妈妈要帮助孩子把握一个度，让他既能享受游戏带来的快乐，也能从中有所收获。

孩子喜欢玩各种游戏，不仅仅只有锻炼身体的作用，同时还能促进大脑发育，增长智慧。在玩游戏的过程中，孩子能产生兴趣和求知欲望，并通过亲身参加游戏活动，学习和积累相关的知识。游戏有助于增进孩子对自身的了解，帮他发现自己体力及智力上的优势和劣势。在游戏中，孩子通过分析自己和他人的情况，能够预测出此后可能发生的情况，提高了孩子的分析判断能力。当孩子稍微再大一点的时候，游戏将教会他处理各种问题，提高他看待、解决问题的能力，培养对事情的独立见解和决断力。在由两人及以上共同参与的游戏中，孩子必须和每位参与者保持联系与沟通，彼此关心照顾，这不仅能提高表达能力，还能提高人际交往能力。通过开展各种有规可循的游戏，能使孩子懂得必须遵守规则和秩序，并切身体

会到不遵守规则的诸多不便，从而认识到规则和秩序的重要性，学会自我约束和自我控制。

由此可见，适当地玩一下游戏，有利于孩子的成长，对于喜欢玩各种游戏的孩子，妈妈不能一味限制，而要根据游戏的好坏，加强引导，使孩子往好的方面发展。

叛逆期方法指导：

方法一：陪孩子一起玩，培养他各方面的能力

大多数的游戏不仅仅只有娱乐、锻炼身体的功能，如果引导得当，游戏一样能开发孩子的智力，培养他各方面的能力。因此，妈妈最好不要限制孩子玩游戏，最好能陪孩子一起玩，帮助孩子拓展游戏。

雪娴今年已经3岁了，她很喜欢玩撕纸的游戏。看到雪娴撕纸时那么快乐，妈妈不仅没有因为满地纸屑而责备她，反而帮助她拓展了许多类似的小游戏。

看到雪娴很认真地撕下一个图形，妈妈好奇地问："宝贝，你撕了一个什么？""香蕉。"雪娴举着手里不规则的长条回答。"还真挺像香蕉呢。"妈妈夸奖雪娴。"妈妈，你撕一个吧。""好啊，可是我撕一个什么呢？""苹果。"雪娴最喜欢吃苹果了。妈妈撕了一个圆形："看，我撕了一个大大的苹果。现在呢，我要把它变小。"于是，妈妈从中间撕了一道，变成了半圆形，又撕了一道，变成了扇形。妈妈问："宝贝，你猜猜，我想把这个苹果变成什么呢？"雪娴刚吃过饺子，便脱口而出："变成饺子。""那好吧，妈妈就把它变成饺子。"只见妈妈把尖尖的角撕掉，拿到眼前看了又看，正想着怎样把它撕成饺子呢，

雪娴却说了："扇子。"可不是吗，这样特别像夏天爷爷拿的折叠扇。

"你能撕出一模一样的图形吗？"妈妈问雪娴。雪娴很聪明，她先撕了一个，然后又一边比着一边撕。可是，无论怎样撕，都只能撕个大概相同。"我教给你。"只见妈妈拿着一张纸，把纸对折，然后再撕，撕出了两个一模样一样的图形。雪娴看到后很兴奋，让妈妈给她一张对折好的纸，妈妈给她后，她从开口处撕，结果对折的地方还连在一起，撕出了一个对称的图形。这是怎么回事呢？雪娴立刻对这个既奇怪又好玩的撕纸游戏产生了更加浓厚的兴趣。她不断地折啊，撕啊，过了一会儿，自己就找到了窍门："妈妈，我撕了两个完全一样的蛇。"

雪娴居然很准确地运用了"完全"一词，真是太令妈妈惊喜了。妈妈紧紧地将她抱在怀里，使劲地亲了一下："宝贝，你好聪明！"

许多游戏都有助于培养孩子的想象力和语言表达能力，通过很多次的游戏，孩子就能从中摸索出一些规律，在不知不觉中将经验收入囊中。在这个基础上，妈妈再增加一些要求，就能进一步提升孩子的能力了。

方法二：安全第一，坚决不让孩子玩危险的游戏

有些游戏十分好玩、有趣，但带有一定的危险性，比如，动作幅度过大，不易掌握身体重心的游戏等等。这时，妈妈一定要本着安全第一的原则，坚决制止孩子，不让他玩这些危险的游戏。

泉泉现在两岁零8个月了，看到小区里其他的孩子很神气地穿着溜冰鞋比赛，他几乎每天都会可怜巴巴地向妈妈要溜冰鞋。

妈妈认为泉泉现在还太小，骨骼还没发育好，不适合穿溜冰鞋。再者，别说像泉泉这么小，有些十多岁的大孩子穿着溜冰鞋还不安全，

容易发生意外呢。于是，妈妈告诉泉泉，妈妈的同事李阿姨的儿子壮壮就是因为穿着溜冰鞋玩而摔倒了，头上起了一个大包，两个多星期了还没好呢。隔壁的晓光在玩溜冰时把一位老奶奶给撞倒了，他和老奶奶一起住进了医院。妈妈还在网上搜集了一些资料，让泉泉一边看视频，一边给他讲："你看，这几个孩子在小区的道路上玩溜冰，这边有一辆车过来了，天啊，差点没撞到，真悬。"然后，妈妈问泉泉，假如那几个孩子真的和汽车撞到了一起，会怎么样？"会流血。"泉泉曾经磕破过手，他知道流血和疼痛。

在妈妈的教育下，泉泉说等他以后长大了再买溜冰鞋，到时候，他也不会在马路上溜，只去附近的广场。

上述案例中妈妈通过一些周围现实生活中的实事，让孩子知道了穿溜冰鞋比赛的危险性，孩子就不会再肆无忌惮地继续玩了。

方法三：运用游戏，教给孩子知识

玩游戏是孩子喜闻乐见的活动，也是他获得知识和经验的主要渠道。在游戏中，能激发孩子学习、探索的积极性和主动性。因此，妈妈可以运用游戏的方法，让孩子在游戏中学习知识，锻炼能力。

珍珍的爱好十分广泛，无论什么样的游戏，她都喜欢玩。这不，刚和妈妈来到公园，她就开始捡树叶。

这段时间妈妈正在教珍珍学习数学，可贪玩的她根本不喜欢妈妈的教学。看到珍珍将捡来的一大把树叶拿在手里，都快拿不了了，妈妈灵机一动，想出了一个让她认识数字的好办法。妈妈捡了一根树枝，在地上写下1~10这10个数字，让珍珍把捡来的树叶按照1放1片，2放2片的规律一直放到10片。刚开始时，妈妈手把手地教珍珍数，渐渐地，珍珍就能自己去放了，错误还非常少呢。

要回家了，经过停车场，看着静止不动的车辆，珍珍发出了"嘀、嘀"的声音。这时，妈妈想到让珍珍一边走一边数这一排一共停着多少辆车。但车有好多，怕珍珍数不过来，就让她数黑色的车有几辆，还让她数了车有几个轮子。

快吃晚饭了，妈妈忙着摆放碗筷，珍珍在旁边用筷子敲打着碗。妈妈告诉珍珍，今天晚上有7个人在家里吃饭，我们必须在这7个位置上各放一双筷子，那么，我们得用几双筷子？7双。珍珍脱口而出。"对了，宝贝好棒哦。每双筷子有两根，7双筷子是多少根？"珍珍想啊想，掰着小手指算啊算，还拿来笔在纸上画……"14根。""太聪明了，妈妈奖你一块巧克力。"

就这样，没有用枯燥的教具，珍珍就很轻松地学会了识数、数数，妈妈只不过和她玩了几个游戏，就把她带进了神奇的数学世界。

这里给妈妈一个温馨提示：孩子的注意力只能保持很短暂的一段时间，时间一长，就容易对游戏失去兴趣。这时，需要妈妈随机应变，换个思维角度，改变方向，让游戏以另外的一种方式出现，就能重新吸引孩子的兴趣。

孩子对玩具的要求永无止境

叛逆期案例

晓毅3岁了，他很好强，别人家孩子有什么玩具他一定要要，每次和妈妈去商场或超市时，只要他看见了喜欢的玩具，就非要买下来不可，否则就会大哭大闹。

"我要买玩具。"晓毅站在玩具店的橱窗前，盯着各种玩具对妈妈说。妈妈拒绝了："前两天刚给你买了新玩具，现在又要买？不行！""我们班东东有一个电动警车，我也想要。"妈妈皱起了眉头："家里的玩具多得快没地方放了，不能再买了。"晓毅跺了一下脚，说："不嘛，我就要买玩具。"见他赖在那儿不肯走，妈妈着急地说："你走不走啊？你不走我走了。""我就要买，就要买，呜呜……"晓毅大声哭了起来，有时候被他吵得烦了，妈妈就只好把玩具给他买下来。

很多时候，妈妈都不会给晓毅买，可是他另有办法，那就是告诉爷爷奶奶，让他们给买。爷爷奶奶疼孙子，总是有求必应，每次都会给晓毅买玩具。但买来的基本上都是一些要装很多电池的枪或者汽车，价格都不便宜。然而，晓毅也并不是十分爱惜，往往买回来没多长时间就失去了新鲜感，扔在一边了，只有出去玩的时候拿给小朋友们现一下宝贝。

遇到晓毅这样的表现，妈妈既头疼又困惑，不知道应该如何来引导他，也不知道用什么办法可以纠正他这种不好的习惯。

妈妈要懂的心理学：孩子反复玩同一种玩具，自然就会厌倦，渴望新玩具

爱玩，是孩子的天性，而玩具能很好地满足孩子这一需要，自然而然地，玩具成为了孩子最喜欢的物品。玩具能使孩子生活得快乐充实，在玩的过程中也能促进孩子各方面的发展。可是，有些孩子总是三天两头吵着要买玩具，尤其是逛玩具商店时，更是纠缠着买个没完，不买就又哭又闹。但是，玩具来得如此容易，买到手之后孩子就不懂得珍惜，玩了没多久就被他损坏了，或者扔到一边不再玩了。真令妈妈感到束手无策，甚至非常苦恼。更让人头疼的是，给孩子买得越多，就越能勾起他的购买欲望，这种欲望似乎是个无底洞，怎么也填不满。

心理学上有一个"重叠效应"，即当相同的东西重复出现时，由于性质类似就会互相抑制、互相干涉，从而发生了排斥的结果。孩子反复玩同一种玩具，就会产生"重叠效应"，出现玩腻了的表现。由此可见，孩子容易对玩具喜新厌旧，其实是很自然的一种现象。当孩子不会玩或者玩的花样少时，就很快会对原来的玩具失去兴趣，总想要新玩具。那么，妈妈应该怎么办呢？

妈妈可以动员孩子把小朋友请到家里面一起玩，让孩子把自己的玩具分享给朋友们。孩子平时不想玩的玩具，在其他小朋友眼里通常是宝贝，看到别人玩得很开心，或者玩出了新的花样，孩子就能发现旧玩具的新价值了。假如孩子想要的玩具有很多，而妈妈又限定了费用的范围，就可以教孩子按照自己喜爱的程度或者需

要的紧迫程度排个顺序，优先购买排在前面的玩具。同时，妈妈要做个有心人，用许多废旧的物品制作一些玩具，用奶粉罐做个小鼓，用大纸箱做个房子……这些自制的玩具有可能比买的玩具更吸引孩子。

除此之外，妈妈也要多陪孩子一起玩，使孩子的生活丰富多彩，更加充实，让他不再觉得孤单，也就不会过多地依赖玩具了。

叛逆期方法指导：

方法一：精打细算，教孩子不乱花钱

孩子是通过观察成人的行为举止而产生物质方面的欲望的，他看到大人们自由地买东西，就认为自己想买什么也可以买什么。所以，妈妈在精打细算的同时，也要教孩子不乱花钱，让他感到买玩具并不能毫无节制、随心所欲。

妈妈每天下班回到家，寒寒的第一句话就问："妈妈，你给我买玩具了吗？"爸爸出差，从外地给家里打电话，寒寒就会抢过话筒："爸爸，你给我买玩具，要多多的。"

无论什么时候，只要寒寒想起，就会非常直接地说："妈妈，我要……"然后，就闹着要妈妈给她买。不过，妈妈还是有办法从容应对的。妈妈拿来一张纸和一支笔，要求寒寒把她想要的东西画在纸上。有了"画出来"这个缓冲的时间，寒寒的愿望就不会那么急切了。当寒寒把画完的纸交给妈妈后，妈妈还要"过滤"一遍，把不能买的去掉，能买的留下。

妈妈和寒寒商定了一个购买玩具的规矩，就是一个月只能给她买一次玩具，一次最多买两个。除此之外，寒寒过生日的时候以及新年的时候也可以买一两个玩具。到了可以买玩具的时间，妈妈就带着寒寒，拿着她画的清单去买。这时候，目标就很明确了，寒寒买玩具的要求也不会层出不穷，买完这个就不会再想着买其他了。在购物的时候，妈妈还教寒寒认识物品的标价，告诉她怎么样能省钱，省下来的钱又能买其他的东西。妈妈还送给寒寒一个兔子形状的储蓄罐，每天给她一定的零用钱，让她自己积攒零用钱去买玩具。这样一来，寒寒更加爱惜买来的玩具了，不再故意搞破坏或玩两天就把玩具扔在一边不玩了。

渐渐地，寒寒想要买的玩具越来越少，现在的她已经懂得了一点一滴地存钱，集中起来然后去买大件物品的道理。

上述案例中妈妈让孩子列出一张清单然后再去购物的方法虽然是抑制孩子一时贪欲的权宜之计，却很奏效。同时，妈妈要教给孩子正确的消费观念，从而引导他理性消费。

方法二：告诉孩子不能答应的理由，坚决拒绝他不合理的购买要求

假如孩子无理取闹，提出过分的、不合理的购买要求时，妈妈可以先告诉他不能答应的理由，然后坚决地拒绝他，切不可心软妥协，一味地迁就他。只要妈妈坚持住了第一次，那么以后就会更容易坚持下去。

承承特别喜欢车，家里的玩具汽车多得不得了，大货车、小客车、卡车、轿车、救护车、消防车等等，数不胜数，都可以开个"车展"了。然而，妈妈每次带承承出去，只要看到汽车，他还是会闹着要买。

星期天的上午，妈妈带承承去超市购物。出门前，妈妈就先告诉了承承，咱们今天不买汽车。一到了超市，承承就大步跑到玩具区，依次看着一个又一个的汽车玩具。"妈妈，我要这个。"承承指着一辆大

型的挖掘机对妈妈说。"家里不是已经有一个和这个差不多的挖掘机了吗？不能买。"妈妈表明了自己的想法。"妈妈，买吧。"承承扯扯妈妈的衣角，央求道。妈妈想了想，出了一个好主意："既然你这么喜欢那辆挖掘机，那么你可以和它玩一会儿，我在这里等着你，玩完之后我们接着买东西。"承承撅着小嘴，不情愿地站在货架前，歪着脑袋一直盯着那个玩具。"好了吧。来，咱们到那边去买东西。"过了一会儿，妈妈开始催承承。"妈妈，我想要。""不行，来之前咱们就说好了，况且家里已经有那么多的玩具汽车了。""我要……"承承的嘴一撅，眼泪就掉了下来，并且哭声越来越大，引来了周围人的注视。

妈妈没有理会其他人的目光，而是走到离玩具区不远的地方，若无其事地选购东西。见妈妈根本不管自己，承承哭闹的声音小了一些。看到妈妈慢慢地越走越远，承承有些害怕了，赶紧跑过去追上了妈妈。

孩子在商场、超市或者大街上又哭又闹，为的就是要引人注目，迫使妈妈为了避免尴尬而给他买玩具。假如这时妈妈中了孩子的圈套，为了让他停止哭闹而立刻把玩具买下来，那么以后孩子就会变本加厉，无休止地要求妈妈买玩具。所以，妈妈每次都要坚持"合理的同意，不合理的拒绝"的原则，那么孩子就会慢慢懂得，不合理的购买要求，即使哭闹也没有用。

方法三：把旧玩具充分利用起来，让孩子学会爱惜玩具

在孩子哭闹着买各种玩具时，妈妈总是有求必应，因此，孩子们拥有数量众多的玩具已不足为奇。但是，由于玩具多，孩子往往只对新的玩具感兴趣，对旧的玩具却不屑一顾，甚至扔到一边看都不看。旧玩具在家中备受冷落，父母一般会放入箱子里束之高阁，不再问津。其实，这些旧玩具仍有其利用价值。这种情况下，就需要妈妈开动脑筋，把旧的玩具充分利用起来，并且让孩子学会爱惜玩具。

欢欢有许多玩具，从小时候的风铃，到现在的小童车，已经塞满了大半个储物室。许多玩具都完好无损，就像新的一样，可欢欢根本不玩，甚至看都不看一眼。因此，有些玩具都被妈妈扫地出门了。

在一次收拾房间时，妈妈把家里所有的玩具都进行了清查。有一个玩具遥控车的方向键失灵了，妈妈没有怕麻烦，动手把它修好了，这下，遥控车又能活动自如了。再给欢欢玩，她开心地拿着遥控器，让玩具车在家里的各个房间来回穿梭。

像一些洋娃娃，布制的小动物玩具只是有点脏，妈妈就用洗涤剂将它们清洗了一遍，再用毛线纺织几件新衣服包装一下。这些玩具穿上新衣服之后，焕然一新。欢欢看到后，比刚买来时还要喜爱，经常和它们一起做游戏。

还有许多玩具，买来后没几天欢欢就玩腻了，不想再玩了。妈妈就把这些玩具藏起来，一段时间之后，再让玩具"重见天日"，拿出来给欢欢。同样的玩具，这时欢欢看到后就有了新鲜感，爱不释手地玩来玩去。

经过妈妈的整理和修复，许多旧玩具又重新回到了欢欢的身边。只要旧玩具还没有坏到不能修好的地步，妈妈再也不把它们扔掉了。

在修复玩具时，妈妈最好让孩子也参与进来，做一些力所能及的事情。比如，帮助拿拿东西，递递东西等，并且要求孩子在旁边观看，了解整个过程。同时，妈妈应趁机教育孩子，让他以后爱护玩具，懂得勤俭节约。

喜欢玩水、玩沙是小孩子的共性

叛逆期案例

奇奇今年3岁了，她从小就特别爱玩水、玩沙，几乎每天都会全身湿掉或者弄得脏兮兮的。妈妈不准奇奇玩水和沙，可说她根本不听，照玩不误。

每天，奇奇都会找各种机会和理由玩上一会儿水。三顿饭之前的洗手为奇奇提供了玩水的机会，她每次都会在洗手间里待上半天，再好吃的饭菜都比不上玩水有吸引力。甚至，有时候奇奇以洗手为借口而玩水，一天中午，奇奇举着吃完巧克力的小手对妈妈说："我拿巧克力拿的，手可脏了，去洗洗。"然后，就自己跑到洗手间里洗了起来。这一洗不要紧，恐怕半个多小时都不会出来。在澡盆里洗澡的时候，更是奇奇玩水的大好时机，她一会儿玩玩喷头，一会儿打开水龙头放水。澡洗完了，妈妈让奇奇出来，她也要赖上好长时间，在水里玩不肯出来。

带奇奇出去玩，只要遇到沙子堆，她就走不动了，总要在沙堆上踩来踩去，从这头踩到另一头，看着上面的脚印直乐。奇奇还会大把大把地抓起沙子，向空中抛去，弄得周围沙土飞扬。最后奇奇弄得满身泥沙，连头发上鞋子里全是沙子。这时，妈妈难免会埋怨："你看看你，脸上全是沙土，刚换上的衣服又弄脏了，还得让妈妈洗。""衣服我洗。"一听到洗衣服，奇奇更兴奋了。"又想洗衣服玩水是不是？根本不会洗衣服，又弄得浑身湿透，不能玩了。"

奇奇为什么这么喜爱玩水、玩沙呢？弄湿、弄脏衣服是小事情，妈妈最担心的是奇奇着凉或者接触到细菌。总是玩水、玩沙对她好吗？妈妈应该怎样处理呢？

妈妈要懂的心理学：孩子都喜欢玩水、玩沙，这是他们探索世界的开始

玩水、玩沙看起来是比较容易弄脏孩子的游戏，可他们为什么那么热衷呢？许多妈妈对此都很不理解。这要从水和沙的特点说起。水和沙都有很强的随意性，虽然看得见、摸得着，可它们却是千变万化的，没有一个固定的形态，能够随意地操作，并且简单易行。这种特点满足了孩子强烈的好奇心和求知欲，表面上孩子是在玩水和沙，而实际上是在探索它们的特征。水和沙的流动性都很强，虽然不容易掌握形状，但它们却变幻莫测，其丰富的形态和无尽的玩法从本质上满足了孩子的探索需求，诱发了孩子的想象，为孩子增添了无穷的乐趣。

因此，孩子玩水、玩沙，妈妈不要以容易弄脏衣服为理由而阻止他们，因为这会束缚孩子的成长。

生长在鱼缸里的鱼在两年的时间里几乎没有长大，可把鱼缸里的鱼放到池塘里养两个月，就能由三寸疯长到一尺。这就是著名的"鱼缸法则"。同样的道

理，孩子的成长需要自由的空间，要想使孩子成长得更好、更快，就一定要给他足够的活动空间和自由，千万不要让他拘泥在一个小小的鱼缸里。妈妈应该有意识地要求自己除掉多余的担心，尽可能地让孩子自己去体验各种各样的经历，不要过度地限制孩子去做他愿意做的事情。

玩水、玩沙使孩子的童年更加快乐、自由，其丰富多彩的游戏形式不仅能够促进孩子的身心健康发展，而且能增长他的知识，发展他的智商，也能培养他想象力、创造力等各方面的能力。因此，妈妈要信任和尊重孩子，引导他用各种方式方法尽情地玩水、玩沙。

叛逆期方法指导：

方法一：寓教于乐，让孩子在玩水、玩沙的同时增长智力

在玩水、玩沙的过程中，孩子不仅能享受到其中的乐趣，还能学到不少知识。因此，妈妈要创造条件，积极诱导，寓教于乐，使孩子在玩水、玩沙的同时增长智力。

浩浩可喜欢玩水了，一天下午吃过晚饭，妈妈在厨房洗刷碗筷，浩浩也凑过来，打开水龙头，让水流冲过他的小手，并溅起一片水花。

见浩浩高兴的样子，妈妈用一个大盆子接了半盆水，放到地上任他玩。妈妈做完了家务，浩浩仍然玩得不亦乐乎。不如教儿子认识一些自然现象吧，妈妈想。于是，妈妈告诉浩浩："我们来做个小实验吧。"实验？这个词浩浩从来都没听说过，一下子来了兴致，高兴地同意了。

妈妈看了厨房一圈，让浩浩把玻璃杯、空的矿泉水瓶、陶瓷勺子

放到水盆里，并让他看看哪些东西能浮在水面上，哪些东西会沉到底下去。"你看，玻璃杯和陶瓷勺子很重，就会沉下去。空的矿泉水瓶是塑料的，比较轻，就会浮起来。"浩浩用手往下摁矿泉水瓶，他觉得这个实验很有趣。

妈妈又让浩浩把他的玩具拿过来，丢到水盆里。浩浩一眼就能分辨出谁重谁轻：塑料积木浮在上面，是轻的，小皮球浮在上面，也是轻的，木梳沉下去了，是重的……

玩水、玩沙是孩子的天性，而且在这个过程中能学到很多知识，所以，妈妈不要阻止孩子玩，最好主动地领着他玩，并给他创造好玩的游戏。这样一来，既起到了娱乐作用也锻炼了孩子各方面的能力。

方法二：创造条件，让孩子尽情地玩水、玩沙

很多孩子都喜欢玩水、玩沙，这是由于水和沙的随意性和自主性比较大。因此，比起其他平常的玩具，玩水、玩沙更加有助于培养孩子的想象力、观察力以及创造力。所以，妈妈一定要创造条件，让孩子变换花样，尽情地玩水、玩沙。

3岁的聪聪是个活泼好动的小女孩，她特别喜欢玩沙，只要一进沙池，她就会抓起一把沙，让沙从小手指缝中流出，然后再抓一把……

聪聪经常玩的一个游戏就是，把沙子装在一次性杯子里，用力地按，直到再也按不下去了，就倒出来，成了一个小小的沙包。聪聪就会开心地说："一个蛋糕做成了，等熟了就可以吃了。"然后，把一些干的细沙子洒到上面，解释说那是加的奶油。

见聪聪这么喜欢玩沙，妈妈就给她准备了一些塑料的小桶、小碗、小铲、小盆子等等。有了这些工具，聪聪就可以利用沙子做"盛

饭""炒菜"的游戏了，也能在沙堆上打洞、挖井、建城堡了。为了让玩法更多样，妈妈还在废弃易拉罐的底部打开了一个小洞，把干燥的细沙子装进去。用一根细绳把易拉罐吊在树枝上，只要推动一下易拉罐，它就像钟摆一样左右摇晃起来。这时候，细沙就从小洞中漏出，撒在地上形成了一幅很自然美观的"沙画"。

这些玩沙的游戏真是太新鲜有趣了，聪聪特别爱玩，经常乐此不疲地一玩就是好几个小时。

随着年龄的增长，孩子的兴趣和玩法会趋向于多样化。对于孩子来说，玩水、玩沙的好处就在于能够对特殊的感觉、手部精细动作以及肌肉群进行锻炼，会使孩子受益匪浅。

方法三：在安全的前提下，陪孩子一起玩水、玩沙

妈妈之所以不喜欢孩子玩水、玩沙，一是怕弄脏衣服和身体，二是担心其安全性。可是，玩水、玩沙能自然地吸引年幼的孩子，对他学习科学知识，培养社会技能都有深远的意义和影响。

无论年龄大小，能力强弱，所有的孩子都适合玩水。孩子玩水时，可以给他穿上小雨衣和小水鞋，这样就能够很好地保护他，不至于因湿透衣服而受凉。同时，妈妈要时不时地提醒孩子，隔一段时间就问问他雨衣里有没有进水，袜子有没有湿等。当然，孩子在任何地方临近水时，妈妈都应该考虑安全问题，不能大胆放手任由他玩。毕竟水有一定的危险性，幼小的孩子可能溺亡于深度为3厘米的水里，所以妈妈要特别注意。

玩沙需要注意选择安全的地方，像公园、幼儿园、海边的沙地是安全的，可以带孩子去玩。路边及建筑工地的沙地不安全，千万不要让孩子去玩。另外，玩沙时可以给孩子准备一套宽松的运动服作为他的"劳动服"，玩沙的时候就给他穿

上，玩完之后要记得换洗衣服。妈妈也要注意教孩子尽量不要让沙子钻进嘴里、鼻孔、耳朵或眼睛里。万一不慎进入，妈妈要及时帮孩子清除。

最后，妈妈最好和孩子一起玩水、玩沙，并且可以通过玩来启发、教育孩子。在安全的前提下，也可以让孩子自己玩，不过要在旁边看着，以免发生意外情况。